KB218570

# 금강의 문을 열고
## 들어오심을 환영합니다

## 금강반야바라밀경 우리말 번역과 해설

이시환 번역·해설

새로운 세상의 숲
**신세림출판사**

여러분,

'금강경'이라고 들어보셨습니까?

여러분, 혹시,

'금강경'을 읽어보셨습니까?

무엇이 얼마나 단단하기에

그 이름을 '금강'이라고 내걸었을까요?

경문 가운데에서 말한 것처럼

정말로, "세상에서 가장 훌륭하고 가장 드문 가르침"일까요?

## 머리말

    금강경의 핵심은 ①제상(諸相)·제법(諸法)에 머물지 말고, 의지하지 말고, 집착하지 말며 ②대자대비(大慈大悲)로 중생(衆生)을 번뇌와 윤회·환생의 덫에서 구원해 주는 일[濟度]이며, 이를 위해서 나 자신을 희생하듯이 버려야 한다[布施]는 가르침이다.

    그렇다면, 무엇이 諸相이고, 무엇이 諸法인가? 금강경에서는 諸相 가운데에서 대표적으로 거론된 것이 我相·人相·衆生相·壽者相·法相이고, 諸法 가운데에서 대표적으로 거론된 것이 六識·阿耨多羅三藐三菩提·聲聞四果 등이다.

    이해하기 쉽게 말해서, '諸相'이란 생각·형상·관념·견해 등을 포함한, 인간의 사유 활동으로써 의미가 부여된, 창조된 단어(單語)이다. 마음·티끌·수미산·삼천대천세계·자아·중생·보살·天眼·法眼·須陀洹·阿羅漢 등을 그 예로 들 수 있다. 그리고 '諸法'이란 번뇌와 윤회·환생을 그치게 하고, 궁극적인 실상에 관한 부처님 가르침으로서의 말씀이다. 有爲·無爲·無我·無諍三昧·阿羅漢·寂滅·涅槃·果報·善業 등을 그 예로 들 수 있다.

그런데 제상·제법에 머물지 말고, 의지하지 말며, 집착하지 말라는 것은, 이들이 모두 허상(虛相=虛像)이기 때문이고, 이들을 모두 버리라는 뜻이다. 그렇다면, 무엇이 실상(實相)인가? 그것은 오직 허공(虛空)의 핵(核)이랄 수 있는 적멸(寂滅)이다.

　이 적멸에 듦이 곧 부처가 되는 길이고, 부처란 중생의 고해(苦海)인 윤회·환생을 끊어서 더는 번뇌가 없는, 생사를 초월한 무공(無空)한 존재이다.

　그러므로 금강경은 중생을 제도하겠다는 뜻을 세우고 수행 정진하는 보살과 부처가 되고자 뜻을 세우고 수행 정진하는 이들에게 주는 가르침이다. 일반 비구·비구니·우바새·우바이를 위해 준 가르침이 아니다. 그러함에도 불구하고, 조금 안다는 사람들은 열광한다. 그 이유가 무엇일까? 금강경의 속 내용을 모르기 때문이다!

-2024년 7월 25일

謹牛 이시환 씀

차 례

___
금강 제사문

# 금강 제오문

금강반야바라밀경을 이해하는 데에 도움이 되는 글들

生相壽者相即是非相何以故離一切諸相

佛告須菩提如是如是若復有人得聞是經
不驚不怖不畏當知是人甚為希有何以故須

菩提如來說第一波羅蜜非第一□□□□名第□

一波羅蜜須菩提忍辱波羅蜜如來說非忍
辱波羅蜜何以故須菩提如我昔為歌利王割

截身體我於爾時無我相無人相無眾生相無
壽者相何以故我於往昔節節支解時若有我

相人相眾生相壽者相應生瞋恨□□菩提之念
過去於五百世作忍辱仙人於爾所世無我相無

人相無眾生相無壽者相是故須菩提菩薩應
離一切相發阿耨多羅三藐三菩提心不應住

色生心不應住聲香味觸法生心應生無所住心
若心有住則為非住是故佛說菩薩心不應住

非世界是名世界
須菩提於意云何可以三十二相見如來不不
世尊不可以三十二相得見如來何以故如來
說三十二相即是非相是名三十二相
須菩提若有善男子
令布施若復有人於此經中
為他人說其福甚
爾時須菩提聞說是經深解義趣涕淚悲
泣而白佛言希有世尊佛說如是甚深之經典
我從昔來所得慧眼未曾得聞如是之經世
尊若復有人得聞是經信心清
知見人成就第一希有功德世尊是
是非相是故如來說名實相
如是經典信解受持不足為難若當來世後
五百歲其有眾生得聞是經信解受持是

중국 국가도서관에 수장중인 금강반야바라밀경 구마라집 한역본의
제13분 「如法受持」 일부와 제14분 「離相寂滅」의 내용

如來說即非法相是名法相須菩提若有人

滿無量阿僧祇世界七寶持用布施若有善男

子善女人發菩提心者持於此經乃至四句偈等

受持讀誦為人演說其福勝彼云何為人演說不

取於相如如不動何以故

一切有為法如夢幻泡影如露亦如電應作如是觀

佛說是經已長老須菩提及諸比丘比丘尼優婆

塞優婆夷一切世間天人阿脩羅聞佛所說皆大

歡喜信受奉行

金剛般若波羅蜜經

真言

那謨薄伽伐帝 鉢喇壤 波羅弭多曳

怛姪他 唵 紇唎 地唎室唎 戌嚕知

須菩提若善男子善女人以三千大千世界碎為
微塵於意云何是微塵眾寧為多不甚多世尊
何以故若是微塵眾實有者佛則不說是
微塵眾所以者何佛說微塵眾是名微塵眾
世尊如來所說三千大千世界則非世界是名世
界何以故若世界實有者則是一合相如來說
一合相即非一合相是名一合相須菩提一合相者
則是不可說但凡夫之人貪著其事
須菩提若有人言佛說我見人見眾生見壽
者見須菩提於意云何是人解我所說義不
世尊是人不解如來所說義何以故世尊說我
見人見眾生見壽者見即非我見人見眾生見壽者
見是名我見人見眾生見壽者見須菩提發阿
耨多羅三藐三菩提心者於一切法應如是知如

제31분「知見不生」일부와 제32분「應化非眞」의 내용임

鉢入舍衛大城乞食於其城中

次第乞巳還至本處飯食訖

收衣鉢洗足巳敷座而坐

善現起請分第二

時長老須菩提在大衆中即

從座起偏袒右肩右膝著地合

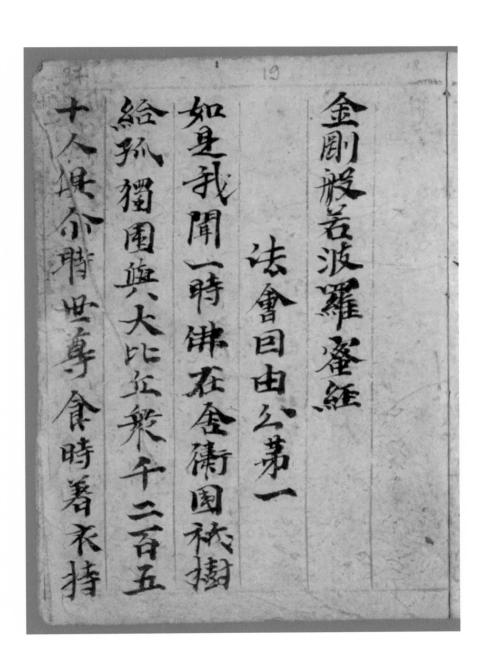

金剛般若波羅蜜經

法會由公第一

如是我聞一時佛在舍衛國祇樹

給孤獨園與大比丘衆千二百五

十人俱尒時世尊食時著衣持

敦煌遺書 폴 펠리오(Paul Pelliot: 1878~1945)

敦煌手稿 水墨紙本(21.5 x 15.5 cm) 일부

大千世界則非世界是名世界

何以故若世界實有者則是

一合相如來說一合相則非一合

相是名一合相須菩提一合

相者則是不可說但凡夫

之人貪著其事

掌恭敬而白佛言希有世尊

如來善護念諸菩薩善付囑

諸菩薩世尊善男子善女人

發阿耨多羅三藐三菩提心應云

何住云何降伏其心佛言善哉

善哉湏菩提如汝所說如來善

知見不生分第三十一

須菩提若人言佛說我見

人見眾生見壽者見須菩

提於意云何是人解我所說

義不不也世尊是人不解

義如來所說義何以故世尊說

# 금강 제일문

금강반야바라밀경 이시환 우리말 번역 경문

# 금강반야바라밀경

요진 삼장법사 구마라집 한역본

이시환 우리말 옮김

## [ 일 러 두 기 ]

① 경문 괄호 속의 글자는 한역본에는 없으나 넣어 읽어야 문맥이 자연스러워지기에 불가피하게 역자가 임의로 넣은 것을 표시했다.

② 빨간색으로 표기된 글자는 설명을 요구하는 불교 용어이거나 그것을 설명한 말로 모두 일흔두 개이며, 주석(註釋)에서 그 자세한 의미와 쓰임새를 확인할 수 있다.

③ 설명이 필요한 불교 용어에 대한 우리말 번역에 관해서는 번역 일람표를 참고하고, 그 자세한 뜻과 쓰임새에 관해서는 주석을 참고하기 바란다.

④ 경문은 천천히 읽으며 이해하기 쉽게 문장부호를 넣었고, 띄어쓰기했으며, 필요하다면 행간도 임의로 조절하였다.

⑤ 파란색 글씨는 우리말 번역과 해석하는 데에 있어 주의를 요구하는 부분이자 내용상 매우 중요한 부분임을 표시하였다.

⑥ 無爲法·無我法·忍辱波羅蜜 등 일부 중요 키워드 앞에 그 의미를 넣어 번역했고, 그것들은 색깔을 달리해 구분되도록 했다.

# 1
## 법회를 열게 된 배경

  나는 이같이 들었다.

  어느 때, 부처님께서 사위국 기수급고독원에 큰 비구 천이백오십 인 과 함께 계셨다. 그때, 세존께서 식사할 시간인지라 걸식하기 위해서 가사를 입고, 발우를 들고, 커다란 사위성 (안)으로 들어가셨다. 그 성 안에서 차례차례 탁발을 마치고, 본래의 자리로 돌아와 식사를 마치시 고, 가사와 발우를 거두시고, 발을 씻고, 자리를 펴고 앉으셨다.

# 2

# 수보리가 자리에서 일어나 청하다

그때, 장로 수보리가 대중 가운데 있다가 자리에서 일어나 우측 어깨를 벗어 메고 오른 무릎을 꿇고 합장한 채 공경하며 부처님께 아뢰었다.

"드문 일입니다. 세존이시여, 여래께서는 여러 보살을 잘 보살펴주시고, 여러 보살을 잘 도와 이끌어주십니다. 세존이시여, 사람들이 번뇌를 소멸시키는 가장 바르고 평등한 깨달음의 마음을 내려면 무엇에 의지해야 하고, 어떻게 그 번뇌의 마음을 굴복시켜야 합니까?"

부처님께서 말씀하셨다.

"좋다! 좋아. 수보리여, 네가 말한 바와 같이 여래인 나는 여러 보살을 잘 보살펴주고, 여러 보살을 잘 도와 이끌어주노니 너는 지금 잘 들어라. 너를 위해서 말해 주리라. 사람들이 번뇌를 소멸시키는 가장 바르고 평등한 깨달음의 마음을 내려면 마땅히 이같이 의지하고, 이같이 그 번뇌의 마음을 굴복시켜야 하느니라."

"예, 세존이시여! 즐겁게 듣고자 합니다."

# 3
## 대승의 바른 뜻

부처님께서 수보리에게 말씀하셨다.

"여러 큰 보살은 이같이 그 번뇌의 마음을 굴복시켜야 하느니, '일체 중생의 부류가 있는데 알에서 태어난 것, 태에서 태어난 것, 습기 속에서 태어난 것, 변해서 태어난 것, 색깔이 있는 것, 색깔이 없는 것, 생각하는 것, 생각하지 못하는 것, 생각하는 것도 아니고 생각하지 못하는 것도 아닌 것 (등을) 내가 모두 윤회·환생을 끊어서 더는 번뇌가 없는, 온전한 죽음에 들게 함으로써 생사를 초월하게 하리라.'하라. (설령,) 이같이 헤아릴 수 없고 끝없는 중생에게 생사를 초월하게 했어도 실제로는 생사를 초월한 중생이 없느니라. 어찌 그러한가? 수보리여, 보살에게 나·너·우리·목숨 등에 관한 생각과 집착이 있다면 (그는) 이미 보살이 아니기 때문이니라."

# 4
## 색깔·소리·향기·맛·감촉·생각에
## 의지함 없는 신기한 수행

"또, 수보리여, 보살은 감각기관과 뇌에서 유기적으로 이루어지는 생각에 의지함 없이 보시해야 한다. 이른바, 색깔에 의지하지 않고 보시해야 하듯이, 소리·향기·맛·감촉·생각 (등)에 의지하지 않고 보시해야 한다. 수보리여, 보살은 이같이 보시하되 생각이 이어지면서 나오는 형상과 관념에 의지하지 않아야 하느니라. 어찌 그러한가? 만약, 생각이 이어지면서 나오는 형상과 관념에 보살이 의지하지 않고 보시한다면 그 복덕은 헤아릴 수 없이 많기 때문이니라.

수보리여, 그대 생각은 어떠한가? 동쪽의 허공을 헤아릴 수 있겠는가?"

"없사옵니다. 세존이시여."

"수보리여, (동)·서·남·북 사방과 위아래 (공간의) 허공을 헤아릴 수 있겠는가?"

"없사옵니다. 세존이시여."

"수보리여, 생각이 이어지면서 나오는 형상과 관념에 의존함 없이 보살이 보시하면 (그) 복덕 역시 이같이 헤아릴 수 없느니라. 수보리여, 보살은 가르친 바와 같이 의지하지 않아야 하느니라."

# 5
## 여래를 보는 참 이치

"수보리여, 그대 생각은 어떠한가? 몸의 생김새로써 여래를 볼 수 있겠는가?"

"볼 수 없사옵니다. 세존이시여, 몸의 생김새로써 여래를 볼 수는 없습니다. 왜냐 하오면, 여래께서 몸의 생김새라고 말씀하신 것은 몸의 생김새가 아니기 때문이옵니다."

부처님께서 수보리에게 말씀하셨다.

"모든 모양새는 다 허망하니 모든 모양새를 모양새가 아니라고 보면 곧 여래를 보느니라."

# 6
## 희한한 바른 믿음

수보리가 부처님께 아뢰었다.

"세존이시여, 이같이 설명하신 말씀을 듣고 중생이 자못 진실한 믿음을 내겠사옵니까?

부처님께서 수보리에게 말씀하셨다.

"수보리여, 그런 말 하지 말라. 여래가 죽고 난 뒤 나중 오백 년에도 계율을 지키고 복을 닦는 이는 이 말에 능히 믿음을 내어 이것을 진실이라고 여길 것이니, 마땅히 알라. 이 사람은 한 부처님 두 부처님 셋·넷·다섯 부처님께만 선근을 심은 게 아니고, 이미 한량없는 천·만 부처님께 온갖 선근을 심었으므로 이 말씀을 듣거나 한결같은 마음으로 깨끗한 믿음을 내는 것이니라.

수보리여, 여래는 다 알고 다 보나니, 이 중생들은 이같이 한량없는 복덕을 얻으리라. 어찌 그러한가? 이 중생들은 나·너·우리·목숨에 관한 생각과 집착이 다시 없으며, 인간의 감각기관과 뇌에서 유기적으로 이루어지는 생각에 집착이 없고, 역시 인간의 감각기관과 뇌에서 유기적으로 이루어지는 생각 아님에도 집착이 없기 때문이니라. 어찌 그러한가? 이 중생들이 생각이 이어지면서 나오는 형상과 관념을 마음에 취하여 의지하면 곧 나·너·우리·목숨에 관한 생각에 집착하는 것이고, 인간의 감각기관과 뇌에서 유기적으로 이루어지는 생각을 취하여 의지하면 곧 나·너·우리·목숨에 관한 생각에 집착하는 것이기 때문이니라. 어찌 그러한가? 인간의 감각기관과 뇌에서 유기적으로 이루어지는 생각 아님을 취하여 의지해도 곧 나·너·우리·목숨에 관한 생각에 집착하는 것이기 때문이니라.

  그러므로 인간의 감각기관과 뇌에서 유기적으로 이루어지는 생각을 취하여 의지하지 않아야 하고, 인간의 감각기관과 뇌에서 유기적으로 이루어지는 생각 아님을 취하여 의지하지 않아야 하느니라. 이런 의미에서 '너희 비구들은 나의 설법을 뗏목같이 여겨라'라고 여래인 나는 늘 말하느니라. 인간의 감각기관과 뇌에서 유기적으로 이루어지는 생각과 집착에 따른 견해를 버려야 하거늘 하물며, 인간의 감각기관과 뇌에서 유기적으로 이루어지는 생각과 집착에 따른 견해 아님이야 말해 무엇하겠는가."

# 7
## 얻은 게 없고 설법한 것도 없다

"수보리여, 그대 생각은 어떠한가? 여래가 번뇌를 소멸시키는 가장 바르고 평등한 깨달음을 얻었는가? (또,) 여래가 설법한 게 있는가?"

수보리가 대답했다.

"부처님께서 말씀하신 뜻을 제가 이해하기로는, 번뇌를 소멸시키는 가장 바르고 평등한 깨달음이라고 부를 만한 정해진 진리가 없듯이, 여래께서 설명하실 수 있는, 궁극적인 실체와 번뇌에서 벗어나기 위한 말씀이 없었사옵니다. 왜냐 하오면, 여래께서 설명하신 궁극적인 실체와 번뇌에서 벗어나기 위한 말씀은 다 의지할 수 없고 설명할 수도 없어 진리도 아니고, 진리 아닌 것도 아니기 때문입니다. (그) 까닭이 무엇이 겠습니까? 모든 성현께서, 움직이지 않고, 일하지 않으며, 생기지 않고, 죽어 없어지지도 않으나 만물·만상을 다 품고 있는 허공을 깨닫고 본받으려는 노력인 '무위법'으로써 (임하여), 차별되어 (인정받기) 때문이옵니다."

# 모든 부처님과 번뇌를 소멸시키는 가장 바르고
# 평등한 깨달음이 다 이 경에 의해 나왔다

"수보리여, 그대 생각은 어떠한가? 사람이 삼천대천세계에 가득한 칠보를 보시에 쓴다면 정녕, 이 사람이 받을 복덕이 많지 않겠는가?"

수보리가 대답했다.

"매우 많겠사옵니다. 세존이시여, 왜냐 하오면, 이 복덕은 복덕의 성품이 아니므로 여래께서 복덕이 많다고 말씀하시기 때문이옵니다."

"다시, 어떤 사람이 이 경을 받아 속에 지니거나 사구게로 타인을 위하여 설명한다면, 이 복은 저 복보다 더 훌륭하니라. 어찌 그러한가? 수보리여, 모든 부처님과 번뇌를 소멸시키는 가장 바르고 평등한 깨달음이라는 모든 부처님의 말씀도 다 이 경에서 나왔기 때문이니라. 수보리여, 소위, 부처님 말씀이라고 하는 것은 곧 부처님 말씀이 아니니라."

# 9
## 형상과 관념에는 그 의미 곧 실재함이 없다

"수보리여, 그대 생각은 어떠한가? 수다원이 생각하기를, '내가 수다원의 지위를 얻었다'라고 하지 않겠는가?"

수보리가 대답했다.

"아니옵니다. 세존이시여, 왜냐 하오면, 수다원은 (불법 수행에) 흘러 들어감인데 들어간 바 없기 때문이옵니다. 색깔·소리·향기·맛·감촉·생각에 들어가지 않아 그 이름만 수다원입니다.

"수보리여, 그대 생각은 어떠한가? 사다함이 생각하기를, '내가 사다함의 지위를 얻었다'라고 하지 않겠는가?"

수보리가 대답했다.

"아니옵니다. 세존이시여, 왜냐 하오면, 사다함은 한 번 갔다 옴을 말하는데 실로 갔다 옴이 없기에 그 이름만 사다함이라 부르기 때문이옵니다."

"수보리여, 그대 생각은 어떠한가? 아나함이 생각하기를, '내가 아나함의 지위를 얻었다'라고 하지 않겠는가?"

수보리가 대답했다.

"아니옵니다. 세존이시여, 왜냐 하오면, 아나함은 오지 않음을 말하는데 실제로 오지 않음이 없기에 그 이름만 아나함이라 부르기 때문이옵니다."

"수보리여, 그대 생각은 어떠한가? 아라한이 생각하기를, '내가 아라한의 도를 얻었다'라고 하지 않겠는가?"

수보리가 대답했다.

"아니옵니다. 세존이시여, 왜냐 하오면, 실로 '아라한'이라고 부를 만한 도가 없기 때문이옵니다. 세존이시여, 만일, 아라한이 생각하기를, '내가 아라한의 도를 얻었다'라고 한다면, (이는) 곧 나·너·우리·목숨이란 생각에 집착하는 것이기 때문이옵니다. 세존이시여, 부처님께서 제가 말다툼 없는 삼매를 얻었고, (그) 사람들 가운데 최고이며, 욕심을 떠난 아라한의 최고라고 말씀하셨습니다만 저는 욕심을 떠난 아라한이라고 생각지 않사옵니다. 세존이시여! 제가 아라한의 도를 얻었다고 생각했다면 세존께서는 제가 조용한 곳에서 명상하기를 좋아하는 사람이라고 말씀하시지 않으셨을 것이옵니다. 제가 실로 행한 바 없으므로 말씀으로만 저, 수보리가 조용한 곳에서 명상하기를 좋아한다고 하시기 때문이옵니다."

# 10
## 말씀도 장엄도 몸도 없다

부처님께서 수보리에게 말씀하셨다.

"수보리여, 그대 생각은 어떠한가? 여래인 내가 옛적에 연등부처님 처소에 있을 때 얻은 가르침의 말씀이 있었는가?"

"없었사옵니다. 세존이시여, 여래께서는 연등부처님 처소에 계실 때 실로 얻은 가르침의 말씀이 없었습니다."

"수보리여, 그대 생각은 어떠한가? 보살이 불국토를 장엄하게 했는가?"

"아니옵니다. 세존이시여, 왜냐 하오면, 불국토를 장엄하게 한다는 것은 장엄이 아니므로 말로만 장엄이라 할 뿐이기 때문이옵니다."

"그러므로 수보리여, 모든 보살마하살은 마땅히 이같이 청정한 마음을 내어야 하느니라. 색깔에 의지해서 마음을 내지 말아야 하듯이, 소리·향기·맛·감촉·생각 (등)에 의지해 그 마음을 내지 말고, 의지하는 바 없이 마음을 내어야 하느니라. 수보리여, 비유컨대, 어떤 사람의 몸이 수미산 왕과 같다면 그대 생각은 어떠한가? 그 몸이 크지 않겠는가?"

수보리가 대답했다.

"대단히 클 것이옵니다. 세존이시여, 왜냐 하오면, 부처님께서는 몸 아님을 일컬어 큰 몸이라고 하시기 때문이옵니다."

# 11
## 법 보시보다 훌륭한 복을 짓는 일은 없다

"수보리여, 항하 가운데 있는 모래알 수같이, 이 모래알같이 항하가 있다면 그대 생각은 어떠한가? 이 모든 항하의 모래알 수는 정녕, 많지 않겠는가?"

수보리가 대답했다.

"매우 많겠사옵니다. 세존이시여, 그 항하만 해도 무수히 많거늘 하물며, 그 모든 항하의 모래알이야…."

"수보리여, 지금 내가 그대에게 진실로 말하노니, 만약, 어떤 사람들이 항하의 모래알 수와 (같은) 삼천대천세계에 가득한 칠보를 보시에 쓴다면 복을 많이 받지 않겠는가?"

수보리가 대답했다.

"매우 많이 받겠사옵니다. 세존이시여,"

부처님께서 수보리에게 말씀하셨다.

"만일, 사람들이 이 경의 속 (내용)이나 사구게 등을 받아 지니고 타인을 위해 설명해 주면 이 복덕은 앞의 복덕보다 더 훌륭하니라."

# 12
## 이 경을 바르게 가르치면 부처님 제자로서 존중받는다

"다시, 수보리여, 이 경이나 사구게 등을 따르고 설명하면 이곳 일체 세간과 하늘 사람과 아수라 모두가 불탑·불전과 같이 마땅히 공양할 터임을 알라. 하물며, 어떤 사람이 (이 경을) 받아 지니고, 읽고, 외우기를 능히 다하면 어떠하겠는가? 수보리여, 이 사람이 세상에서 가장 훌륭하고 가장 드문 가르침을 성취하게 됨을 마땅히 알라. 이 경전이 있는 곳이라면 바로 부처님 계신 곳이 되며, 존중받는 제자가 있는 곳이니라."

# 13
## 궁극적 진리처럼 받아 지녀라

그때, 수보리가 부처님께 아뢰었다.

"세존이시여, 이 경을 무어라 불러야 하며, 저희는 어떻게 받들어 지녀야 하겠습니까?"

부처님께서 수보리에게 말씀하셨다.

"이 경의 이름은 '금강반야바라밀'이라 하고, 이 이름으로써 너(희)는 받들어 지녀야 한다. 그 이유가 무엇인가? 수보리여, 내가 설명한, 이 언덕에서 저 언덕으로 건너가는 지혜인 반야바라밀은 반야바라밀이 아니기 때문이니라. 수보리여, 그대 생각은 어떠한가? 여래인 내가 설법한 바 있는가?"

수보리가 부처님께 아뢰었다.

"세존이시여, 여래께서 설법하신 바 없사옵니다."

"수보리여, 그대 생각은 어떠한가? 삼천대천세계의 티끌이 많지 않겠는가?"

수보리가 대답했다.

"매우 많겠사옵니다. 세존이시여."

"수보리여, 여래인 내가 설명한 모든 티끌은 티끌이 아니기에 그 이름만 티끌일 뿐이니라. 여래인 내가 설명한 세계도 세계가 아니기에 그 이름만 세계일 뿐이니라. 수보리여, 그대 생각은 어떠한가? 서른두 가지 외형상 특징으로써 여래인 나를 볼 수 있겠는가?"

"보지 못하옵니다. 세존이시여, 왜냐 하오면, 여래께서 말씀하신 서른두 가지 외형상 특징은 서른두 가지 외형상 특징이 아니기에 그 이름만 서른두 가지 외형상 특징이기 때문이옵니다."

"수보리여, 어떤 사람들이 항하의 모래알 수와 같이 목숨을 보시한다고 하자. 또 어떤 사람이 이 경의 속 내용이나 사구게를 받아 지니고 타인을 위하여 설명한다면 이 사람의 복은 앞의 복보다 뛰어나느니라."

# 14
## 형상과 관념을 떠난 적멸

　그때, 수보리가 이 경의 설명을 듣고서 그 뜻과 취지를 깊이 이해하고, 감격하여 눈물을 흘리면서 부처님께 아뢰었다.

　"매우 드문 일이옵니다. 세존이시여! 부처님께서는 심오한 경전을 이같이 설명하셨습니다. 제가 예로부터 지혜의 눈을 뜨기까지 이 같은 경을 들어 얻지 못했습니다. 세존이시여! 또, 어떤 사람이 이 경을 들어 얻고 청정한 믿음의 마음으로 이 모든 것이 허상이라는 사실을 깨닫는다면 이 사람이 제일 희귀한 공덕을 성취한 사람임을 알아야 하겠습니다.

　세존이시여! 이 '실상'이라고 하는 것은 실상이 아니기에 여래께서는 그 이름만 실상이라고 말씀하셨습니다. 세존이시여! 저는 지금 이 같은 경전을 들어 얻고, 믿고, 이해하고, 받아 지니는 일이 어렵지 않겠으나 만약, 다가오는 세상과 그 후 오백 년이 지나 이 경을 들어 얻고, 믿고, 이해하고, 받아 지니는 중생이 있다면 이 사람이 바로 제일 희귀할 것입니다. 왜냐 하오면, 이 사람은 나에 관한 생각과 집착이 없듯이 너·우리·목숨에 관한 생각과 집착도 없기 때문이옵니다. 그 이유가 무엇이겠습니까? 나에 관한 생각과 집착이 나에 관한 생각과 집착 아니듯이, 너·우리·목숨에 관한 생각과 집착도 너·우리·목숨에 관한 생각과 집착이 아니기 때문이옵니다. 왜, 그러하온가? 일체의 모든 생각과 형상과 관념과 견해를 떠나면 모두가 부처라 불리기 때문이옵니다."

부처님께서 수보리에게 말씀하셨다.

"옳구나! 옳다! 또, 어떤 사람이 이 경을 들어 얻고, 놀라지 않고, 두려워하지 않으며, 꺼리지 않는다면, 이 사람이 매우 희귀함을 마땅히 알라. 왜, 그러한가? 수보리여, 여래가 말한, 이 언덕에서 저 언덕으로 건너가는 최선의 길인 제일 바라밀은 제일 바라밀이 아니기에 그 이름만 제일 바라밀이기 때문이니라. 수보리여! 여래가 말한, 어떠한 모욕이나 박해를 받더라도 자비심으로써 너그럽게 참아내는, 나아가, 남이 원한다면 자신의 심신을 온전히 희생하면서도 조금도 화를 내거나 원망하지 않는 마음의 실천인 인욕바라밀은 인욕바라밀이 아니기에 그 이름만 인욕바라밀이니라.

왜 그러한가? 수보리여, 내가 옛적에 가리왕에게 몸을 베이고 잘릴 그때, 나는 나에 관한 생각과 집착이 없었고, 너에 대한 생각과 집착도 없었으며, 우리에 관한 생각과 집착도 없었고, 목숨에 관한 생각과 집착도 없었느니라. 왜, 그러한가? 나는 그 옛적 몸의 마디마디가 잘리고 해체될 때 만약, 나·너·우리·목숨에 관한 생각과 집착이 있었다면 마땅히 성내고 통탄했을 것이니라. 수보리여, 또, 인욕선인으로 살았던 과거 오백 년을 생각하면 그때도 나·너·우리·목숨에 관한 생각과 집착이 없었느니라.

그러므로 수보리여, 보살은 마땅히 모든 관념과 형상을 떠나 번뇌를 소멸시키는 가장 바르고 평등한 깨달음의 마음을 내어야 하며, 색깔에 의지해 마음을 내지 말아야 하듯이, 소리·향·맛·감촉·생각 등에 의지해 마음을 내지 말아야 하느니라. 의지하는 바 없이 그 마음을 내어야 한다. 마음에 의지함이 있다면 의지하지 않음이 되느니라. 그러므로 '보살은 마땅히 색깔에 의지하지 말고 보시해야 한다'라고 부처인 나는 말하느니라. 수보리여! 보살이 모든 중생에게 이익되게 이같이 보시하는 것이니라. 여래인 나는 모든 관념과 형상은 관념과 형상이 아니라고 말하느니라. 또, 모든 중생은 중생이 아니라고 말하느니라. 수보리여, 여래인 나는 진실한 말을 하는 자이며, 실속있는 말을 하는 자이며, 한결같은 말을 하는 자이며, 속이지 않는 말을 하며, 겉과 속이 다르지 않은 말을 하는 자이니라.

수보리여, 여래인 내가 깨달음을 얻은 바 이 깨달음은 실하지도 않고 허하지도 않느니라. 수보리여, 만약, 보살이 감각기관과 뇌에서 유기적으로 이루어지는 생각에 의지해 보시하면 사람이 어둠으로 들어가 볼 수 없는 것과 같다. 만약, 보살이 감각기관과 뇌에서 유기적으로 이루어지는 생각에 의지하지 않는 마음으로 보시하면 눈 가진 사람이 밝게 비추는 태양 빛으로 갖가지 물체를 보는 것과 같으니라.

수보리여! 다가오는 세상에 사람들이 이 경을 받아 지니고, 읽고, 외우면, 여래가 되어서 부처님의 지혜로서 이 사람을 다 알고 이 사람을 다 보느니라. 모두가 한량없고 끝없는 공덕을 성취하시라."

# 15
## 이 경문을 지니는 공덕

"수보리여, 아침나절에 항하의 모래알 수같이 몸을 보시하고, 점심나절에 또 항하의 모래알 수같이 몸을 보시하며, 저녁나절에도 역시 항하의 모래알 수같이 몸을 보시하여, 이같이 백, 천, 만, 억겁 동안 헤아릴 수 없이 몸을 보시하는 사람들이 있다고 하자. 다시, 이 경전을 듣고, 믿음의 마음을 거스르지 않는다면, 이 복은 저 복보다 뛰어나다. 하물며, 이 경전을 베끼고, 받아 지녀 읽고 외우며, 남을 위해서 해설한다면 어떠하겠는가?

수보리여, 요점만 말하건대, 이 경은 불가사의하고, 공덕이 끝이 없어 잴 수가 없느니라. 여래는 윤회·환생을 마다하지 않고 중생을 제도하겠다는 신념으로 보살도를 닦는 사람을 위해 설명했고, 무여열반으로 적멸에 듦으로써 부처가 되겠다고 부처의 가르침을 행하며 닦는 사람을 위하여 설명했느니라. 어떤 사람이 이를 받아 지니고 읽고 외우면서 남을 위해 널리 설명하면 여래는 이 사람을 다 알아차리고 이 사람을 다 보느니라. 모두가 끝이 없어 잴 수 없고 헤아릴 수 없는 불가사의한 공덕을 성취하리라. 이 같은 사람들은 여래의 번뇌를 소멸시키는 가장 바르고 평등한 깨달음을 감당하리라.

왜, 그러한가? 수보리여, 만약에 나·너·우리·목숨에 집착하는, 중생제도가 아닌, 수행자 개인의 번뇌를 소멸시키는 가장 바르고 평등한 깨달음 성취를 위한 수행법을 좋아하는 이라면 이 경을 들을 수 없고, 받아 읽고 외울 수 없으며, 남을 위해 설명할 수가 없느니라. 수보리여, 이 경이 있는 곳마다 중생과 수행자가 살아가는 세상, (곧) 사람이나 하늘 사람이나 아수라가 마땅히 공양할 것이다. 이곳을 불탑으로 여겨 모두가 예배하고 둘러싸듯 돌며, 꽃과 향을 흩뿌리면서 공경할 것임을 마땅히 알아야 하느니라."

# 16
## 과거 죄업을 소멸시키다

　"또, 수보리여, 사람들이 이 경을 받아 지녀 읽고 외우는데 만에 하나, 업신여기거나 천대받는다면 이 사람은 과거 세상에서 지은 죄로 마땅히 나쁜 곳에 떨어질 것이나 현생에서 업신여김과 천대를 받음으로써 전생의 죄가 곧바로 소멸하고, 번뇌를 소멸시키는 가장 바르고 평등한 깨달음을 얻게 될 것이다.

　수보리여, 나는 과거 항하의 모래알 수 같은, 헤아릴 수 없는 세월 동안에 연등부처님 앞서 헤아릴 수 없는 부처님을 모두 다 공양하고, 다 받들어 섬기었으며, 그냥 지나친 적이 없음을 기억한다. 다시, 뒤에 있을 말세에 이 경을 받아 지니고 읽고 외워서 얻는 공덕은 내가 모든 부처님께 공양한 공덕으로는 백 분의 일에도 미치지 못하며, 천, 만, 억 분의 일에도 미치지 못하며, 계산이나 어떤 비유로도 미칠 수가 없느니라.

　수보리여, 사람들이 뒤에 있을 말세에 이 경을 받아 지니고 읽고 외워서 받게 될 공덕을 내가 일일이 다 말할 것 같으면, 혹, 마음이 미치고 어지러워져서 믿지 못하고 의심하는 사람도 있을 것이다. 수보리여, 이 경의 뜻이 불가사의하고, 이 경의 공덕 역시 불가사의함을 꼭 알아야 하느니라."

# 17
## 궁극적으로 '나는 없다'

그때, 수보리가 부처님께 아뢰었다.

"세존이시여, 사람들이 번뇌를 소멸시키는 가장 바르고 평등한 깨달음의 마음을 낼 때 마땅히 무엇에 의지해야 하고, 어떻게 (번뇌를 일으키는) 그 마음을 굴복시켜야 합니까?"

부처님께서 수보리에게 말씀하셨다.

"사람들이 번뇌를 소멸시키는 가장 바르고 평등한 깨달음의 마음이란 것을 낼 때는 이같이 마음을 내야 하느니라. (곧,) '나는 모든 중생이 무여열반에 들어서 더는 도가 필요하지 않은 상태로 생사를 초월하게 하리라.' (그러나) 모든 중생이 무여열반에 들어서 더는 도가 필요하지 않은 상태로 생사를 초월하게 했어도 실제로는 무여열반에 들어서 더는 도가 필요하지 않은 상태로 생사를 초월한 중생은 단 한 사람도 없느니라. 왜, 그러한가? 수보리여, 만에 하나, 보살에게 나·너·우리·목숨에 관한 생각과 집착이 있다면 (그는 이미) 보살이 아니기 때문이다. 그 이유가 무엇인가? 수보리여, 실제로 번뇌를 소멸시키는 가장 바르고 평등한 깨달음이라고 낼 만한 법 (그러니까, 그 이치나 진리)가 없기 때문이니라. 수보리여, 그대 생각은 어떠한가? 여래가 연등부처님 처소에서 번뇌를 소멸시키는 가장 바르고 평등한 깨달음이라는 법 (곧, 그 이치나 진리)를 얻었는가?"

"아니옵니다. 세존이시여, 제가 부처님께서 설하신 뜻을 이해하기로는, 번뇌를 소멸시키는 가장 바르고 평등한 깨달음이라는 법 (그러니까, 그 이치나 진리)를 연등부처님께 얻은 바 없사옵니다."

부처님께서 말씀하셨다.

"옳구나! 옳다! 수보리여, 여래인 내가 번뇌를 소멸시키는 가장 바르고 평등한 깨달음이라고 얻은 가르침은 실제로 없었느니라. 수보리여, 만약, 번뇌를 소멸시키는 가장 바르고 평등한 깨달음이란 것을 얻었다면 연등부처님께서 내게 '너는 내세에 석가모니라고 부르는 부처가 될 것이다'라고 수기를 주지 않았을 것이다. 번뇌를 소멸시키는 가장 바르고 평등한 깨달음을 실제로 얻지 못했음으로 연등부처님께서 '너는 내세에 석가모니라고 부르는 부처가 될 것이다'라고 수기를 주며 말씀하셨느니라. 무슨 이유인가? '여래'라고 하는 것은 모든 법(①인간의 감각기관과 뇌에서 유기적으로 이루어지는 생각 ②번뇌를 소멸시키기 위한 부처님의 가르침으로서의 말씀 ③궁극적 실체에 관한 진실)의 뜻이 같기 때문이니라. 만에 하나, 여래가 번뇌를 소멸시키는 가장 바르고 평등한 깨달음을 얻었다고 말하는 사람이 있다면 수보리여, 번뇌를 소멸시키는 가장 바르고 평등한 깨달음을 얻을 만한 진리가 실제로 없음을 (마땅히 알아야 하느니라). 수보리여, 여래가 얻은 번뇌를 소멸시키는 가장 바르고 평등한 깨달음 속에는 실함도 없고 허함도 없느니라. 그러므로 여래는 모든 법(②+③)이 다 부처님의 법이라고 말하느니라. 수보리여, '모든 법'이라고 말하는 것은 '모든 법'이 아니므로 그 이름만 '모든 법'이니라. 수보리여, 사람의 몸이 길고 크다고 빗대어 말하는 것과 같으니라.”

수보리가 말했다.

“세존이시여, 여래께서는 사람의 몸이 길고 크다는 것은 길고 크지 않기에 말씀으로만 길고 크다고 했을 뿐이옵니다.”

“수보리여, 보살 역시 이와 같으니라. ‘나는 마땅히 헤아릴 수 없는 중생을 무여열반에 들어서 더는 도가 필요하지 않은 상태로 생사를 초월하게 하리라’라고 애써 말한다면 보살이라고 부를 수 없느니라. 왜, 그러한가? 수보리여, 보살이라고 부를 만한 이치나 진리가 실제로 없기 때문이니라. 그러므로 나는 말한다. 모든 법(①+②+③)에는 내가 없고, 너도 없으며, 중생도 없고, 목숨도 없는 것이니라. 수보리여, 보살이 ‘내가 마땅히 불토를 장엄하게 하리라’라고 애써 말한다면 이는 보살이 아니니라. 왜, 그러한가? 불토를 장엄하게 한다는 것은 장엄함이 아니기에 그 이름만 장엄이라고 하느니라. 수보리여, 만약 보살이 내 몸과 마음도, 내가 믿는 이치나 진리조차도, 모두가 실상이 아니라는 사실인 ‘무아법’을 통달했다면 여래는 이 보살을 진짜 보살이라고 말하느니라.”

# 18
## 모든 것을 하나로 보라

"수보리여, 그대 생각은 어떠한가? 내게 육안이 있는가?"
"그렇습니다. 세존이시여, 여래께서는 육안을 가지셨습니다."

"수보리여, 그대 생각은 어떠한가? 내게 천안이 있는가?"
"그렇습니다. 세존이시여, 여래께서는 천안을 가지셨습니다."

"수보리여, 그대 생각은 어떠한가? 내게 혜안이 있는가?"
"그렇습니다. 세존이시여, 여래께서는 혜안을 가지셨습니다."

"수보리여, 그대 생각은 어떠한가? 내게 법안이 있는가?"
"그렇습니다. 세존이시여, 여래께서는 법안을 가지셨습니다."

"수보리여, 그대 생각은 어떠한가? 내게 부처의 눈이 있는가?"
"그렇습니다. 세존이시여, 여래께서는 부처님의 눈을 가지셨습니다."

"수보리여, 그대 생각은 어떠한가? 항하 가운데 있는 모래, 이 모래를 내가 말했는가?"
"그렇습니다. 세존이시여, 여래께서는 그 모래를 말씀하셨습니다."

"수보리여, 그대 생각은 어떠한가? 하나의 항하에 있는 모래알과 같이 항하가 있고, 이 모든 항하의 모래알 수만큼 부처의 세계가, 그와 같다면 정녕, 많지 않겠는가?"

"매우 많겠사옵니다. 세존이시여."

부처님께서 수보리에게 말씀하셨다.

"그 국토 가운데 있는 중생이 심는 마음의 근본을 여래는 다 아느니라. 왜, 그러한가? 내가 말한 모든 마음은 다 마음이 아니기에 그 이름만 마음이니라. 그 이유가 무엇인가? 수보리여, 과거에도 (진정한) 마음을 얻을 수 없었고, 현재에도 (진정한) 마음을 얻을 수 없으며, 미래에도 (진정한) 마음을 얻을 수 없기 때문이니라."

# 19

## 번뇌와 윤회·환생을 끊기 위한 부처님 가르침의 말씀을 믿고 따르는 종단에 두루 통하게 해서 교화하다

"수보리여, 그대 생각은 어떠한가? 어떤 사람이 삼천대천세계에 가득한 칠보를 보시에 쓴다면 이 사람은 이 인연으로 얻는 복이 많지 않겠는가?"

"그렇사옵니다. 세존이시여, 이 사람은 이 인연으로 얻을 복이 매우 많을 것이옵니다."

"수보리여, 복덕이 실제로 있다면 나는 얻는 복덕이 많다고 말하지 않았을 것이다. 복덕이 없으므로 얻을 복덕이 많다고 말했느니라."

# 20

## 부처는 색깔과 모양을 다 갖춘 몸과 부여된 의미를 다 갖춘 추상적인 모양새를 다 떠나 있다

"수보리여, 그대 생각은 어떠한가? 부처인 (내가) 색깔과 모양을 다 갖춘 몸으로써 보이는가?"

"그렇지 않사옵니다. 세존이시여, 여래께서는 마땅히 색깔과 모양을 다 갖춘 몸으로써 보이지 않습니다. 왜냐 하오면, 색깔과 모양을 다 갖춘 몸은 색깔과 모양을 다 갖춘 몸이 아니기에 색깔과 모양을 다 갖춘 몸이라고 여래께서 말씀하시기 때문이옵니다."

"수보리여, 그대 생각은 어떠한가? 여래인 (내가) 부여된 의미를 다 갖춘 추상적인 모양새로써 보이는가?"

"그렇지 않사옵니다. 세존이시여, 여래께서는 마땅히 부여된 의미를 다 갖춘 추상적인 모양새로써 보이지 않습니다. 왜냐 하오면, 부여된 의미를 다 갖춘 추상적인 모양새가 아니기에 부여된 의미를 다 갖춘 추상적인 모양새라고 여래께서 말씀하시기 때문이옵니다."

# 21

## 진리를 설명했어도 설명한 게 아니다

"수보리여, '내가 마땅히 진리를 설명했다'라고, 여래인 내가 (스스로) 생각한다고, 너는 말하지 말라. 그런 생각하지도 말라. 왜냐하면, 여래가 진리를 설명했다고 말하는 사람이 있다면 (그는) 내가 말한 바를 이해할 수 없으므로 부처인 나를 비방하는 것이니라. 수보리여, 진리를 설명했다는 것은 설명할 수 있는 진리가 없기에 그 이름만으로 진리를 설명했다고 말하느니라."

그때, 지혜가 밝은 수보리가 부처님께 아뢰었다.

"세존이시여, 다가오는 세상에 이 진리에 관한 설명을 듣는, 자못 많은 중생이 있다면 (과연) 믿음이 생기겠사옵니까?"

부처님께서 말씀하셨다.

"수보리여, 저들은 중생이 아니고, 중생 아님도 아니니라. 왜냐하면, 수보리여, 중생, 중생이라고 하는 것은 중생이 아니기에 그 이름만 중생이기 때문이니라."

# 22
## 얻을 수 있는 가르침이 없다

수보리가 부처님께 아뢰었다.

"세존이시여, 부처님께서 번뇌를 소멸시키는 가장 바르고 평등한 깨달음을 얻었다는 것은 얻은 바 없음이옵니까?"

부처님께서 말씀하셨다.

"그렇다! 그렇구나! 수보리여, 내가 번뇌를 소멸시키는 가장 바르고 평등한 깨달음이나, (또는) 얻을 수 있는 작은 가르침도 없기에 그 이름만 번뇌를 소멸시키는 가장 바르고 평등한 깨달음이라고 말하느니라."

# 23
## 깨끗한 마음으로 좋은 일을 실천하다

"또, 수보리여, 이 번뇌를 소멸시키는 가장 바르고 평등한 깨달음은 (말 그대로) 평등하여 높고 낮음이 없기에 번뇌를 소멸시키는 가장 바르고 평등한 깨달음이라고 하느니라. 나·너·우리·목숨에 관한 생각과 집착이 없고, 모든 선법을 수행 실천해야 번뇌를 소멸시키는 가장 바르고 평등한 깨달음을 즉시 얻느니라. 수보리여, 여래가 선법이라고 말하는 것은 선법이 아니기에 그 이름만 선법이니라."

# 24

## 법 보시로 받게 되는 복덕과 지혜는 재물 보시로 받게 되는 그것과 비교할 수 없다

"수보리여, 삼천대천세계 가운데에 있는 모든 수미산 왕과 같은 칠보 무더기를 가지고 보시에 쓰는 사람이 있다고 하자. 이 반야바라밀경이나 사구게 등을 받아 지니고 타인을 위하여 설명하는 사람이 있다면 앞의 복덕은 (이에) 백 분의 일에 미치지 못하며, 백, 천, 만, 억 분의 일에도, 또는 계산상으로나 비유로도 미치지 못하느니라."

# 25
## 교화했어도 교화됨 없다

　"수보리여, 그대 생각은 어떠한가? 너희는 '내가 중생을 제도하리라' 라고 생각한다고 말하지 말라. 수보리여, 그런 생각하지도 말라. 왜냐 하면, 여래인 내가 제도할 중생이 실제로 없기 때문이니라. 만약, 내가 제도할 중생이 있다면 나는 (이미) 나·너·우리·목숨에 관해 생각하고 집착한 것이니라. 수보리여, 여래인 나는 말하느니라. '나라는 것은 내가 아닌데 속인들은 나에 관해 생각하며 집착한다'라고. 수보리여, 나는 (또) 말하느니라. '속인은 속인이 아니기에 그 이름만 속인이라'고."

# 26
## 법신은 형상이 아니다

"수보리여, 그대 생각은 어떠한가? 서른두 가지 겉모습의 특징으로써 여래인 나를 볼 수 있겠는가?"

수보리가 대답하였다.

"그렇습니다! 그렇고 말고요. 서른두 가지 겉모습의 특징으로써 여래를 볼 수 있사옵니다."

부처님께서 말씀하셨다.

"수보리여, 서른두 가지 겉모습의 특징으로써 여래인 나를 본다면 부처님의 가르침에 따라 백성을 통치하는 성군인 전륜성왕이 바로 여래이니라."

수보리가 부처님께 아뢰었다.

"세존이시여, 부처님께서 설명하신 뜻을 제가 이해하기로는 서른두 가지 겉모습의 특징으로는 마땅히 여래를 볼 수 없사옵니다."

그때, 부처님께서 시(詩)로써 말씀하셨다.

　　겉모습으로써 나를 본다면
　　음성으로써 나를 찾는 것이니
　　이 사람은 그릇된 길을 가는 것이라서
　　여래를 볼 수 없느니라.

# 27

## 진리는 끊어짐이 없고 사라짐도 없다

"수보리여, 그대가 생각하기에, '여래가 형상을 다 갖추어서 번뇌를 소멸시키는 가장 바르고 평등한 깨달음을 얻지 못했다'라고 하겠는가?

수보리여, '형상을 다 갖추어서 번뇌를 소멸시키는 가장 바르고 평등한 깨달음을 얻지 못했다'라고 생각하지 말라.

수보리여, 네가 생각하기에, '번뇌를 소멸시키는 가장 바르고 평등한 깨달음의 마음을 낸다는 것은 모든 진리(번뇌와 윤회·환생을 그치게 하는 부처님 가르침의 말씀과 궁극적 실체에 관한 진리)가 끊어져 사라진다'라고 하겠는가? 그렇게 생각하지 말라. 왜냐하면, 번뇌를 소멸시키는 가장 바르고 평등한 깨달음의 마음을 낸다는 것은 (모든) 진리가 끊어져 사라지는 모습을 말하지 않기 때문이니라."

# 28
# 보살은 복덕을 받지도 않고 탐내지도 않는다

"수보리여, 보살이 항하의 모래알같이 가득한 세계의 칠보를 가지고 보시에 쓴다고 하자. 다시, 어떤 사람이 모든 법(궁극적 실체에 관한 진리와 번뇌와 윤회·환생을 그치게 하는 부처님 가르침의 말씀과 六根 가운데 하나인 '意'에서 나오는 '생각')에 내가 없는 무아임을 알고, 어떠한 모욕이나 박해를 받더라도 자비심으로써 너그럽게 참아내는, 나아가, 남이 원한다면 자신의 심신을 온전히 희생하면서도 조금도 화를 내거나 원망하지 않는 마음의 실천인 인욕바라밀을 성취하여 얻는다면 이 보살은 앞의 보살이 받는 공덕보다 뛰어나다. 수보리여, 모든 보살은 복덕을 받지 않기 때문이니라."

수보리가 부처님께 아뢰었다.

"세존이시여, 보살이 복덕을 받지 않는다고 어찌 말씀하실 수 있습니까?"

"수보리여, 보살은 복덕을 짓지만 탐내거나 집착하지 않아야 하느니라. 이런 이유로 복덕을 받지 않는다고 말했느니라."

# 29
## 여래의 위엄있고 엄숙한 모습은
## 고요함 그 자체이다

"수보리여, '여래가 오기도 하고 가기도 하며, 앉기도 하고 눕기도 한다'라고 말하는 사람이 있다면 이 사람은 내가 말한 뜻을 이해하지 못함이다. 왜냐하면, '여래'라고 하는 것은 본래 오는 곳도 없고, 역시 가는 곳도 없으므로 '여래'라고 부르니라."

# 30
## 하나로 합쳐지는 이치와 그 모습

"수보리여, 사람들이 삼천대천세계를 부수어서 티끌이 되게 한다면 그대 생각은 어떠한가? 정녕, 이 티끌 무리가 많지 않겠는가?"

"매우 많겠사옵니다. 세존이시여, 왜냐 하오면, 티끌 무리가 실로 있는 것이라면 부처님께서는 이 티끌 무리를 말하지 않았을 것입니다. 그 이유가 무엇이겠습니까? 부처님께서는 티끌 무리는 티끌 무리가 아니기에 그 이름만 티끌 무리라고 말씀하시기 때문이옵니다. 세존이시여, 여래께서 삼천대천세계를 말씀하신 것도 (삼천대천) 세계가 아니기에 그 이름만 (삼천대천) 세계라고 말씀하시기 때문입니다. 왜냐 하오면, (삼천대천) 세계가 실로 있다면 (그 티끌들이) 하나로 합쳐진 모습일 것입니다. 하나로 합쳐진 모습은 하나로 합쳐진 모습이 아니기에 여래께서는 그 이름만 하나로 합쳐진 모습이라고 말씀하시기 때문이옵니다."

"수보리여, 하나로 합쳐진 모습이라는 것은 말할 필요가 없는데, 다만, 속인이 그것에 욕심내고 집착할 뿐이니라."

# 31

## 앎과 견문으로 일체 법에 관한
## 관념과 견해를 짓지 말라

"수보리여, '나·너·우리·목숨 등에 관한 견해를 부처가 설명했다'라고 말한다면 수보리여, 그대 생각은 어떠한가? 이 사람이 내가 말한 뜻을 이해했다고 보는가?"

"아니옵니다. 세존이시여, 이 사람은 여래께서 하신 말씀의 뜻을 이해하지 못했습니다. 왜냐 하오면, 세존께서 말씀하신 나·너·우리·목숨 등에 관한 견해는 나·너·우리·목숨 등에 관한 견해가 아니기에 그 이름만 나·너·우리·목숨 등에 관한 견해일 뿐이기 때문이옵니다."

"수보리여, 번뇌를 소멸시키는 가장 바르고 평등한 깨달음의 마음을 낸 자는, 모든 법(궁극적 실체에 관한 진리와 번뇌와 윤회·환생을 그치게 하는 부처님 가르침의 말씀과 六根 가운데 하나인 '意'에서 나오는 '생각' 등을 두루 포함)에서 이같이 알고, 이같이 보며, 이같이 믿고 이해하여 법에 관한 관념과 견해를 짓지 말아야 하느니라. 수보리여, 법에 관한 관념과 견해라고 말하는 것은 여래가 말한 법에 관한 관념과 견해가 아니기에 그 이름만 법에 관한 관념과 견해일 뿐이니라."

# 32
## 마땅히 중생을 교화했어도 교화한 게 아니다

"수보리여, 한량없는 항하의 모래알같이 많은 세계에 가득한 칠보를 가지고 보시에 쓰는 사람이 있다고 하자. 사람들이 지혜를 얻고자 하는 마음이라는 것을 내어서 이 경을 지니거나 사구게를 받아 지녀, 읽고, 외우고, 사람을 위해 연설한다면 이 복은 저 복보다 뛰어나니라. 사람을 위해 어떻게 연설해야 하는가? 생각·형상·관념·견해를 취하여 집착하지 말고, 움직이지 않음으로써 한결같게 하느니라. 무슨 까닭인가?"

"모든 유위법이
꿈 허깨비 물거품 그림자와 같은 것처럼
이슬 같고 역시 번갯불과 같으니
마땅히 이같이 보아야 하느니라."

부처님께서 이 경의 설명을 마치자, 장로 수보리와 함께 모든, 비구·비구니·우바새·우바이와 일체 세간인 하늘·사람·아수라 등이 부처님의 설명을 듣고서 모두 크게 기뻐하며 믿고 받아 받들어 행하였다.

# 금강 제이문

金剛般若波羅蜜經 鳩摩羅什 漢譯經文

이시환 우리말 번역

# 중국 한역본 금강경 원문

金剛般若波羅蜜經

姚秦 三藏法師 鳩摩羅什 漢譯

## [ 일 러 두 기 ]

① 현재 중국 국가도서관에 소장 중인 구마라집 한역본이 있다는데 그것의 영인본을 구했으나 화보에서 보다시피 적잖이 파손된 상태이다.

② 가능한 범위 내에서 확인해 보았으나 서른두 개의 소제목이 없고, 문장부호나 띄어쓰기가 되어있지 않고 붙여 썼으나 내용 전개상 단락은 지었음을 확인할 수 있다.

③ 현재 중국에서 널리 읽히는 경문을 받아 간체자를 정체로 바꾸고, 문장부호를 넣었으며, 읽기 편하도록 띄어쓰기하였다.

④ 현재 중국에서 사용 중인 경문에서는 '着'을 '著'로, '聽'을 '听'으로, '於'를 '于'로, '見'을 '觀'으로 바꾸어 표기하였다. 그러나 아래 경문에서 원래대로 다시 바꾸어 표기하였다.

⑤ 본문 가운데 괄호 속 한자는 넣어야 하거나 빼어버려도 상관없는 글자들임을 표시한 것이다.

⑥ 적색 글자는 주석에서 자세한 설명이 붙는 용어임을, 청색 글자는 우리말로 번역하는 데에 매우 중요하거나 혹은 생략되거나 넣어야 하는 글자임을 표시한 것이다.

⑦ 경명, 소제목을 제외한 본문 글자 수만을 헤아리면 모두 5,140자이다.

# 法會因由分 第一

如是我聞.

一時 佛在舍衛國 祇樹給孤獨園 與大比丘衆 千二百五十人俱.

爾時 世尊 食時 着衣持鉢 入舍衛大城乞食. 於其城中 次第乞已 還至本處
飯食訖 收衣鉢 洗足已 敷座而坐.

---

＊ 현재 중국인은 '着' 대신에 '著'를 쓴다.

＊ 71字

# 善現起請分 第二

時 長老 須菩提 在大衆中 即從座起 偏袒右肩 右膝着地 合掌恭敬 而白佛言.

"希有! 世尊! 如來 善護念諸菩薩 善付囑諸菩薩. 世尊! 善男子善女人 發阿耨多羅三藐三菩提心 應云何住 云何降伏其心?"

佛言.

"善哉! 善哉! 須菩提! 如汝所說 如來 善護念諸菩薩 善付囑諸菩薩. 汝今諦聽. 當爲汝說. 善男子善女人 發阿耨多羅三藐三菩提心 應如是住 如是降伏其心."

"唯然, 世尊! 願樂欲聞."

─────────

\* 현재 사용 중인 중국 경문에서는 '聽' 대신에 '听'를 쓴다.

\* 147字

# 大乘正宗分 第三

佛告須菩提.

"諸菩薩摩訶薩 應如是降伏其心! 所有一切衆生之類. 若卵生·若胎生·若濕生·若化生·若有色·若無色·若有想·若無想·若非有想非無想. 我皆令入無餘涅槃而滅度之. 如是滅度無量無數無邊衆生 實無衆生得滅度者. 何以故? 須菩提! 若菩薩 有我相·人相·衆生相·壽者相 即非菩薩."

---

＊'我相·人相·衆生相·壽者相'이 금강경에서 가장 중요한 키워드이다.

＊113字

# 妙行無住分 第四

"復次 須菩提! 菩薩於法 應無所住 行於布施. 所謂不住色布施, 不住聲香味觸法布施. 須菩提! 菩薩 應如是布施, 不住於相. 何以故? 若菩薩不住相布施, 其福德不可思量. 須菩提! 於意云何? 東方虛空可思量不?"

"不也. 世尊!"

"須菩提! 南西北方 四維上下虛空 可思量不?"

"不也. 世尊!"

須菩提! 菩薩 無住相布施 福德亦復如是不可思量. 須菩提! 菩薩 但應如所教不住.

---

＊현재 사용 중인 중국 경문에서는 '於' 대신에 '于' 자로 통일하여 쓰고 있음.
＊어법상 '量' 자가 없어도 되는데 불필요하게 들어가 있음. 문장이 완벽하지 않다는 뜻임.
＊'眼·耳·鼻·舌·身·意'라고 하는 '六根'에서 '色·聲·香·味·觸·法'이라는 '六塵'이 나오는 것을 두고 '六識'이라고 한다. 이 육식에 의지하지 말고 보살은 보시해야 한다는 주장이다. 그런데 마지막 문장이 "須菩提! 菩薩但應如所教住."라고 표기되었는데

'敎'와 '住' 사이에 '不'나 '無'가 누락 되었다고 판단한다. 소제목에서는 '無住'로 받았지만 '無'보다는 '不'가 옳다. 만약, 이 '住'를 '살다'로 해석하면 '가르친 대로 살아야 한다' 또는 '가르친 바와 같이 살아야 한다'가 될 것이다. 그러나 소제목 '妙行無住'를 보면 필자의 해석이 옳다고 본다.

＊137字

## 如理實見分 第五

"須菩提! 於意云何? 可以身相見如來不?"

"不也. 世尊! 不可以身相得見如來. 何以故? 如來所說身相 即非身相."

佛告須菩提.

"凡所有相 皆是虛妄 若見諸相非相 即見如來."

———————

＊64字

## 正信希有分 第六

須菩提白佛言.
"世尊! 頗有衆生 得聞如是言說章句 生實信不?"

佛告須菩提.
"莫作是說. 如來滅後 後五百歲 有持戒修福者 於此章句能生信心 以此爲實 當知. 是人不於一佛二佛三四五佛而種善根 已於無量千萬佛 所種諸善根 聞是章句 乃至一念生淨信者.

須菩提! 如來悉知悉見 是諸衆生得如是無量福德. 何以故? 是諸衆生無復我相人相衆生相壽者相無法相 亦無非法相. 何以故? 是諸衆生若心取相 即爲着我人衆生壽者 若取法相 即着我人衆生壽者. 何以故? 若取非法相 即着我人衆生壽者.

是故不應取法 不應取非法. 以是義故 如來常說 '汝等比丘 知我說法 如筏喻者'. 法尚應舍 何況非法."

―――――――

＊232字

# 無得無說分 第七

須菩提! 於意云何? 如來得阿耨多羅三藐三菩提耶? 如來有所說法耶?

須菩提言. 如我解佛所說義 無有定法名阿耨多羅三藐三菩提 亦無有定法如來可說. 何以故? 如來所說法 皆不可取 不可說 非法 非非法. 所以者何? 一切聖賢 皆以無爲法而有差別.

---

＊98字

# 依法出生分 第八

"須菩提! 於意云何? 若人滿三千大千世界七寶以用布施 是人所得福德 寧爲多不?"

須菩提言.
甚多. 世尊! 何以故? 是福德即非福德性 是故如來說福德多.

若復有人 於此經中受持 乃至四句偈等 爲他人說 其福勝彼. 何以故? 須菩提! 一切諸佛 及諸佛阿耨多羅三藐三菩提法 皆從此經出 須菩提! 所謂佛法者 即非佛法.

――――――

＊123字

# 一相無相分 第九

"須菩提! 於意云何? 須陀洹能作是念 '我得須陀洹果' 不?"

須菩提言.
"不也. 世尊! 何以故? 須陀洹名爲入流 而無所入. 不入色聲香味觸法 是名須陀洹."

"須菩提! 於意云何? 斯陀含能作是念 '我得斯陀含果' 不?"

須菩提言.
"不也. 世尊! 何以故? 斯陀含名一往來 而實無往來 是名斯陀含."

"須菩提！於意云何? 阿那含能作是念 '我得阿那含果' 不?"
須菩提言.
"不也. 世尊! 何以故? 阿那含名爲不來 而實無不來 是名阿那含."

"須菩提! 於意云何? 阿羅漢能作是念 '我得阿羅漢道' 不?"

須菩提言.
"不也. 世尊! 何以故? 實無有法名阿羅漢. 世尊! 若阿羅漢作是念 '我得阿羅漢道' 即着我人衆生壽者. 世尊! 佛說我得無諍三昧 人中最爲第一 是第

一離欲阿羅漢. 我不作是念'我是離欲阿羅漢. 世尊! 我若作是念'我得阿羅
漢道'世尊則不說須菩提 是樂阿蘭那行者! 以須菩提實無所行, 而名須菩提
是樂阿蘭那行."

―――――――

＊300字

# 莊嚴淨土分 第十

佛告須菩提.
"於意云何? 如來昔在燃燈佛所 於法有所得不?"

"不也. 世尊! 如來在燃燈佛所 於法實无所得."

"須菩提! 於意云何? 菩薩莊嚴佛土不?"

"不也. 世尊! 何以故? 莊嚴佛土者 即非莊嚴 是名莊嚴."

"是故, 須菩提! 諸菩薩摩訶薩 應如是生清淨心. 不應住色生心 不應住聲香味觸法生心, 應無所住而生其心. 須菩提! 譬如有人 身如須彌山王 於意云何? 是身爲大不?"

須菩提言.
"甚大. 世尊! 何以故? 佛說非身 是名大身."

---

＊157字

84

# 無爲福勝分 第十一

"須菩提! 如恒河中所有沙數 如是沙等恒河 于意云何? 是諸恒河沙寧爲多
不?"

須菩提言.
"甚多. 世尊! 但諸恒河尙多無數 何況其沙."

"須菩提! 我今實言告汝 若有善男子善女人 以七寶滿爾所恒河沙數三千
大千世界 以用布施 得福多不?"

須菩提言.
"甚多. 世尊!"

佛告須菩提.
"若善男子善女人 於此經中 乃至受持四句偈等 爲他人說 而此福德勝前
福德."

––––––––––

＊135字

# 尊重正敎分 第十二

"復次 須菩提! 隨說是經 乃至四句偈等 當知此處 一切世間 天人 阿修羅
皆應供養 如佛塔廟. 何況有人盡能受持讀誦? 須菩提! 當知是人成就 最上
第一希有之法. 若是經典所在之處 則爲有佛 若尊重弟子."

———————

*80字

# 如法受持分 第十三

爾時 須菩提白佛言.
"世尊! 當何名此經 我等云何奉持?"

佛告須菩提.
"是經名爲『金剛般若波羅蜜』以是名字 汝當奉持. 所以者何? 須菩提! 佛說般若波羅蜜 即非般若波羅蜜. 須菩提! 於意云何? 如來有所說法不?"

須菩提白佛言.
"世尊! 如來無所說."

"須菩提! 於意云何? 三千大千世界 所有微塵 是爲多不?"

須菩提言.
"甚多, 世尊!"

"須菩提! 諸微塵 如來說非微塵 是名微塵. 如來說世界 非世界 是名世界. 須菩提! 於意云何? 可以三十二相見如來不?"

"不也. 世尊! 何以故? 如來說三十二相 即是非相 是名三十二相."

"須菩提! 若有善男子善女人 以恒河沙等身命布施. 若復有人 於此經中 乃至受持四句偈等 爲他人說 其福甚多(而此福勝前福)."

---

＊현재 사용 중인 중국 경문에서는 '見'을 '觀'으로 바꾸어 놓았다. 그러나 구마라집 원본에는 '見'으로 되었다. 그래서 원래대로 바꾸었다.

＊바로 앞, 第十一分에서는 칠보 재물 보시보다 법 보시가 더 크고 많다는 뜻에서 '而此福勝前福'이라는 문장으로 끝을 맺었는데 이곳에서는 목숨 보시보다 법 보시가 더 크고 많다는 뜻에서 비교해 놓고 '而此福勝前福'이라 하지 않고 '其福甚多'라고 했다. 이미 비교했으면 '其福甚多'보다는 '而此福勝前福'이라는 표현이 적절하다. 어쩌면, 같은 말을 자꾸 반복하려니 피하고 싶은 마음도 없지는 않았을 것이다.

＊242字

# 離相寂滅分 第十四

爾時 須菩提聞說是經 深解義趣 涕淚悲泣 而白佛言.

"希有. 世尊! 佛說如是甚深經典. 我從昔來所得慧眼 未曾得聞如是之經. 世尊! 若復有人得聞是經 信心淸淨 卽生實相 當知是人 成就第一希有功德.

世尊! 是實相者 卽是非相 是故如來說名實相. 世尊! 我今得聞如是經典 信解受持不足爲難 若當來世 後五百歲 其有衆生 得聞是經 信解受持 是人 卽爲第一希有. 何以故? 此人無我相 無人相 無衆生相 無壽者相. 所以者何? 我相卽是非相 人相 衆生相 壽者相 卽是非相. 何以故? 離一切諸相, 卽名諸佛."

佛告須菩提.

"如是! 如是! 若復有人得聞是經 不驚 不怖 不畏 當知是人甚爲希有. 何以故? 須菩提! 如來說第一波羅蜜 非第一波羅蜜 是名第一波羅蜜. 須菩提! 忍辱波羅蜜 如來說非忍辱波羅蜜 是名忍辱波羅蜜.

何以故? 須菩提! 如我昔爲歌利王割截身体 我於爾時 無我相 無人相 無衆生相 無壽者相. 何以故? 我於往昔節節支解時 若有我相 人相 衆生相 壽者相 應生嗔恨. 須菩提! 又念過去於五百世作忍辱仙人 於爾所世 無我相 無人相 無衆生相 無壽者相.

是故 須菩提! 菩薩應離一切相 發阿耨多羅三藐三菩提心 不應住色生心 不應住聲香味觸法生心 應生無所住心. 若心有住 即爲非住. 是故 佛說'菩薩心不應住色布施.' 須菩提! 菩薩爲利益一切衆生 應如是布施. 如來說 '一切諸相, 即是非相.' 又說'一切衆生 即非衆生.' 須菩提! 如來是眞語者 實語者 如語者 不誑語者 不異語者.

須菩提! 如來所得法, 此法無實無虛. 須菩提! 若菩薩心住於法 而行布施 如人入暗 即無所見. 若菩薩心不住法而行布施 如人有目 日光明照 見種種色.

須菩提! 當來之世 若有善男子善女人 能於此經受持讀誦 即爲如來 以佛智慧 悉知是人 悉見是人. 皆得成就無量無邊功德."

---

＊'涕淚悲泣'에서 '悲泣'이라는 표현은 잘못되었음. 슬퍼서 우는 게 아니라 감동되어서 기쁨의 눈물을 흘리는 상황이다.

＊'佛說'에서 '佛'보다는 '我'가 적절하다.

＊'若心有住 即爲非住': 자기 함정에 스스로 빠져버린 '자가당착(自家撞着)'이라고 필자는 판단한다. '색즉시공(色卽是空) 공즉시색(空卽是色)'이라는 경문 가운데 최고 최후의 모순어법 곧 역설(逆說)과 같다. 이를 받아들이면, 불법(佛法)은 불법이 아니라고 시종 강조했으나 결과적으로 불법은 불법일 따름이라고 말하는 것과 같다. 그럼으로써 무위법이 유위법이 되면서 원점으로 돌아오게 된다. 따라서 이 경은 있으나 없으나 같고, 그저 있기에 말장난에 지나지 않는다.

＊610字

# 持經功德分 第十五

"須菩提! 若有善男子善女人 初日分以恒河沙等身布施 中日分復以恒河沙等身布施 後日分亦以恒河沙等身布施 如是無量百千萬億劫以身布施. 若復有人 聞此經典 信心不逆 其福勝彼. 何況書寫受持讀誦 爲人解說.

須菩提! 以要言之 是經有不可思議 不可稱量 無邊功德. 如來爲發大乘者說 爲發最上乘者說. 若有人能受持讀誦 廣爲人說 如來悉知是人 悉見是人 皆得成就不可量 不可稱 無有邊 不可思議功德. 如是人等 即爲荷擔如來阿耨多羅三藐三菩提.

何以故? 須菩提! 若樂小法者 着我見 人見 衆生見 壽者見 即於此經 不能聽受讀誦 爲人解說. 須菩提! 在在處處 若有此經 一切世間 天人 阿修羅 所應供養. 當知此處即爲是塔 皆應恭敬 作禮圍遶以諸華香 而散其處."

────────

\*268字

# 能淨業障分 第十六

"復次 須菩提! 若善男子善女人 受持讀誦此經 若爲人輕賤 是人先世罪業 應墮惡道 以今世人輕賤故 先世罪業即爲消滅 當得阿耨多羅三藐三菩提.

須菩提! 我念過去無量阿僧祇劫 於然燈佛前 得値八百四千萬億那由他諸 佛 悉皆供養承事 無空過者. 若復有人 於後末世, 能受持讀誦此經 所得功 德 於我所供養諸佛功德 百分不及一 千萬億分 乃至算數譬喩所不能及.

須菩提! 若善男子善女人 於後末世 有受持讀誦此經 所得功德 我若具說 者 或有人間 心即狂亂 狐疑不信. 須菩提! 當知是經義不可思議 果報亦不 可思議."

———————

＊208字

92

# 究竟無我分 第十七

爾時 須菩提 白佛言.

"世尊! 善男子善女人 發阿耨多羅三藐三菩提心 云何應住 云何降伏其
心."

佛告須菩提.

"(若)善男子善女人 發阿耨多羅三藐三菩提(心)者 當生如是心. 我應滅度
一切衆生. 滅度一切衆生已 而無有一衆生 實滅度者. 何以故? 須菩提! 若菩
薩 有我相 人相 衆生相 壽者相 即非菩薩. 所以者何? 須菩提! 實無有法 發
阿耨多羅三藐三菩提(心)者. 須菩提! 於意云何? 如來 於然燈佛所 有法得阿
耨多羅三藐三菩提不."

"不也. 世尊! 如我解佛所說義 佛於然燈佛所 無有法得阿耨多羅三藐三菩
提."

佛言.

"如是 如是 須菩提! 實無有法如來得阿耨多羅三藐三菩提. 須菩提! 若有
法 得阿耨多羅三藐三菩提(者) 然燈佛即不與我授記 汝於來世 當得作佛 號
釋迦牟尼. 以實無有法得阿耨多羅三藐三菩提. 是故 然燈佛與我授記 作是
言. '汝於來世 當得作佛 號釋迦牟尼.' 何以故? 如來者 即諸法如義. 若有人
言 '如來得阿耨多羅三藐三菩提' 須菩提! (當知)實無有法 佛得阿耨多羅三

藐三菩提. 須菩提! 如來所得阿耨多羅三藐三菩提 於是中無實無虛. 是故如來說 一切法皆是佛法. 須菩提! 所言一切法者 即非一切法 是故名一切法. 須菩提! 譬如人身長大."

須菩提言.
"世尊! 如來說 人身長大 即爲非大身, 是名大身."

"須菩提! 菩薩亦如是. 若作是言'我當滅度無量衆生'即不名菩薩. 何以故? 須菩提! 實無有法名爲菩薩. 是故佛說. 一切法無我 無人 無衆生 無壽者. 須菩提! 若菩薩作是言'我當莊嚴佛土'是不名菩薩. 何以故? 如來說 莊嚴佛土者 即非莊嚴 是名莊嚴. 須菩提! 若菩薩通達無我法者 來來說名眞是菩薩.

---

＊괄호 속의 若·心·心·者·當知 등의 여섯 글자는 생략되었다고 판단하여 필자가 임의로 넣었음.
＊541字 → 547字

# 一體同觀分 第十八

"須菩提! 於意云何? 如來有肉眼不?"
"如是. 世尊! 如來有肉眼."

"須菩提! 於意云何? 如來有天眼不?"
"如是. 世尊! 如來有天眼."

"須菩提! 於意云何? 如來有慧眼不?"
"如是. 世尊! 如來有慧眼."

"須菩提! 於意云何? 如來有法眼不?"
"如是. 世尊! 如來有法眼."

"須菩提! 於意云何? 如來有佛眼不?"
"如是. 世尊! 如來有佛眼."

"須菩提! 於意云何? 恒河中所有沙 佛說是沙不?"
"如是. 世尊! 如來說是沙."

"須菩提! 於意云何? 如一恒河中所有沙 有如是等恒河 是諸恒河所有沙數 佛世界如是 寧爲多不?"

"甚多. 世尊!"

佛告須菩提.
"爾所國土中 所有衆生 若干種心 如來悉知. 何以故? 如來說 諸心皆爲非心 是名爲心. 所以者何? 須菩提! 過去心不可得 現在心不可得 未來心不可得."

─────────

＊243字

# 法界通化分 第十九

須菩提! 於意云何? 若有人滿三千大千世界七寶 以用布施 是人 以是因緣 得福多不?

如是. 世尊! 此人 以是因緣 得福甚多.

須菩提! 若福德有實 如來不說 得福德多. 以福德無故 如來說得福德多.

---

* 뒤에 나오는 '如來'는 불필요하게 반복되었으므로 우리말 번역하는 데에서는 배제하였다.
* 75字

# 離色離相分 第二十

"須菩提! 於意云何? 佛可以具足色身見不?"

"不也. 世尊! 如來不應以具足色身見. 何以故? 如來說 具足色身 即非具足色身 是名具足色身."

"須菩提! 於意云何? 如來可以具足諸相見不?"

"不也. 世尊! 如來不應以具足諸相見. 何以故? 如來說 諸相具足 即非具足 是名諸相具足."

———————

＊103字

# 非說所說分 第二十一

"須菩提! 汝勿謂 如來作是念 我當有所說法. 莫作是念. 何以故? 若人言 如來有所說法 即爲謗佛 不能解我所說故. 須菩提! 說法者 無法可說 是名 說法."

爾時 慧命須菩提白佛言.
"世尊! 頗有衆生 於未來世 聞說是法 生信心不?"

佛言.
"須菩提! 彼非衆生 非不衆生. 何以故? 須菩提! 衆生衆生者 如來說非衆 生 是名衆生."

―――――――――

＊'如來'는 없어야 하는데 불필요하게 들어가 있는 것임을 표시했음.
＊120字

# 無法可得分 第二十二

須菩提白佛言.

"世尊! 佛得阿耨多羅三藐三菩提 爲無所得耶?"

佛言.

"如是! 如是! 須菩提! 我於阿耨多羅三藐三菩提 乃至 無有少法可得 是名
阿耨多羅三藐三菩提."

──────────

＊63字

# 淨心行善分 第二十三

"復次, 須菩提! 是法平等 無有高下 是名阿耨多羅三藐三菩提 以無我 無人 無衆生 無壽者 修一切善法 即得阿耨多羅三藐三菩提. 須菩提! 所言善法者 如來說即非善法 是名善法."

———————

＊70字

# 福智無比分 第二十四

須菩提! 若三千大千世界中所有諸須彌山王 如是等七寶聚 有人持用布施. 若人以此『般若波羅蜜經』乃至 四句偈等 受持 爲他人說 于前福德百分不及一 百千萬億分 乃至 算數譬喩所不能及.

---

＊76字

# 化無所化分 第二十五

"須菩提! 于意云何? 汝等勿謂如來作是念 我當度衆生. 須菩提! 莫作是念. 何以故? 實無有衆生如來度者 若有衆生如來度者 如來即有我 人 衆生 壽者. 須菩提! 如來說 有我者即非有我 而凡夫之人以爲有我. 須菩提! 凡夫者 如來說即非凡夫 是名凡夫."

───────

＊97字

# 法身非相分 第二十六

"須菩提! 于意云何? 可以三十二相觀如來不?"

須菩提言.
"如是! 如是! 以三十二相觀如來."

佛言.
"須菩提! 若以三十二相觀如來者 轉輪聖王即是如來."

須菩提白佛言.
"世尊! 如我解佛所說義 不應以三十二相觀如來.

爾時 世尊而說偈言.

　　　　若以色見我
　　　　以音聲求我
　　　　是人行邪道
　　　　不能見如來

_____

＊109字

# 無斷無滅分 第二十七

"須菩提! 汝若作是念 如來不以具足相故 得阿耨多罗三藐三菩提.

須菩提! 莫作是念 如來不以具足相故 得阿耨多羅三藐三菩提.

須菩提! 汝若作是念 發阿耨多羅三藐三菩提心者 說諸法斷滅. 莫作是念.
何以故? 發阿耨多羅三藐三菩提心者 於法不說斷滅相."

_____

＊102字

# 不受不貪分 第二十八

"須菩提! 若菩薩以滿恒河沙等世界七寶(持用)布施. 若復有人 知一切法無我, 得成於忍, 此菩薩勝前菩薩所得功德. 須菩提! 以諸菩薩 不受福德故."

須菩提白佛言.
"世尊! 云何菩薩不受福德."

"須菩提! 菩薩所作福德 不應貪着. 是故說不受福德."

———————

＊92字

106

# 威儀寂靜分 第二十九

　須菩提! 若有人言 如來若來若去若坐若臥 是人不解我所說義. 何以故?
如來者 無所從來 亦無所去 故名如來.

─────────

＊43字

# 一合理相分 第三十

"須菩提! 若善男子善女人 以三千大千世界碎爲微塵 於意云何? 是微塵衆
寧爲多不?"

甚多. 世尊! 何以故? 若是微塵衆實有者 佛卽不說是微塵衆. 所以者何?
佛說 微塵衆 卽非微塵衆 是名微塵衆. 世尊! 如來所說三千大千世界 卽非
世界 是名世界. 何以故? 若世界實有 卽是一合相. 如來說 一合相 卽非一合
相 是名一合相.

須菩提! 一合相者 卽是不可說 但凡夫之人貪着其事.

---

＊'一合相者 卽是不可說'에서 不可說이 어색하다. 따라서 不要說로 바꾸어야 한다
　고 생각했다.
＊145字

# 知見不生分 第三十一

"須菩提! 若人言 佛說我見人見衆生見壽者見 須菩提! 於意云何? 是人解我所說義不?"

"不也. 世尊! 是人不解如來所說義. 何以故? 世尊說 我見·人見·衆生見·壽者見 即非我見·人見·衆生見·壽者見 是名我見·人見·衆生見·壽者見.

須菩提! 發阿耨多羅三藐三菩提心者 於一切法 應如是知 如是見 如是信解 不生法相. 須菩提! 所言法相者 如來說即非法相 是名法相.

---

＊139字

# 應化非眞分 第三十二

須菩提! 若有人以滿無量阿僧祇世界七寶持用布施. 若有善男子善女人 發菩提心者 持於此經 乃至四句偈等 受持讀誦 爲人演說 其福勝彼. 云何爲人演說? 不取於相 如如不動. 何以故?

　一切有爲法
　如夢幻泡影
　如露亦如電
　應作如是觀

佛說是經已, 長老須菩提及諸比丘 比丘尼 優婆塞 優婆夷 一切世間天人阿修羅 聞佛所說 皆大歡喜 信受奉行.

―――――――
＊137字

110

# 금강 제삼문

금강반야바라밀경 주석(註釋)

# 금강반야바라밀경 주석(註釋)

금강경에 나오는 아래 일흔두 개의 단어가 불교 경문에서 어떻게 어떤 의미로 사용되었는지를 다양한 경문 추적을 통해서 밝힌 글이 고스란히 이 책의 주석으로 옮겨졌다. 주석으로 옮겨진 글들은 하루아침에 집필된 것이 아니고, 오랜 세월 경전을 읽으면서 정리된 것들임을 밝혀 둔다. 우리말 번역 경문에서는 이들을 자세히 풀어놓지 못하여 불가피하게 주석으로 분리해 정리했으며, 원문 한자어에 괄호를 붙이고 그 괄호속에 우리말 번역어를 넣었다. −이시환

# 1

# 법회를 열게 된 배경

### ① 舍衛國(**사위국**)

'舍衛國·捨衛國'은 실라벌국(室羅筏國)·실라벌실저(室羅筏悉底)로 경전에 표기되기도 했으며(신역대방광불화엄경음의·신화엄경론), 나라의 이름이자 성(城)의 이름이기에 '사위성(舍衛城)'으로도 불린다. 『아육왕경(阿育王經)』 주석에 의하면, 부처님 계실 때 '교살라국(憍薩羅國)'의 수도였다. 교살라국은 남북으로 두 나라가 합해져 이루어졌는데, 남쪽을 '교살라국'이라 하고, 북쪽은 '사위국'이라 하여 나누어 불렀다.

부처님께서 가장 많은 30년 동안 머물렀던 곳으로 당시 사위국의 왕은 '바사닉(波斯匿)'이었으며, 정치·경제·문화의 중심지로 크게 번영했던 곳이다. 부처님께서 돌아가신 곳이기도 하며, 이곳 사람들이 유별나게 활기차고, 의리가 있으며, 물질적으로도 비교적 풍부했던 것으로 기술되었다(분별공덕론). 그 인구가 18억 명으로 말해지나(경률이상) 믿기지 않으며, 사위국 동남쪽에 큰 강이 있다고(법구비유경) 한다. 부처님께서 하안거를 보내셨던 곳이기도 하고(잡·중아함경), 송림정사(松林精舍)가 있고(잡아함경), 수성욕지(手成浴池)도 있다(잡아함경). 사위국 동쪽 공원 고폐원림(故廢園林)의 녹모원(鹿母園)·녹자모(鹿子母) 강당도 있을 뿐만 아니라, 국왕 소유 동산도 있고(잡아함경), 바라라산(婆羅邏山)도 있으며, 주암원(晝闇園)·녹야원(鹿野園)·보회강당(普會講堂) 등도 있다(증일아함경). 그리고 미가라모[彌伽羅母]의 불바라(弗婆羅) 동산에

있는 환희전(歡喜殿)도 있고, 가리리성(迦利哩城)도 있었다. 이 가운데
에서 기수급고독원에서 가장 오래 계셨고, 설법도 제일 많이 이루어진
것으로 판단된다.

### ② 祇樹給孤獨園(기수급고독원)

'祇樹給孤獨園'은 사위성 서다림(逝多林)에 있는 정사(精舍)로 흔히,
'기원정사(祇園精舍)'라고 불리는데 '수달다(須達多)·소달다(蘇達多)'라
는 이름의 장자가 부처님께 시주 헌납한 시설로 수많은 설법이 이루어
진 곳이다. 마갈제국 아사세왕(阿闍世王)의 거성인 왕사성(王舍城) 취봉
산(鷲峰山) 갈란탁가(羯蘭鐸迦) 연못가의 죽림정사(竹林精舍)와 곧잘 비
교된다.

기수정려(祇樹精廬)·기수원(祇樹園)·기타원(祇陀園)·기타림(祇陀林)에
있는 급고독(給孤獨) 정사(精舍)·아나빈저(阿那邠低)·기수정사(祇樹精
舍)·기원아나빈저아람(祇洹阿難邠坻阿藍)·승림급고독원(勝林給孤獨園)
등으로도 불리며, 이렇게 표기한 경들도 많다(불설관정칠만이천신왕호비
구주경·가조아나함경·결정비니경·다라니잡집·대반열반경·법구비유경·불설분별
선악소기경·불설유일마니보경·중아함경 외 다수). 따라서 이들이 다 '기수급
고독원'임을 알면 된다.

# 2
## 수보리가 자리에서 일어나 청하다

①須菩提(**수보리**)

'須菩提'는, 범어(梵語) 'Subhūti'의 음역(音譯)인데 한자로 수보리(須菩提)·수부저(修浮底)·소보저(蘇補底)·수부제(藪浮帝)·소부저(蘇部底) 등으로 표기했고, 경문에서는 주로 선현(善現:능단금강반야바라밀다경·대반야바라밀다경 외)·선길(善吉:남명전화상송증도가사실 외)·선실(善實:화엄경탐현기 외)·선보(善寶:신역대방광불화엄경음의 외)·묘생(妙生:불설불지경·유마힐소설경·화수경 외)·공산(空山:신집장경음의수함록 외)·공생(空生:어제비장전 외)·대덕(大德:대방광보협경·대방등대집경·미륵보살소문경론 외)·구수(具壽:대방광여래장경·대승집보살학론 외)·존자(尊者:대방광보살장문수사리근본의궤경·대방광총지보광명경·대방등대집경보살염불삼매분 외)·현자(賢者:광찬경·광홍명집·무극보삼매경 외)·장로(長老:금강반야바라밀경·대위등광선인문의경·제법무행경 외)·혜명(慧命:대법거다라니경·대보적경·대지도론 외) 등으로 불렸다.

그는 사위국 '구류(拘留)'라고 하는 장자의 집에서 태어났는데 그 생김새가 출중하고, 총명하고, 말재주가 있었으며, 그 성품이 인자할 뿐아니라 아는 것이 많았기에 주변 사람들이 모두 그를 공경하였다고 한다. 특히, 그는 보고 들은 것들을 행동으로 옮겼으며, 더욱이 수행의 즐거움을 모두에게 권하고, 이익되게 하였다는 평가를 받는다(찬집백연경).

그는 전생에서도 부처님과 보살과 대중에게 공양하여 복을 지음으로써 91겁 동안이나 천상에 태어났으며, 천왕(天王)의 신분이 될 수 있었는데 그런 그가 사위국 구류 장자의 아들로 태어난 것이다. 그런 그가 부모에게 부처님을 집안으로 청하겠다는 허락을 받고 부처님을 공양하였고, 그 길로 출가하여 기수급고독원에서 사문이 되었다. 그 자리에서 아유안(阿惟顔:一切智)을 얻어서 신통을 갖추었고, 풍속에 따라 교화를 펼치었으니, 그 제자 안에는 아라한이 된 이도 있었다고 전해진다.

그는 왕사성(王舍城) 기사굴산 곁에서 따로 초막을 짓고 몸소 선정을 닦기도 했으며(증일아함경), 이 금강경에서도 언급된 것처럼 무쟁삼매(無諍三昧)와 적정처(寂靜處) 수행(修行)에 제일인자(대당대자은사삼장법사전)로 부처님이 직접 평가했으며, 온갖 법이 공(空)한 이치를 깨달은 부처님의 10대 제자 가운데 한 사람이다.

### ②護念(보살펴줌)

경문을 읽다 보면, '부처님께서 보살들을 잘 호념(護念)해 주시고(금강반야바라밀경·대방등무상경·대승대집지장십륜경·우바이정행법문경·지세다라니경 등), 무엇을 잘 부촉(付囑)해 준다(대비경·불공견삭신변진언경·성구광명정의경·증일아함경·잡아함경·불설일체공덕장엄왕경 등)'라는 표현이 곧잘 나온다. 이때 '호념(護念)'과 '부촉(咐囑)' 또는 '부촉(付囑)'은 일상에서 잘 쓰이지 않는 용어인 데다가 어려운 한자어이다. 이를 글자 그대로 해석하자면, '호념(護念)'이란 염두에 두고서 상대방의 생각이나 마음을 보호해 준다는 뜻이고, '부촉(咐囑)'이란 무엇인가를 맡기어 ~하기를 부탁한다는 뜻이다. 일종의 '당부(當付)'인 셈이다.

그런데 「남명천화상송증도가사실(南明泉和尙頌證道歌事實)」이라는 경에서 이들 용어에 대하여 직접 설명하기를 '세존께서 설법하여 모든 사람이 망상(妄想)을 일으키지 않도록 훌륭하게 가르치는 것이 호념이고, 한 생각 한 생각에 퇴실(退失)하지 않도록 하는 것이 부촉이라'고 했다. 의외의 설명이다.

지금까지 필자가 읽은 경문을 전제로 풀이하자면, '누가 누구를 호념한다'라는 것은 -경문에서는 대개 부처님이 특정 제자를 호념해 주는 것이지만- 마음속에 두고, 염두에 두고, 잊지 않고, 상대방의 안위와 복락을 지켜준다는 뜻이다. 아래 예문들이 그 증거라 할 수 있다.

ⓐ일체 여래와 모든 보살과 집금강과 항하의 모래알같이 많은 성중이 항상 호념(護念)하여 속히 모든 서원이 원만해져서 속히 보리를 깨닫게 될 것이니(금강정초승삼계경설문수오자진언승상)

ⓑ시방의 끝없는 세계의 모든 여래 응공 정등각 보살마하살 독각 아라한과 불환과 일래과 예류과 등에서 사랑과 호념(護念)을 받으며, 또 세간의 모든 천신 마군 범천 사람인 듯 사람 아닌 것 아소락 등에게서 사랑과 보호를 받을 것이니라(대반야바라밀다경).

ⓒ중생들을 위해 생사에 즐거이 머물며 은혜를 알고 은혜를 갚으면서 나의 호념(護念)을 받느니라. 모든 부처님 종성(種姓)을 잘 보호하고 지니어 부처님의 무거운 임무를 맡아 법의 등불을 활활 타게 하느니라(대방등무상경).

그러니까, 부처님이 특정 제자의 수행을 기억하여, 바른 생각 바른 마음을 내도록 몸과 마음을 지켜주고 보호해 준다는 뜻이다. 그렇다면, 어떻게 지켜주고 보호해 준다는 것일까? 그것은 의당, 부처님의 본질인 자비심과 위신력(威神力)으로써이다. 간단히 말해, 설법하고, 질문에 응답하고, 관심을 기울이며, 관찰하고, 옳고 그름을 분별하는 지혜를 깨우쳐주는 제반 활동이 아닐까 싶다. 그렇기에 '가피(加被:자비를 베풀어 이롭게 함)'라는 용어와 함께 쓰이는 경향이 있다.

### ③咐囑(도와 이끌어줌)

'咐囑'이란 수행과정에서 이탈하지 않고 바르게 정진하여 소기의 목적을 달성할 수 있도록 어떤 물질적 도구(경문, 다라니 등)나 정신적인 도움(강론, 설법 등)을 주는 일이다. 우리말에 '부축하다'라는 말이 있는데, 실은, 이 말도 '부촉하다'에서 온 말이 아닐까 싶기도 한데 어쨌든, 상대방의 팔을 자신의 목에 걸치고서 걸음걸이를 도와주는 신체적 도움이 '부축'이라면 어떤 목적 달성과 그것을 위한 정신적인 무장을 돕는 행위 일체를 '부촉'이라 해도 크게 틀리지는 않는다. 아래 경문의 예들이 그 증거라 할 수 있다.

> ⓐ저 석가모니 여래 · 응공 · 정변지께서 우리를 위해서 열반하실 때 오른손으로 아난의 손을 붙잡고 이처럼 아승기겁을 통해서 익힌 아뇩다라삼먁삼보리의 법을 부촉(咐囑)하셨다(대비경).
>
> ⓑ선남자야, 나는 이제 이 경전을 그대에게 부촉(咐囑)하노니, 마땅히 받아 지니고 공양하고 감싸 보호하기를 부처님과 다름이 없도록 하라. 이 경이 있는 곳마다 유통시켜 끊어짐이 없게 하며 중생을 이익되게 하며 널리 불사를 이룩하라(불설일체공덕장엄왕경).
>
> ⓒ나는 이제 이 『증일아함』을 너에게 부촉(咐囑)하노니 잘 외우고 읽어 쇠퇴하지 않게 하라. 왜냐하면, 이 거룩한 경을 업신여기는 사람은 곧 타락하여 범부의 행을 하게 되겠기 때문이다(증일아함경).
>
> ⓓ혜융은 3천 부를 서사하여 후세에 유통시키고, 수지 독송하며 서로에게 전하여 모든 후학에 부촉(咐囑)하도록 하였다(출삼장기집).

### ④阿耨多羅三藐三菩提(번뇌를 소멸시키는 가장 바르고 평등한 깨달음)

불자들이 앵무새처럼 외우다시피 하는 그 유명한, 불교 최고 최후의 경인 「마하반야바라밀다심경(摩訶般若波羅蜜多心經)」에 '아뇩다라삼먁삼보리(阿耨多羅三藐三菩提)'라는, 아주 생소한 단어가 나온다. 물론, 이 이상한 발음의 단어가 이 경에서만 나오는 것은 결코 아니다. 「금강삼매경(金剛三昧經)」을 비롯하여 선정 수행 방법을 직접 다룬 경전들, 예컨대, '~ 삼매경'이라는 이름이 붙은 경들의 키워드이기도 하면서, 선정 수행의 궁극적인 목적이기도 하기에 그 외에 수많은 경에서도 산발적으로 자주 쓰이는 단어이다. 이 금강경에서도 첫 번째로 자주 언급되는 키워드 가운데 키워드이다.

필자는 개인적으로 여러 차례 그 「마하반야바라밀다심경」을 해독(解讀)·음미(吟味)해 보면서 혹은 다른 경들을 읽으면서 이 용어 앞에서 '도대체 이게 무슨 말인가?' 의심하고, 묻고, 찾아보았어도 그 답을 시원스럽게 구하질 못했었다. 물론, 가장 빠른 방법은 범어나 팔리어에서 이 용어가 무슨 뜻으로 쓰이는지를 확인하는 일이 될 터인데 그조차 쉽지 않은 것이 현실이었다. 도대체, 무슨 뜻이기에 중국어로 경전을 번역할 때 소리 나는 대로 그 음을 한자(漢字)로 표기해 놓고 말았을까?

필자는 그동안 이 「마하반야바라밀다심경」을 분석, 해설한 책들을 상당수 읽었고, 관련된 경들을 찾아보았지만 만족할 만한 답을 얻지는 못했었다.

그런데 우연히 「좌선삼매경(坐禪三昧經)」을 읽으면서 그 단서를 찾았다. 곧, '아뇩다라(阿耨多羅)'에 대해서는, "진나라 말로는 '무상선법(無上善法)'이라고 한다. 성인의 지혜로 일체를 다 나타내어 인도하고 큰 덕이 한량없어서 범마중성(梵魔衆聖)도 미칠 수 없거든 더구나 일반 중생으로서야 어떻게 부처님의 높은 덕에 미칠 수 있겠는가. 그러므로

'무상(無上)'이라고 말한 것이다."라는 대목이 그것이다. 그러니까, '아
뇩다라 = 무상선법'이라는 뜻이다. 물론, 그 「좌선삼매경」에서는 '아
뇩다라'가 '아누다라(阿耨多羅)'로 표기되었는데, 팔리어 발음이 사전
에서처럼 'anuttara'로 표기된다면 '耨(김맬 누)'자를 '뇩'이 아닌 '누'
로 발음해야 옳다고 보지만 우리는 중국 한자를 우리 음으로 읽었기 때
문에 '뇩'이 된 것으로 보인다. 어쨌든, 문제의 '아뇩다라'를 '위가 없는
최고의 선법'으로 풀이한다는 것인데 여기서 '법(法)'이란 '깨우침' 또
는 '가르침' 또는 '진리'가 될 것이다.

그리고 '삼먁삼보리(三藐三菩提)'에 대해서는, "'삼먁'은 진나라 말로
'진실(眞實)'이라는 말이고, '삼불타'는 '일체를 다 깨달았다'라는 뜻이
라 하니, 괴로움의 원인을 깨달아 열반의 원인을 익혀 바른 견해를 말
하고, 네 가지 진실[苦·集·滅·道]을 알아 전전하지 않는다. 다 깨달아
남음이 없기에 진실하게 일체를 깨달았다고 말한다."라고 풀이하고 있
다. 하지만 설명이 그렇게 시원스럽지는 못하다는 생각이 든다. 물론,
「좌선삼매경」에서는 '삼먁삼보리'가 '삼먁삼불타(三藐三佛陀)'로 표기
되어 있지만 같은 뜻으로 보아도 틀리지 않는다. 어쨌든, 문제의 '삼먁
삼보리(三藐三菩提)'['sammāsambodhi'(팔리어), 'samyak-sabodhi'
(범어)]는 '번뇌의 원인과 그것을 소멸시키는 방법 등 일체에 대해 깨달
은 진실'이라는 뜻으로 해석된다.

따라서 이 '아뇩다라삼먁삼보리(阿耨多羅三藐三菩提)'를 '번뇌의 근
원과 과정, 그리고 그것을 소멸시키는 방법에 대한 더 이상의 위가 없
는 깨달음 곧 최상의 깨달음'이라고 풀이할 수 있다고 필자는 판단한
다. 바로 그렇기에 다른 경들에서는 이 '아뇩다라삼먁삼보리'라는 단어
대신에 '아누다라삼먁삼불타'(좌선삼매경), '무상정등정각(無上正等正
覺)'(입정부정인경), '무상정등보리(無上正等菩提)'(칭찬정토불섭수경)

등의 용어로도 표기되었다. 그러니까, '아뇩다라삼먁삼보리'는 음차(音借)이고, '무상정등정각(無上正等正覺)은 의역(意譯)인 셈이다.

그렇다면, 우리는 한 가지 의문을 더 갖게 되는데, 그것은 부처님이 '위가 없는, 최상의 깨달음'을 얻었다는데 '그 핵심 내용은 과연 무엇일까?'이다. 그것은 인간 번뇌의 근원[無明]과 발생 과정[12因緣]과 그 번뇌를 소멸시키는 방법[戒·定·慧 수행] 등으로 압축된다. 이를 하나의 단어로 표현하면 '고집멸도(苦集滅道)'인 것이다. 이러한 배경에서 필자는 '아뇩다라삼먁삼보리'를 '번뇌를 소멸시키는 가장 바르고 평등한 깨달음'이라고 번역, 통일하였다.

# 3
## 대승의 바른 뜻

### ①大乘(대승)

여러 경에서는 대승(大乘)·대승법(大乘法)·대승도(大乘道)·대승교(大乘教)·대승경전(大乘經典)·대승계경(大乘戒經)·방등대승(方等大乘)·대승법장(大乘法藏)·대승행(大乘行)·대승법인(大乘法印) 등 아주 다양한 단어들이 쓰이고 있다. 이뿐만 아니라, 소승(小乘)의 상대적 개념으로 소·대승을 비교(고승전, 광명홍집·남명전화상송증도가사실·대승수행보살행문제경요집·대승아비달마잡집론·대지도론·대방광보협경 등)하기도 하고, 성문승(聲聞乘)·연각승(緣覺乘)을 소승이라 하고, 대승인 보살승과 비교(개각자성반야바라밀다경·광찬경·대보적경·비화경·결정비니경 등)하기도 했으며, 또한, 대승(大乘)·중승(中乘)·소승(小乘) 등으로 나누기도(구경일승보성론·대방광보살장문수사리근본의궤경 등) 하고, 대승(大乘)·중승(中乘)·하승(下乘)으로 구분(대반야바라밀다경·대방등다라니경 등)하기도 했다. 물론, 이런 삼승에서는 보살(菩薩)을 대승이라 했고, 연각(緣覺) 또는 독각(獨覺)을 중승이라 했으며, 성문(聲聞)을 소승 또는 하승이라고 했다.

흔히, 수염과 머리카락을 깎고 속가를 떠나, 스승과 제자의 관계를 맺어 율도(律度)를 따르면서 서로 화합하며 마음을 다스려 청정하게 수행하되 탁발하여 자급자족하는 사문(沙門)을 ①성문승(聲聞乘) ②연각승(緣覺乘) 또는 독각승(獨覺乘) ③보살승(菩薩乘)으로 나누고(광명홍집·대승대집지장십륜경·분신왕문경·불설대반니원경·불설발보리심파

제마경·불설불모출생삼법장반야바라밀다경·대방등대집경 등) 이를 '삼승(三乘)'이라고 불렀다. 그런가 하면, 성문승이 추구하는 성문법·연 각승이 추구하는 벽지불법·보살이 추구하는 대승법 등으로 구분(대방 광십륜경·법원주림 등)하기도 했다.

'대승이 무엇인가?'라고 필자에게 묻는다면, 간단히 이렇게 대답하 고 싶다. 곧, 도(道) 곧 법(法)을 깨우쳤으면 깊은 산속에서 도심으로 내 려오는 것이 대승이다. 여기서 도의 핵심은 타인을 위해서 기꺼이 자기 자신을 희생 봉사하는 삶 곧 부처가 되는 길이라는 믿음이다. 물론, 부 처님의 가르침인 여러 주장을 이해하고 믿어 의심하지 않는다는 대전 제가 깔려있다.

부처님이 문수사리에게 이런 말씀을 하셨다. 곧, 깊은 산골에 있는, 커다란 약이 되는 나무가 소승이라면 성(城)안의 커다란 '약 나무'는 대 승이고, 일시에 쏟아지는 소나기가 소승이라면 봄철에 내리는 비가 대 승이라고. 그러면서 성문승은 소승이요, 보살승은 대승이라고 하였다. 이런 비유법을 통한 대승과 소승의 구분은 「대방광보협경」에 나온다.

그렇다면, 똑같은 '약 나무'라고 해도 그것이 깊은 산골에 있을 때 와 성(城)안에 있을 때는 어떤 차이가 있길래 소승과 대승으로 갈라놓 는 근거가 되었을까? 그리고 똑같은 '비'이지만 소나기와 봄비는 어떤 차이가 있길래 소승과 대승으로 갈라놓는 비유어가 되었을까? 그리고 '약 나무'라는 것은 또 무슨 의미를 숨기고 있는 것일까? 이 세 가지 물 음을 이해하고 명료하게 답할 수 있어야 소승과 대승의 의미를 충분히 이해했다고 본다.

여기서 '약 나무'란 사람의 몸과 마음의 병을 치료해 주는 데에 있어 서 없어서는 안 될 물질이거나 그것에 상응하는 도움 일체가 될 것이 다. 예컨대, 고민으로 시달리는 이에게는 그것을 덜어주거나 없애주는 일이고, 암에 걸린 이에게는 그것을 치료해주는 일이며, 지혜가 부족하고 무지한 이에게는 그 무지에서 벗어나는 길을 제시해주는 일 일체가 모두 '약 나무'라 할 수 있다. 그런 '약 나무'가 깊은 산골에 있음은 그 쓰임새가 적다는 뜻이고, 성안에 있음은 그 쓰임새가 크다는 뜻일 것이다. 그러니까, 많은 사람에게 요긴하게 쓰이는 약이 되어주면 대승이고, 많지 않은 사람에게 요긴하게 쓰이는 약이 되어주면 소승이라는 뜻이다. 그래서 성문과 연각은 소승이요, 보살은 대승이라는 것이다.

문제는, 성문 연각 보살 등 3승의 수행 목적과 방법 그리고 그 능력 등이 다르다(대방편불보은경·대방등대집경 등)는 점이다. 이를 단적으로 엿볼 수 있는 경문이 있으니 이러하다. 곧, "성문이 얻은 것은 3승(乘)이 같이 알고, 중승(中乘)이 얻은 것은 2승이 함께 알지만, 오직 부처님이 얻은 것은 2승이 모르며 부처님 자신만 아느니라(대방편불보은경)"했고, "부처님은 법행(法行)과 법목(法目) 다라니문을 연설하시며, 여러 성문을 위해 법행을 말씀하시고는 큰 광명을 방출하고 장차 정목(淨目) 법문 다라니를 연설하시어 중승(中乘)들을 위해서는 연각의 과를 얻게 하고, 보살을 위해서는 장엄하게 아뇩다라삼먁삼보리(阿耨多羅三藐三菩提)를 성취하게 하고, 10지(地)와 여래의 18불공법(不共法)을 원만히 갖추고 물러나지 않는 바퀴를 굴리고 3악취를 파괴하고 여덟 가지 성인의 도를 닦아서 위 없는 과를 얻게 하려고 하시느니라(대방등대집경)" 했다. 물론, 이것만이 전부가 아니며, 많은 경문을 읽으면서 소승과 대승의 수행 목적, 수행 방법, 주안점, 결과 등을 구분해 놓을 수는 있다고 본다. 현재까지의 필자의 경문 읽기로 정리해 보자면 아래 도표와 같다.

## [ 소승과 대승의 차이를 이해하기 위한 도식 ]

| | 소승(小乘) | 대승(大乘) | 참고사항 |
|---|---|---|---|
| 사문<br>(沙門) | 성문승(聲聞乘)<br>연각승(緣覺乘) | 보살승(菩薩乘) | ①성문승:만일 어떤 중생이 안으로 지혜가 있으며, 부처님 세존을 따라 법을 듣고 믿으며, 부지런히 정진하여 삼계에서 빨리 뛰어나오려고 열반을 구하는 사람<br>②연각승:부처님 세존을 따라 법을 듣고 믿으며, 부지런히 정진하여 자연의 지혜를 구하며 혼자 있기를 좋아하고 고요한 데를 즐기며, 모든 법의 인연을 깊이 아는 사람<br>③보살승=대승보살=마하살:부처님 세존을 따라 법을 듣고 믿으며 부지런히 정진하여 일체지(一切智)와 불지(佛智)와 자연지(自然智)와 무사지(無師智)와 여래의 지견과 두려움 없음을 구하며, 한량없는 중생들을 가없게 생각하여 안락하게 하며, 천상·인간을 이익 되게 하려고 모든 이를 제도하여 해탈시키려고 하는 사람 (『묘법연화경』에서의 구분임) |
| 수행<br>목적 | 생(生)이 곧 고(苦)이므로 자신을 위하여 무상정등정각(無上正等正覺)을 증득하여 윤회(輪迴) 사슬을 끊어 열반에 듦 | 윤회를 마다하지 않으며, 오로지 중생 제도를 위하여 바라밀을 수행하면서 설법하는 삶을 살고 최후에는 수기(受記)를 받고 여래가 되는 것임. | *소승 : 무상정등정각, 열반<br>*대승 : 무상정등정각, 바라밀 수행으로 일체지 증득, 중생 제도를 위한 설법 최후에는 여래가 되는 것을 최종 목표로 함 |
| 수행<br>방법 | 계정혜(戒定慧) | 서원(誓願)<br>바라밀<br>일체지(一切智) | 무상정등정각(無上正等正覺)을 이루기 위한 5가지 수행법이 「입정부정인경(入定不定印經)」에 나오는데 그것은 ①양거행(羊車行) ②상거행(象車行) ③일월신력행(日月神力行) ④성문신력행(聲聞神力行) ⑤여래신력행(如來神力行) 등이다. 이에 의하면 성문승은 ①양거행(羊車行) ②상거행(象車行)에 의지하며, 보살승은 ③일월신력행(日月神力行) ④성문신력행(聲聞神力行) ⑤여래신력행(如來神力行) 등에 의지한다는 주장한다. 그러나 내가 보기에는 별 의미가 없다. |

| 수행<br>과보<br>(果報) | 성문4과(果)<br>①수다원<br>(須陀洹)<br>②사다함<br>(斯陀含)<br>③아나함<br>(阿那含)<br>④아라한<br>(阿罗汉) | 보살10지(地)<br>①극희지(極喜地)<br>②이구지(離垢地)<br>③발광지(發光地)<br>④염혜지(焰慧地)<br>⑤극난승지<br>(極難勝地)<br>⑥현전지(現前地)<br>⑦원행지(遠行地)<br>⑧부동지(不動地)<br>⑨선혜지(善慧地)<br>⑩법운지(法雲地) | ①수다원(须陀洹)이라 함은, 수타반나(須陀般那)라는 말과도 함께 쓰이고 있는데 이는 팔리어의 Sotapanna를 음차한 것으로 보인다. 중국 한자로는 '예류(预流)' 또는 '입류(入流)'라고 의역했는데, 불법 수행자의 수행 정도와 그 깊이에 따라 얻게 되는 단계별 과보로서 첫 단계이다. 그래서 '초과향(初果向)'이라는 말로도 쓰인다. 선정 수행 4단계로 빗대어서 말하자면, 초선(初禪)에 해당하며, 이는 온갖 근심걱정과 괴로움을 안겨주는 것이 다름 아닌 '욕망'임을 '알고', 그 욕망의 독성(毒性)을 생각하면서, 그것을 버림으로써 기쁨을 얻는 단계이다. 이때 얻는 기쁨을 '희각(喜覺)'이라 하며, 몸과 마음은 욕계(欲界)에 머물러 있는 단계라 한다. 욕망이나 번뇌를 온전히 버리지는 못했으나 그것들이 없어진 상태로 흘러들어가는 초입단계라 보면 틀리지 않는다.<br>②사다함(斯陀含)이라 함은, 식기타가미(息忌陀迦迷)라는 말과 함께 쓰이고 있는데 이는 팔리어 Sakadagami를 음차한 것으로 보이며, 중국 한자로는 '일래(一來)'라고 의역했는데 이는 불법 수행자의 수행 정도와 그 깊이에 따라 얻게 되는 단계별 과보로서 두 번째 단계이다. 선정 수행 4단계로 빗대어서 말하자면, 이선(二禪)에 해당하며, 초선에서 얻은 기쁨조차 오히려 근심으로 여기어 그 기쁨을 버리는, 그래서 빈 마음으로 깨끗하고[淨] 기쁘고[喜] 즐거움[樂]을 얻는 단계이다. 몸과 마음은 욕계가 아닌 색계(色界)에 머물러 있는 단계라 하는데, 욕계의 번뇌인 삼독(三毒)과 육입(六入)으로 인한 번뇌로부터 벗어난 상태라 한다.<br>③아나함(阿那含)이라 함은, 아나가미(阿那迦迷)라는 말과 함께 쓰이는데 이는 범어 anāgāmin를 음차한 것으로 보이며, 중국 한자로는 '불래(不来)' 또는 '불환(不還)'으로 의역했으며, 이는 불법 수행자의 수행 정도와 그 깊이에 따라 얻게 되는 단계별 과보로서 세 번째 단계이다. 선정 수행 4단계로 빗대어서 말하자면, 삼선(三禪)에 해당하며, 이는 기쁨이 없는 법[無喜法]을 행하여 마침내 기쁨의 경지를 여의고 진정한 즐거움[樂]인 인자(仁慈)함만을 내어 견지(堅持)하는 일이다. |

| | | | 무소유처(無所有處)에 머물며 오로지 자비심만을 내어 진정한 즐거움[樂]을 얻어 비로소 무색계(無色界)에 머물러있는 단계라 한다. 이 아나가미(阿那迦迷)에는 아홉 가지가 있다 한다. 곧, 지금 세상에서 반드시 열반에 들어가는 아나가미, 중음(中陰)에서 열반에 들어가는 아나가미, 태어난 뒤에 열반에 들어가는 아나가미, 간절하게 찾아서 열반에 들어가는 아나가미, 간절하게 찾지 않고 열반에 들어가는 아나가미, 최상의 행(行)으로 열반에 들어가는 아나가미, 아가니타에 이르러 열반에 들어가는 아나가미, 무색정(無色定)에 도달하여 열반에 들어가는 아나가미, 몸으로 깨닫는 아나가미, 아라한을 향해 가는 아나가미 등이 그것이다.<br>④아라한(阿罗汉)이라 함은, 범어 arhan의 음차로 보이며, 중국 한자로는 '응공(應供)·'불생(不生)'으로 의역하였는데, 이는 불법 수행자의 수행 정도와 그 깊이에 따라 얻게 되는 단계별 과보로서 네 번째 단계이다. 선정 수행 4단계로 빗대어서 말하자면, 마지막 단계로 모든 악을 여의고, 다시 태어나지 않으며, 마땅히 공양 받아야 할 경지이기 때문에 응공(應供)·불생(不生)이라 하는데 3선의 즐거움조차 근심으로 여기어, 오로지 청정(淸淨)만을 견지하여 불고불락호청정념(不苦不樂護淸淨念)이란 '한마음'을 얻는 단계이다. 그러니까, 고통이 없지만 즐거움도 없는, 맑고 깨끗하고 고요한 마음으로써 생각하는 것도 아니고 생각하지 않는 것도 아닌 상태 곧 비유상비무상처(非有想非無想處)에 머물러서 삼계(三界)를 초월하는 단계라 한다. |
|---|---|---|---|
| 수행<br>주안점 | ①계율 준수<br>②전제되는 견(見)에 대한 믿음<br>③관찰 : 사념처<br>④선정수행 | 심의식(心意識)<br>바라밀(波羅蜜)<br>일체지(一切智)<br>삼매(三昧)<br>신통력(神通力) | *견(見) :<br>부정관(不淨觀)<br>무상관(無常觀)<br>무상관(無相觀)<br>무아관(無我觀) |
| 키워드 | 아뇩다라삼먁삼보리(阿耨多羅三藐三菩提)<br>열반(涅槃) | 자성(自性)<br>허공(虛空)<br>색(色)<br>식(識)<br>심(心) | 6식(識) → 8식<br>6바라밀 → 10바라밀<br>식(識) → 유식종(唯識宗)<br>심(心) → 선종(禪宗) |

x

그동안 내가 대승과 소승이 어떻게 다른가를 문제로 여기면서 경문을 읽을 때마다 정리해 놓은 예문들을 이곳에 붙여 보겠다. 참고되리라 믿는다.

①어떤 것을, 보살승인 사람은 깊이 들어가는 계[深入戒]를 지니고, 성문승인 사람은 차제계(次第戒)를 지닌다고 하는 것이냐? 보살승인 사람은 항하(恒河)의 모래같이 많은 겁(劫) 동안 5욕락(欲樂)을 받아 유희하고 자재하지만, 모든 낙(樂)을 받고서도 일찍이 보리심(菩提心)을 발하기를 버리지 않으니, 보살이 그때에는 계를 잃었다고 이름하지 않느니라. 왜 그런가 하면, 보살승인 사람은 후일(後日)에 보리의 마음을 잘 호지(護持)할 수 있으며, 나아가 꿈속에서도 일체의 번뇌[結使]가 근심거리가 되지 않느니라. 보살승인 사람은 마땅히 일시(一時)에 한 몸 가운데서 일체의 번뇌[結]를 다 없애지 않고 마땅히 차츰차츰 일체의 번뇌를 없애며, 선근(善根)이 성취되어 성숙(成熟)하지 않음이 없느니라. 성문승인 사람은 머리에 불이 타는 것을 끄듯이 하여 나아가 한 생각이라도 몸 받는 것을 마땅히 기뻐하지 않느니라. 이러한 뜻 때문에 대승(大乘)의 사람은 깊이 들어가는 계[深入戒]를 지니고, 성문승인 사람은 차제계(次第戒)를 지니며, 보살승인 사람은 개통계(開通戒)를 지니고, 성문승인 사람은 개통이 아닌 계[不開通戒]와 다 두호하는 계[盡護戒]를 지니느니라. 대승인 사람은 한량없는 겁 동안 생사(生死)에 오고 가나 마땅히 싫어하고 여의려는 마음을 내지 않느니라(결정비니경).

②천안(天眼)을 지닌 여러 보살과 한량없는 중생을 이익되게 하려고 대승을 수행하여(경률이상)

③대승은 심오하고도 맑아, 모든 존재하는 현상이 모두가 공(空)하다는 것을 밝힙니다. 그러나 소승은 한쪽으로 지나치게 치우쳐서 구분하여, 여러 가지 빠뜨려 잃어버린 것이 많습니다(고승전).

④소승(小乘)에선 4과(果)의 차별을 두고 대승에는 10등(等)의 지위가 있게 됩니다(광명홍집).

⑤대승(大乘)이란 여래의 도량이다. 그래서 연각(緣覺)과 성문(聲聞)을 소승(小乘)이라 이르니, 법의 수레가 두루 굴러가는 것을 이르는 것으로, 마치 수레나 거룻배를 타고서야 멀리 가는 것과 같다(광명홍집).

⑥장애 없는 도의 대승(大乘)을 구하는 중생을 제외하고서 그 나머지 네 종류의 중생이 있다. 그 네 종류가 무엇이냐 하면, 첫째 잇찬티카이고, 둘째 외도이고, 셋째 성문이고, 넷째 독각이니, 저, 네 종류의 중생들은 네 가지 장애가 있기 때문에 증득할 수 없고 이해할 수 없어서 여래의 성품을 볼 수 없는 것이다(구경일승보성론).

⑦대승법(大乘法)에서는 남자도 없고 여자도 없는 것입니다(불설무구현녀경).

⑧사바세계의 중생들은 마음으로 소승법을 즐거워하고 대승은 감내할 수 없기 때문에 모든 불 여래께서는 방편의 힘으로써 삼승법을 설하시는 것이니라. 그곳 모든 중생은 대승법을 받아 감내하지 못하기 때문에 석가문부처님께서 5탁악세(濁惡世)에 태어나시어 이러한 방편으로써 삼승법을 분별하여 설하시는 것이니라(광박엄정불퇴전륜경).

⑨그 때 세존께서는 대중들에게 둘러싸여 일체의 대중을 위해 대승경전을 말씀하셨으니, 일미(一味) 진실(眞實) 무상(無相) 무생(無生) 결정(決定) 실제(實際) 본각(本覺) 이행(利行)이라 표현하셨다(금강삼매경).

⑩만일 생각하고 분별함[思慮]이 없으면 생기고 소멸함이 없어서 실답게 일어나지 않나니, 모든 식(識)이 안정되어 고요해지며, 식의 흐름이 생기지 않으며, 5법이 청정하게 되리니, 이것을 대승이라 하느니라(금강삼매경).

⑪만약 보리심을 이미 내었으면 곧 물러나거나 잃어버리는 일이 없느니라. 왜냐하면 바라문아, 마땅히 알아야만 한다. 세 가지 보리가 있으니, 첫째는 성문(聲聞)의 보리이고, 둘째는 연각(緣覺)의 보리이며, 셋째는 모든 부처님의 위 없는 보리이니라. 그 가운데 어떤 것이 성문의 보리인가? 만약 어떤 선남자나 선여인이 성문의 행 가운데서 비록 보리심을 낸 이라도 권유하고 교화하여 중생들을 안립(安立)하게 하여 보리심을 내게 하지 않으며, 또한 대승의 깊은 이치를 드러내어 보이지 않으며, 대승법을 수행하는 사람을 공경하지 않고, 또한 익히고 배우지도 않으며, 또한 공양하지도 않으며, 또는 찾아오는 이

를 보아도 영접하지 않고 반기지도 않나니, 이러한 행 때문에 반드시 홀로 해탈하나니, 이것을 성문의 보리라고 말하느니라. 또 바라문아, 어떤 것이 연각의 보리인가? 만약 어떤 선남자나 선여인이 연각의 행 가운데 있으면서 비록 이미 스스로는 보리의 마음을 냈더라도 중생들에게 권유하여 보리심을 내게 하지 않고, 깊고 깊은 대승의 법교(法敎)를 익히지 않으며, 또한 다른 사람에게 가르쳐 주지도 않고, 대승법을 수행하는 사람을 공경하지도 않으며, 함께 익히거나 배우지도 않고, 또한 공양하지도 않으며, 찾아오는 이를 보아도 영접하지 않고 반기지도 않나니, 이러한 행 때문에 반드시 홀로 해탈하나니, 이것을 연각의 보리라고 하느니라. 또 바라문아, 어떤 것이 위 없는 보리인가? 만약 어떤 선남자나 선여인이 스스로 보리심을 내고 나서 모든 중생들에게 권유하여 보리심을 내게 하고 조복하여 안립하게 하며, 대승법의 이치를 익혀 다른 이를 위하여 연설하고, 또한 대승법을 수행하는 사람을 보면 기꺼이 영접하고 전송하느니라. 바라문아, 마땅히 알아야만 한다. 이러한 사람은 다른 사람을 해탈하게 하고 나서 사람과 하늘을 안립하게 하며 세간을 유익하게 하나니, 이것을 대승의 위 없는 보리라고 하느니라. 무슨 까닭에 위 없는 보리라고 이름하는가? 삼계에서 일체를 이미 갖추고 나면 다시는 더 나은 것을 구할 것이 없나니, 이런 까닭에 위 없는 보리라고 말하느니라(대승수행보살행문제경요집).

⑫대승이란 한량없고 분수(分數)가 없으며 변제(邊際)가 없다. 이런 뜻으로 대승이라고 이름하는 것이다. 보살마하살은 곧 이와 같이 환히 아는 것이다. 또 대승이 어디서 나와서 어느 곳에서 머무느냐고 물었는데, 이 승은 삼계에서 나와서 바라밀다에 머문다. 그는 집착하지 않기 때문에 일체지에 머물며 이것으로부터 보살마하살이 출생하는 것이다. 다시 수보리야, 만일 법이 나온 곳이 없고 또한 머무는 곳도 없다면 머묾이 없음으로 곧 일체지는 머묾이 없음[無住]과 상응한다. 또 이 대승은 또한 있지 않으므로 곧 나온 바가 없다. 나옴이 없으므로 이와 같이 나온다. 왜냐하면 나온 바가 있거나 나온 바가 없는 이와 같은 두 가지 법은 모두 얻을 수 없으므로 생하는 바가 없기 때문이다. 나아가 일체법 중에서 나올 수 있는 법도 없고 나올 수 있는 법이 없는 것도 아니다. 수보리야, 보살마하살의 반야바라밀다는 이와 같이 출생하는 것이다(불설불모출생삼법장반야바라밀다경).

⑬바라문이여, 그대는 이제 마땅히 알아야만 하느니라. 만약 대승법을 수행하는 사람이라면, 제 자신이 아뇩다라삼먁삼보리(阿耨多羅三藐三菩提)의 마음을 내고 나서, 다시 다른 사람에게 권유하여 이와 같은 마음을 내게 하며, 이 경법에 대하여 다른 사람에게 널리 설하여 가르쳐 보여야 하느니라. 그리고 이와 같은 등의 사람을 마땅히 친근히 하고 존중하며 공경해야 할 것이다. 이 사람은 4섭법(攝法)으로 널리 중생들을 거두어 이끄니, 어떤 것이 그 네 가지인가? 이른바 보시(布施)·애어(愛語)·이행(利行)·동사(同事)이니라(불설발보리심파제마경).

## ②無餘涅槃(윤회·환생을 끊어서 더는 번뇌가 없는, 온전한 죽음)

불경을 읽다 보면 '무여열반(無餘涅槃)'이라는 생소한 용어를 곧잘 만나게 되는데 과연, 이 무여열반이란 것은 무엇인가? 열반이면 열반이지 무슨 놈의 수식어가 붙는단 말인가? 궁금하기 짝이 없어 불교 용어사전을 찾아보아도 쉬이 이해되지 않는다. 이럴 때 의례 그렇듯이, 나는 내 방식대로 그 해석을 시도하곤 한다.

글자 그대로 해석하자면, '무언가 남음이 없는 열반'을 뜻한다. 그러니까, 열반은 열반이로되 남음이 없는, 온전한 열반을 뜻한다. 그렇다면, 온전하지 않은 열반에는 무엇이 남는다는 말일까? 바로 그 무엇을 확인하는 것이 무엇보다 중요하다고 판단된다.

그런데 이에 관한 판단의 단서가 될 만한 내용이 『중아함경』 제2권 「선인왕경(善人往經)」에 나온다. 이 「선인왕경(善人往經)」에서는, ①중반열반(中般涅槃) ②생반열반(生般涅槃) ③행반열반(行般涅槃) ④무행반열반(無行般涅槃) ⑤색구경천(色究竟天)의 반열반 등 일련의 열반과 본질적 차이를 가지는 '무여열반(無餘涅槃)'을 설명하고 있는데 이해하기 쉽게 재구성하여 설명하자면 이러하다. 곧, 수행자[부처님 제자=비구=선인(善人)]가 노력하면 여섯 가지 단계를 거치는데 조금씩 다른 양태를 띠는 반열반(般涅槃)에 들게 되나 오직 부처님만은 무여열반(無餘涅槃)에 든다는 것이고, 그것들의 본질적 차이는 ①'무아관(無我觀)'을 증득[證得:온전히 이해하고 실천함]했느냐 못했느냐 차이이고, ②그에 따라서 더는 생명을 부여받지 않는, 다시 말해, 윤회(輪廻)·환생(還生)하지 않는 적멸(寂滅)에 드느냐 들지 못하느냐의 차이를 가진다. 간단히 말해, '증득'과 '환생' 유무(有無)가 일련의 반열반과 무여열반을 가르는 기준이 된다는 뜻이다.

부연하자면, 수행자는 '나[我]라는 것에는 나라는 것도 없고, 또한 내 것이라는 것도 없다. 미래에도 나라는 것은 없을 것이고, 또한 내 것이라는 것도 없을 것이니, 이미 받은 몸도 곧 끊어버리자. 이미 끊어져서 버릴 수 있다면 존재에 대한 즐거움에도 빠져들지 않고, 만남에도 집착하지 않을 것이다. 이와 같은 믿음과 생각으로 무상식적[無上息迹:적멸의 상태]의 경지를 관찰해야 한다.'는 것인데, 이러한 수행에 약간의 정도 차이가 바로 일곱 가지 위상을 짓게 되며, 그 일곱 가지 위상 곧 위계에 일련의 반열반이 있다는 뜻이다. 따라서 반열반에는 환생 곧 윤회가 존재하고 '조그마한 만[慢:태만, 게으름]'이 남아 있지만 오하분결[五下分結:①욕탐(欲貪) ②진에(瞋恚) ③유신견(有身見) ④계금취견(戒禁取見) ⑤의결(疑結)]은 이미 끊어져 없는 상태라는 것이다. 이에 비해, 무여열반은 그 오하분결이 끊어져 없어졌고, '조그마한 만(慢)'조차 없어졌으며, 이미, 그 '무아관'이 증득 되어, 이번 생(生)을 끝으로 더는 그 어디에서 그 무엇으로도 환생하지 않는 상태[息迹滅度(식적멸도)]라는 것이다. 그러니까, 오하분결이 사라진 상태부터 열반이라 부르지만, 그 열반의 상태 곧 위상(位相)에 따라 여섯 가지로 분류된다는 뜻이다.

『중아함경』제18권「정부동도경(淨不動道經)」에서도 이 '무여열반'에 대한 간접적인 설명이 있는데, 이는 청정한 부동도(不動道), 청정한 무소유처도(無所有處道), 청정한 무상도(無想道)를 이루어야 욕심과 생명과 무명 등의 번뇌에서 마음이 진정으로 해탈할 것이고, 해탈한 뒤에는 곧 해탈한 줄을 알아 생이 이미 다하고, 범행(梵行)이 이미 서고, 할 일을 이미 마쳐, 다시는 후세의 생명을 받지 않는 것이라 했다. 이것이 바로 무여열반 곧 '거룩한 해탈'이라는 것이다.

따라서 열반이란 생명·욕구[欲求=慾心]·무명[無明=無智=無智慧] 등으로부터 발생하는 온갖 번뇌를 계(戒)·정(定)·혜(慧) 수행을 통해서 끊어 없애버린 상태이거나 그 안으로 진입하여 듦을 말한다. 다만, 여기에서 부처님처럼 무아관(無我觀)을 증득한 육신의 죽음을 통해서 윤회의 사슬로부터 온전히 벗어나는, 다시 말해, 부동(不動)·무상(無想)·무욕(無慾)·무소유(無所有) 등을 실현함으로써 다음 생명을 부여받지 않는 영원한 쉼[止=息]을 무여열반 곧 거룩한 해탈, 온전한 적멸, 온전한 열반이라 한다.

### ③滅度(무여열반에 들어서 더는 도가 필요하지 않은 상태로 생사를 초월함)

'滅度'라는 단어는 현겁경(賢劫經)을 비롯하여 증일아함경(增一阿含經), 입능가경(入楞伽經), 정법화경(正法華經), 선비요법경(禪祕要法經), 대보적경(大寶積經), 가섭결경(迦葉結經), 대명도경(大明度經), 대반열반경(大般涅槃經), 대법거다라니경(大法炬陀羅尼經), 대애경(大哀經) 외에도 여러 경에서 쓰였다. 한편, '滅道'라는 단어도 함께 쓰였는데(대보적경, 대당대자은사삼장법사전 등) 상대적으로 적다. '度=道'라는 뜻이다.

엄밀하게 말하자면, '滅道'와 '滅度'는 다르다. 전자는 살아가는 길을 잃은 것이고, 후자는 윤회·환생이라는 법도를 사라지게 함이다. 따라서 수행자에게 滅道는 파계(破戒)·이탈(離脫)·악도(惡道)로 이어지나 滅度

는 번뇌와 환생의 덫에서 벗어나는 열반(涅槃)·적멸(寂滅)로 이어진다. 따라서 滅道는 살아서 경험하는 것이고, 滅度는 죽어야 만이 가능해진다. 죽는다고 다 이루어지는 것도 아니지만 육신의 죽음과 '환생의 끈'인 '식신(識神)'이란 것이 끊어져야 가능하다. 불경에서 쓰이는 '識神'이 요즘 말로 치면, 몸은 죽어도 죽지 않고 몸과 분리되어 부활한다고 믿는 '영혼(靈魂)'이다. 불경에서는 '靈魂'이라는 단어는 단 한 번도 쓰이지 않았다. 오직 부처가 되어야 만이 무여열반에 듦으로써 멸도가 가능한 것으로 말해진다.

여러 경문에서 '멸도에 든다, 멸도를 취하다, 멸도를 구하다, 멸도를 얻다, 멸도를 드러내 보이다, 멸도를 건립하다' 등 다양하게 쓰였으나 부처님이 돌아가심을 멸도(滅度:가섭결경, 경률이상)라 하였고, 이 멸도를 열반(涅槃)·무위(無爲)·순세(順世)·귀진(歸眞)·원적(圓寂)·입적(入寂)·무여열반(無餘涅槃) 등의 말로 풀이하였다(능단금강반야바라밀다경, 대당대자은사삼장법 외). 한마디로 말해, 생사(生死)를 초월하여 더는 환생하지 않음을 의미한다.

그런가 하면, 『불설대방등정왕경』에서는 "모든 법은 거짓으로 이름이 있으니/이것을 무소유라고 한다./거짓으로 일러 법이랄 것 없으니/이것을 멸도(滅度)라고 말한다."라고도 했다. 그래서 멸도에는 소유가 없다고 한다(여래흥현경).

④我相·人相·衆生相·壽者相(나·너·우리·목숨 등에 관한 생각·관념·견해)
조금 생소한 '아상(我相)·인상(人相)·중생상(衆生相)·수자상(壽者相)'이라는 용어는 어제비장전(御製祕藏詮), 대승입능가경(大乘入楞伽經), 대승수행보살행문제경요집(大乘修行菩薩行門諸經要集), 대법거다라니경(大法炬陀羅尼經), 대보적경(大寶積經), 대비로자나성불신변가지경

(大毘盧遮那成佛神變加持經), 대승유가금강성해만수실리천비천발대교왕경(大乘瑜伽金剛性海曼殊室利千臂千鉢大教王經), 불설라마가경(佛說羅摩伽經), 불설십지경(佛說十地經), 불설여래부사의비밀대승경(佛說如來不思議祕密大乘經), 불장경(佛藏經), 월등삼매경(月燈三昧經) 등 적지 아니한 경문에서 쓰였음을 확인할 수 있다. 그러나 그 의미가 일목요연하게 정리되어 있지는 않다. 막연하고 모호하게 쓰였을 뿐이다. 다만, 두 가지 사실은 분명하다. 하나는, 보살은 이 '我相·人相·衆生相·壽者相'을 내지 않아야 하고, 집착하지도 말아야 한다는 점이고, 다른 하나는, '相'이 '想'이라는 점이다. 이 후자의 증거로는 아래『대보적경(大寶積經)』과『대승수행보살행문제경요집』의 인용문을 들 수 있다.

마땅히 아상·중생상(衆生相)·수자상(壽者想)·삭취취상(數取趣想)·여상(女想)·남상(男想), 지·수·화·풍이라는 생각, 욕계(欲界)·색계(色界)·무색계(無色界)라는 생각, 지계상(持戒想)·파계상(破戒想)·공성상(空性想)을 내지 말지니라(대보적경).

만약, 수행하는 보살이 보시(布施)하면 아상(我相)·인상(人相)·수자상(受者相)에 집착하지 말아야 하며, 마음에 구하는 바도 없고 탐하고 아끼는 생각도 없어야 합니다. 이같이 보시하면 비록 조금만 보시하여도 헤아릴 수 없이 많은 보시를 하는 것과 같나니, 곧 수행하는 보살이 단 바라밀을 구족하는 것입니다(대승수행보살행문제경요집).

그런데 이들 용어에 관해서『대방광원각수다라요의경(大方廣圓覺修多羅了儀經)』에 자세한 설명이 있는데 쉽게 이해되지 않는다. 먼저, 관련 경문을 읽고 그 의미를 분별해 보자.

선남자야, 어떤 것이 아상(我相)인가? 이른바 중생들이 (망령된) 마음으로 일으킨 것이니

라. 선남자야, 비유하건대 어떤 사람이 온몸이 조화롭고 건강할 때는 내 몸을 잊고 있다가, 사지에 문제가 생겨 아프거나 몸조리를 잘못하여 병이 났을 때 침을 놓거나 뜸을 뜨면, 비로소 내가 있다는 것을 아는 것과 같나니, 그러므로 망령된 마음을 일으켜 취착(取着)하여서 내 몸이 있다고 잘못 여기는 것이니라. 선남자야, 그 망령된 마음으로부터 여래에 이르기까지 뚜렷이 알게 된 청정한 열반까지를 증득하였다 하더라도 이는 모두 아상(我相)일 뿐이니라.

선남자야, 어떤 것이 인상(人相)인가? 이른바 중생들이 (망령된) 마음으로 일으킨 것을 깨닫는 것이니라. 선남자야, 나[我]가 있다고 깨달은 이는 다시는 나를 인정하여 집착하지 않거니와, 나가 아니라고 깨달았을 때의 깨달음도 그와 같으니라. 깨달음이 일체 증득한 것을 초월했다 하더라도 모두가 인상일 뿐이니라. 선남자야, 그 마음이 내지 열반을 원만하게 깨쳤다 하더라도 그것은 다 아상(我相)이요, 조금이라도 깨달았다는 생각이 마음속에 남아 있으면, 진리를 증득했다는 생각을 모두 없앴다 하더라도 인상(人相)이라 하느니라.

선남자야, 어떤 것이 중생상(衆生相)인가? 이른바 중생들의 마음에 스스로 증득하거나 깨달음으로 미치지 못하는 것이니라. 선남자야, 비유하면 어떤 사람이 말하기를 '나는 중생이다'라고 한다면 곧 그 사람이 중생이라 말한 것은 나[我]도 아니요, 남도 아니라는 것을 알 수 있나니, 어째서 내가 아니냐 하면 '나는 중생이다'라고 했기 때문에 곧 나가 아니요, 어째서 남이 아닌가 하면, '나는 중생이다'라고 했기 때문에 남의 대상인 나가 아니니라. 선남자야, 다만 중생들의 증득함과 깨달음은 모두 아상(我相)이요 인상(人相)이니, 아상과 인상이 미치지 못하는 곳에 조금이라도 알았다는 생각이 있으면 중생상(衆生相)이니라.

선남자야, 어떤 것이 수명상(壽命相)인가? 이른바 중생들 마음의 비춤이 청정해졌을 때 각(覺)으로써 알게 된 것이니, 일체 업의 지혜[業知]로는 볼 수 없는 것이 마치 목숨과 같으니라. 선남자야, 만일 마음으로 일체 깨달음을 비추어 보는 것은 모두가 번뇌[塵垢]일 뿐이니, 깨달은 이와 깨달은 것이 번뇌를 여의지 못하였기 때문이니라. 마치 끓는 물로 얼음을 녹였을 적에 얼음이 다 녹은 줄로 알 만한 얼음이 따로 있지 않은 것과 같나니, 나를 남겨 두고서 나를 깨닫는 것도 그와 같으니라.

선남자야, 저 말법 세계의 중생들이 이 네 가지 상(相)을 분명히 알지 못하면, 아무리 많은 겁을 지내도록 애써 도를 닦는다 하더라도 다만 유위라고 불릴 뿐이며, 끝내 일체 성인의 과(果)를 이루지 못하리니, 그러므로 정법의 말법 세계[正法末世]라고 이름하느니라.

*동국역경원 : 대방광원각수다라요의경, 대당(大唐) 계빈(罽賓) 삼장 불타다라(佛陀多羅) 한역, 송성수 번역, 김두재 개역

꽹장히 난해하다. 이 설명을 이해하려고 필자도 여러 번 읽었다. 그러나 여전히 알쏭달쏭하다. 현재 필자가 이해한 바로는 이러하다. 곧, '我相'이란 사람들이 저마다 자기가 있고 자기의 것이 있다고 믿고 생각함이다. '人相'이란 사람들이 저마다 믿고 생각함을 스스로 깨닫는 일이다. '衆生相'이란 사람들이 저마다 생각하지도 못하고 깨닫지도 못함이다. '壽者相=壽命相'이란 사람들이 저마다 경험과 성찰을 통해서 깨달으나 그 깨달음의 허구(虛構)를 알지 못함이다.

대다수 사람이 인지한 내용과 전혀 다른 시각에서 이 네 용어에 대하여 장황하게 설명했는데 필자는 이를 아주 쉽고 간단하게 설명하고자 한다. '相'은 '信'을 전제한 '想'이다. 따라서 나와 내 것이 있다는 생각과 집착이 '我相'이고, 너와 네 것이 있다는 생각과 집착이 '人相' 곧 '他相'이며, 생명이 있는 무리에 관한 일체의 생각과 집착이 '衆生相'이며, 목숨에 관한 일체의 생각과 집착이 '壽者相' 또는 '壽命相'이다. 더 간단하게 말하자면, 인식의 주체인 '나'에 대한 생각이 我相이고, 인식의 대상인 '너'에 대한 생각 일체가 人相이며, 생명이 있는 모든 존재에 관한 생각이 衆生相이며, 생명체의 수명에 관한 일체의 생각이 壽者相이라고 줄여 말할 수 있다.

따라서 이 금강경에서 가장 중요하게 많이 쓰이는 '我相·人相·衆生相·壽者相'에 관하여 '나·너·우리·목숨에 관한 생각과 집착'이라고 번역하였다.

보살이 보시하는데 이 네 가지 믿음과 생각을 내면(가지면) 이미 보살이 아니라고 했듯이, 내가 없다고 무아관(無我觀)을 받아들이고 익히면 나머지는 저절로 없어지는 것이기에 말장난 같고, 번뇌를 일으키기에 분별하지 말라고 강조하면서도 경전 집필자들은 나누고 분별하기를 너무 좋아했음을 보여주는 한 예라고 필자는 생각한다.

『불설여래부사의비밀대승경(佛說如來不思議祕密大乘經)』의 「보살심밀품」에 이런 말이 나온다. 곧, "보살의 심밀(心密)이란, 말하자면 자행(慈行)을 닦으면 곧 我相이 없는 줄 알며, 비행(悲行)을 닦으면 곧 衆生相이 없으며, 희행(喜行)을 닦으면 壽者相이 없으며, 사행(捨行)을 닦으면 곧 人相이 없습니다"이다. 이 네 개의 용어를 어떤 의미로 썼는지 가늠하게 해준다.

필자는 我相은 나와 내 것이 있다는 생각과 집착이고, 人相은 너와 네 것이 있다는 생각과 집착이며, 衆生相은 생명이 있는 무리 관한 일체의 생각과 집착이고, 壽者相은 목숨에 관한 일체의 생각과 집착으로 각각 해석하고, 이를 뭉뚱그려서 '나·너·우리·목숨 등에 관한 생각과 집착'으로 번역하였다. 물론, 생각과 집착이 이루어지면 견해로 발전하기에 '나·너·우리·목숨 등에 관한 견해'로도 해석하였다. '相' 대신에 '見'이 쓰이기도 했으므로.

# 4
## 색깔·소리·향기·맛·감촉·생각에
## 의지함 없는 신기한 수행

**①法(인간의 감각기관과 뇌에서 유기적으로 이루어지는 생각)**

불교 경전에서 '法'이란 글자는 세 가지 의미를 담고 있다. 그 하나는, 육근(六根) 가운데 하나인 '意'에서 나오는 '法'이다. 그 둘은, 번뇌를 끊고 윤회·환생을 끊기 위한 길로 부처님께서 말씀하신 가르침으로서의 '法'이다. 이것을 '佛法'이라고 한다. 그리고 그 셋은, 부처님이 인지한 혹은 깨달은 불생(不生)·불멸(不滅)·부동(不動)·무위(無爲)·불변(不變)하며, 영원한 실상(實相)·실체(實諦)로서 존재하는 진리를 의미한다. 따라서 본문 가운데에서 쓰인 '法·一切法·諸法'이라는 단어 앞에서는 신중한 분별력이 요구된다.

여기서는 육근 가운데 하나인 '意'에서 나오는 '法'이다. 따라서 '인간의 감각기관과 뇌에서 유기적으로 이루어지는 생각'으로 번역하였다. 엄밀하게 말하면, 생각은 생각이되 판단(判斷)에 가까운 생각이다. 만약에 '眼·耳·鼻·舌·身·意'라고 하는 '六根'에서 '眼·耳·鼻·舌·身'은 분명 신체 기관인데 '意'가 신체 기관이 아니고, 의지(意志)나 그 의지가 나오는 '마음'이라고 한다면 육근에 모순이 있게 된다. 그래서 필자는 이 '意'를 '腦'로 보았고, '意'에서 나오는 '法'을 뇌에서 나오는 '생각' 곧 '思惟'로 보았다.

**②住(의지하다)**

'住'는 '살다, 거주하다, 숙박하다, 머무르다, 유숙하다, 멈추다, 그치다, 정지하다' 등의 뜻으로 사용되는 한자이다. 그래서 다수는 '머무르다'로 번역했고, 극히 일부는 '살다'로 번역한다. '菩薩於法, 應無所住, 行於布施'라는 문장 앞에서는 이런 해석이 어색해지고 만다. 그래서 필자는 '의지하다' 또는 '의지하여 집착하다'로 번역하였다.

### ③相(생각·형상 또는 생각이 이어지면서 생기는 관념과 견해)

'相'이라는 글자는 我相·人相·衆生相·壽者相·身相·諸相 등에서 쓰였고, 독립적으로도 쓰였다. 我相·人相·衆生相·壽者相 등에서 '相'은 생각이라는 의미로 쓰였는데 身相에서 '相'은 모양·형상의 뜻으로 사용되었다. '相'은 想 또는 像으로 쓰이는데 이 둘이 합쳐지면, 다시 말해 생각을 오래 하면 생각이 생각을 낳고, 생각과 생각은 형상을 지어서 이른바 관념(觀念)이 된다. 따라서 '相'이라는 글자는 상황에 따라서 단순히 '생각[想]'으로 쓰이기도 하고, 모양새[形像]로 쓰이기도 하며, 생각이 이어지면서 생기는 관념[相=想+像=觀念]과 견해 등으로 쓰이기도 한다. '法'이란 글자와 마찬가지로 분별력을 요구한다.

### ④色·聲·香·味·觸·法(육진:여섯 가지 번뇌의 근원)

여기에 언급된 '色·聲·香·味·觸·法'은 '六塵'이라 하여 '眼·耳·鼻·舌·身·意'라고 하는 '六根'에서 나오는 결과로서 기능인데 경문에서는 티끌 같은 번뇌의 근원으로 언급된다. 이 '根'에서 '塵'이 나오는 과정을 두고 '識'이라고 한다. 그래서 六根·六塵·六識이라는 단어가 특히, 초기 경전에서, 많이 쓰인다.

# 5
# 여래를 보는 참 이치

### ① 身相(몸의 생김새)

'身相'에서 '相'은 '身'으로 제한받기에 '像'이다.

### ② 相(모양새·형상)

'相'이 독립적으로 쓰였고, '諸相'이라는 단어로도 쓰였는데 이때의 '相' 역시 생각·형상·관념을 포함한 '見解'이다. 이미 언급했다시피, 경문에서 '相'은 일차적으로는 '想'이고, 이차적으로는 '像'이다. 그리고 삼차적으로는 想과 像이 합쳐지면서 생기는 '觀念'이다. 그러니까, 이 말을 풀면, 생각이 이어지면서 모양이 있는 것은 구체화 되고, 모양이 없는 것은 모양이 있는 것처럼 추상적으로 형상을 짓는데 이것이 觀念이다. 육안(肉眼)은 형상이지만 법안(法眼)이나 혜안(慧眼)은 관념이다. 따라서 '諸相'이라고 했을 때 어떤 대상에 관한 생각·외형적인 형상·추상적인 관념 등 세 가지를 두루 포함할 수 있다. 따라서 '相' 앞에서 이를 잘 분별해야 한다. 다만, 여기서는 여래의 신상에 관한 얘기이므로 생김새·모양새·형상 등의 뜻으로 사용되었다. 그러나 다음에 이어서 나오는 '法相'에서의 相은 法眼·慧眼과 같이 觀念과 견해가 된다.

# 6
## 희한한 바른 믿음

**①法相(감각기관과 뇌에서 유기적으로 이루어지는 생각에 따른 사유·형상·관념 등으로 이루어지는 견해)**

여기서 '法'은 육근 가운데 하나인 '意'에서 나오는 '法'이다. 따라서 법상이란 '인간의 감각기관과 뇌에서 유기적으로 이루어지는 생각과 집착에 다른 견해'이다. 다시 말해, 생각에 생각이 이어지면서 형상과 관념이 생기는데 관념이 생기면서 그 사유 내용에 대한 얼개가 구축된다. 이것이 見解이고, 이 과정에서 생성되는 생각·형상·관념 등이 '法相'이다.

**②取(취하여 의지하다)**

'取'는 '가지다, 취하다, 손에 들다' 등의 뜻으로 읽히는데 여기서는 '취하여 의지하다'로 번역했다. 본문에서는 '心取相·(心)取法相·(心)取非法相'이 쓰였는데 '心取相'은 마음이 '나·너·우리·목숨에 관한 생각에 의지함'으로 번역했고, '(心)取法相'은 (마음이) '인간의 감각기관과 뇌에서 유기적으로 이루어지는 판단에 관한 생각에 의지함'으로 번역했고, '(心)取非法相'은 (마음이) '인간의 감각기관과 뇌에서 유기적으로 이루어지는 판단에 관한 생각 아님에 의지함'으로 번역하였다. 괄호 속의 '心'은 생략된 말이다.

### ③善根(선근)

'種善根'을 직역하면 '좋은 뿌리를 심다'가 되고, 의역하면 '근원적으로 좋은 일하다'가 된다. 여기서는 글자 그대로 '선근'이라고 번역했으나 그 정확한 의미는 좋은 일을 함으로써 좋은 결과를 낳는 계기를 마련해 주는 데에 근본이 되는 언행(言行)과 의지(意志)를 일컫는다.

# 7
## 얻은 게 없고 설법한 것도 없다

### ①無爲法(무위법)

'無爲法'이란 단어는 경(經)과 논(論)에서 두루 사용되었는데, 경에서는 대반야바라밀다경(大般若波羅蜜多經)에서 제일 많이 언급되었고, 논(論)에서는 아비담비바사론(阿毘曇毘婆沙論)에서 제일 많이 언급되었다.

대반야바라밀다경에서 부처님이 수보리에게 이 무위법에 관해 직접 설명하신 내용이 있는데 아래와 같다.

"법 중에 태어남이 없고·멸함이 없고·머무름이 없고·변함이 없는 것과 혹은 탐냄·성냄·어리석음이 다한 것과 혹은 진여·법계·법성(法性)·불허망성(不虛妄性)·불변이성(不變異性)·평등성(平等性)·이생성(離生性)·법정(法定)·법주(法住)·실제(實際)이니라. 선현아, 이런 것들을 무위법이라고 하느니라."

이런가 하면, 중사분아비담론(衆事分阿毗曇論)에서는 "어떤 것을 무위(無爲)라 하는가? 3무위(無爲)를 말하니, 곧 허공(虛空)과 수멸(數滅)과 비수멸(非數滅)이다. 이것을 무위법(無爲法)이라 한다"라고 했다.

또, 그런가 하면, 이부종륜론(異部宗輪論)에서는 "무위법(無爲法)에는 아홉 가지가 있으니 첫째는 택멸(擇滅)이요, 둘째는 비택멸(非擇滅)이며, 셋째는 허공(虛空)이요, 넷째는 공무변처(空無邊處)이며, 다섯째는 식무변처(識無邊處)요, 여섯째는 무소유처(無所有處)이며, 일곱째는 비상비비상처(非想非非想處)요, 여덟째는 연기지성(緣起支性)이며, 아홉째는 성도지성(聖道支性)이다"라고도 했다.

또 그런가 하면, 한양성교론에서는 "무위법(無爲法)이란, 이것에는 여덟 종류가 있으니 허공(虛空), 비택멸(非擇滅), 택멸(擇滅), 부동(不動), 상수멸(想受滅), 선법진여(善法眞如), 불선법진여(不善法眞如), 무기진여(無記眞如)이다"라고도 했다.

문제는 이들 설명이 더 어렵다는 사실이다. 무위법을 직간접으로 설명하는 다른 경문들을 포함해서 필자가 이해한 바를 간추리면, 무위법은 유위법(有爲法)의 상대적 개념(광찬경·대반야바라밀다경·대보적경·도세품경)으로, 수량·생멸이 없으며(금광명최승왕경·반야등론석), 청정하고 적멸하며(대반야바라밀다경·비화경), 공(空)하며(대반야바라밀다경), 보살장이며(미증유정법경), 실체로서 허공이며(반야론석), 함[爲]이 없으며(불설해의보살소문정인법문경), 관찰하고 증득해야 하는 보살도(菩薩道)이다. 이를 더 간단하게 말하면, 무위법(無爲法)은 말하지 않고, 움직이거나 행하지 않으며, 탐진치(貪瞋痴)가 없는 청정한 상태로 머물며, 궁극적으로는 생멸조차 없는 상태로의 진입을 목표로 수행하는 방법론으로 언급된 개념이다.

그러므로 필자는 이 무위법을 글자 그대로 번역해 놓았으나 실제로는 '움직이지 않고, 일하지 않으며, 생기지도 않고, 죽어 없어지지도 않으나 만물·만상을 다 품고 있는 허공을 깨닫고 본받으려는 노력'이라고 해석하였다.

## ②一切聖賢 皆以無爲法而有差別
### (모든 성현이 다 무위법으로써 임하여 차별되어 인정받았다)

'一切聖賢 皆以無爲法而有差別'이라는 문장을 직역하면 '모든 성현이

다 무위법으로써 차별이 있다'가 되는데 이렇게 번역하면 어색하기 짝이 없다. 이 어색함을 덜기 위해서 많은 사람은 '무위법으로써 차별을 두었다, 혹은 차별했다'라고 번역하는데 이를 해설한 논(論)에서는 '인정받았다'라고 해석했다. 솔직히 말해, 이견이 많다는 것은 그만큼 문장이 좋지 못하다는 뜻인데 이를 의역하자면 '모든 성현께서 다 무위법으로써 임하여 차별성이 생겼고, 그로 인해서 인정받게 되었다'라는 뜻이다. 그래서 필자는 '모든 성현이 다 무위법으로써 임하여 차별되어 인정받았다'라고 번역하였다.

# 모든 부처님과 번뇌를 소멸시키는 가장 바르고 평등한 깨달음이 다 이 경에 의지해 나왔다

### ①三千大千世界(삼천대천세계)

불경 가운데 기세경(起世經)과 기세인본경(起世因本經), 그리고 불설 장아함경(佛說長阿含經)에 의하면, 천세계(千世界)를 '주라(周羅)'라고 하는데 주라(周羅)는 소천세계(小千世界)로서 상투[髻]와 같다고 했다. 이 주라(周羅)가 천 개가 모이면 중천세계(中千世界)라고 하고, 이 중천 세계가 천 개가 모이면 삼천대천세계(三千大千世界)라고 했다.

이 삼천대천세계는 동시에 성립되며, 성립된 뒤에 다시 동시에 무너 지며, 무너지고 난 뒤에 다시 성립되며, 성립되고 나서 동시에 편안히 머무르게 된다. 이같이 세계가 두루 다 타 버리면 무너져 흩어졌다고 말하고, 두루 다 일어나면 성립되었다고 말하며, 두루 머무르면 편안히 머문다고 하니, 이것이 두려움 없는 한 부처님 세계의 중생들이 사는 곳이 된다. 이를 두고 '일불찰토(一佛刹土)'라고 한다.

그런가 하면, 백억 개의 해와 달, 백억 개의 바다, 백억 개의 수미산, 백억 개의 4천하(天下)를 삼천대천세계(三千大千世界)라고 하니, 이것 이 하나의 불찰(佛刹)이라는 기록도 있다(불설도신족무극변화경).

한마디로 말해서, 삼천대천세계는 한 부처님의 교화가 미치는 영역 이 엄청 크다는 점을 빗대어 강조한 말이라고 판단된다. 따라서 여기서 는 '三千大千世界'를 그냥 글자 그대로 '삼천대천세계'라고 번역했으나 실제로는 '한 부처님의 교화가 미치는 영역으로 중생들이 사는 곳을 뜻 한다.

## ②七寶(칠보)

불경을 읽다 보면 일곱 가지 보석 곧 '칠보(七寶)'라는 단어가 곧잘 눈에 띈다. 그 대다수는 불국토의 극락을 장식하는 물품으로 언급되고 있으나 경전마다 조금씩 다르다. 이는 아마도, 번역한 사람과 시기와 나라에 따라 그 칠보를 다르게 해석했기 때문이 아닌가 싶기도 하다. 그 칠보가 무엇인지를 엄밀하게 따져 확인해 보는 일도 중요하나 그보다는 그것이 내포하고 있는 진정한 함의(含意)일 것이다.

구마라집(鳩摩羅什)이 한역(漢譯)한 아미타경(阿彌陀經)에서는 금(金)·은(銀)·유리(琉璃)·파리(玻璃)·차거(硨磲:자개)·적주(赤珠)·마노(碼瑙) 등으로 기록되었고, 현장(玄奘)이 한역한 칭찬정토경(稱讚淨土經)에서는 금(金)·은(銀)·페유리(吠琉璃)·파지가(頗胝迦)·모사락게랍파(牟娑落揭拉婆)·적진주(赤真珠)·아습마게납파(阿湿摩揭拉婆) 등으로 기록되었다. 그런가 하면, 반야경(般若經)에서는 금(金)·은(銀)·유리(琉璃)·책호(珊瑚)·호박(琥珀)·차거(硨渠)·마노(玛瑙) 등으로, 법화경(法華經)에서는 금(金)·은(銀)·유리(琉璃)·차거(硨渠)·마노(玛瑙)·진주(珍珠)·문괴(玫瑰) 등으로 기록되었다.

이들 대부분은 우리가 '보석'이라 하는 것들로 얻기가 힘들고 귀하고, 그 빛깔이나 모양새 등이 아름답다고 여겨져서 그 쓰임새가 또한 각별한 것들이다. 마음에 근심 걱정이 없고 몸에 고통이 없는 청정한 세계로서 별도의 땅[國土]이 있다고 설명하려니 당대인이 보석이나 보배로 여기는 것들로 치장되어 있다고 말하는 것이다. 마치, 성경에서 사도 요한이 보았다는 천국(天國)에서, 보좌 앞에 '수정과 같은 유리 바다(요한계시록 4:6)' 가 있다는 것이나, 보좌에 앉으신 이의 모양이 '벽옥과 홍보석 같고 또 무지개가 있어 보좌에 둘렸는데 그 모양이 녹보석(요한계시록 4:3)' 같다고 기술한 것과 조금도 다르지 않다고 생각한다.

그런데 칠보가 어려운 한자[중국어 문자]로 그대로 옮겨졌는데 이는 인도나 중국 수행승들이 해당 경전을 한역(漢譯)한 것을 우리가 다시 우리말로 번역해 쓰기 때문이다. 그래서 이해하기 쉽지 않은 용어들이 소리[音]만 바뀌어 그대로 쓰이는 상황이다.

어쨌든, 이 칠보는 극락에 있다는 연못 주위로 늘어서 있는 보배나무를 장식하는 것들인데 이를 얻으면 백성이 안락해지는 것으로 이해하였고[得七寶而民安], 불(佛)·법(法)·승(僧)이라 하여 불법세계의 3보(寶)라 부르는데 이를 얻으면 나라가 태평해진다[得三寶而國泰]고 중국인들은 거시적 안목에서 이 보(寶)를 이해하였던 것 같다. 그러니까, 귀하고 값나가는 물질만 보배가 아니고 살아가는 데에 그 의미와 가치가 크면 물질이 아닌 가르침도 보배라고 한다는 뜻이다.

따라서 여기서는 七寶를 글자 그대로 '칠보'라고 번역했으나 실제로는 아주 귀하고 값비싼 일곱 가지 보석이라는 뜻이다.

### ③佛法(궁극적인 실체와 번뇌와 윤회·환생에서 벗어나기 위한 부처님 가르침의 말씀)

'佛法'이란 단어가 불경 여러 곳에서 많이 쓰인다. 그러나 그 개념을 명확히 하고서 쓰는 것이 아니다. 그래서 우리가 무의식중에 불법(佛法), 불법(佛法)이라고 해도 그 정확한 개념을 물으면 답하기 어려운 것도 사실이다. 필자는 '궁극적인 실체와 번뇌와 윤회·환생에서 벗어나기 위한 부처님 가르침의 말씀'이라고 정의하는데 경문을 샅샅이 뒤져보면 몇 가지 사실을 더 확인할 수 있다. 곧, 불법에는 세 가지로 분류되는데 ①석가모니가 평생 설한 교법(敎法) ②부처님의 가르침에 따라 실천 수행하는 방법으로서 행법(行法) ③수행 결과로서 얻게 되는 보리

(菩提)와 열반(涅槃) 등의 증법(證法)을 말하기도 한다(대당대자은사삼장법사전).

그런가 하면, 佛法=法水(대당대자은사삼장법사전), 佛法=一切法(대방등대집경·대지도론), 佛法=진리를 가르치는 것(불설해룡왕경), 佛法=空의 뜻(불설홍도광현삼매경), 佛法=부처님의 가르침(섭대승론석) 등으로도 기술되었다. 또, 그런가 하면, 佛法에 들어가는 두 가지 긴요한 문(門)으로 부정관(不淨觀)과 지식념(止息念)을 말하는 논(論)도 있다(아비달마장현종론).

# 9
## 형상과 관념에는 그 의미 곧 실재함이 없다

①須陀洹·斯多含·阿那含·阿羅漢·辟支佛·佛(수다원·사다함·아나함·아라한·벽지불·부처님)

부처님 가르침에 따른 수행의 정도와 그 깊이를 말해주는 위계로 이 금강경에서는 수다원·사다함·아나함·아라한이 언급되었는데 이 넷을 '성문 4과'라고 한다. 하지만 이 위에 벽지불·부처님도 있다. 문제는 이들 개념을 일목요연하게 정리해 놓고 쓰지 않기 때문에 여러 경문을 읽고 스스로 정리해 나가야 한다는 점이다. 필자가 『중아함경』을 비롯하여 「좌선삼매경(坐禪三昧經)」·「십이품생사경(十二品生死經)」 등 여러 경을 읽고 나름대로 정리한 것을 소개하자면 이러하다.

'수다원'이라 함은, '수타반나(須陀般那)'라는 말과 함께 쓰이고 있는데 이는 팔리어의 'Sotapanna'를 음차한 것으로 보인다. 중국 한자로는 '예류(預流)' 또는 '입류(入流)'라고 의역했는데, 불법 수행자의 수행 정도와 그 깊이에 따라 얻게 되는 단계별 과보(果報)로서 첫 단계이다. 그래서 '초과향(初果向)'이라는 말로도 쓰인다. 선정 수행 4단계로 빗대어서 말하자면, '초선(初禪)'에 해당하며, 이는 온갖 근심 걱정과 괴로움을 안겨주는 것이 다름 아닌 '욕망'임을 '알고', 그 욕망의 독성(毒性)을 생각하면서, 그것을 버림으로써 기쁨을 얻는 단계이다. 이때 얻는 기쁨을 '희각(喜覺)'이라 하며, 몸과 마음은 욕계(欲界)에 머물러 있는 단계라 한다. 욕망이나 번뇌를 온전히 버리지는 못했으나 그것들이 없어진 상태로 흘러 들어가는, 도(道)의 자취를 보는 초입 단계로 제도(濟

度)되어 죽는다.

　'사다함'이라 함은, '식기타가미(息忌陀迦迷)'라는 말과 함께 쓰이고 있는데 이는 팔리어 'Sakadagami'를 음차한 것으로 보이며, 중국 한자로는 '일래(一來)'라고 의역했는데 이는 불법 수행자의 수행 정도와 그 깊이에 따라 얻게 되는 단계별 과보(果報)로서 두 번째 단계이다. 선정 수행 4단계로 빗대어서 말하자면, '이선(二禪)'에 해당하며, 초선에서 얻은 기쁨조차 오히려 근심으로 여기어 그 기쁨을 버리는, 그래서 빈 마음으로 깨끗하고[淨] 기쁘고[喜] 즐거움[樂]을 얻는 단계이다. 몸과 마음은 욕계가 아닌 색계(色界)에 머물러 있는 단계라 하는데, 욕계의 번뇌인 삼독(三毒)과 육입(六入)으로 인한 번뇌에서 벗어난 상태라 한다. 남기고 죽기에 갔다가 돌아온다.

　'아나함'이라 함은, '아나가미(阿那迦迷)'라는 말과 함께 쓰이는데 이는 범어 'anāgāmin'를 음차한 것으로 보이며, 중국 한자로는 '불래(不来)' 또는 '불환(不還)'으로 의역했으며, 이는 불법 수행자의 수행 정도와 그 깊이에 따라 얻게 되는 단계별 과보(果報)로서 세 번째 단계이다. 선정 수행 4단계로 빗대어서 말하자면, '삼선(三禪)'에 해당하며, 이는 기쁨이 없는 법[無喜法]을 행하여 마침내 기쁨의 경지를 여의고 진정한 즐거움[樂]인 인자(仁慈)함만을 내어 견지(堅持)하는 일이다. 무소유처(無所有處)에 머물며 오로지 자비심만을 내어 진정한 즐거움[樂]을 얻어 비로소 무색계(無色界)에 머무르는 단계라 한다. 제도(濟度)되어 죽으며 다시 돌아오지 않는다. 이 아나가미(阿那迦迷)에는 아홉 가지가 있다 한다. 곧, 지금 세상에서 반드시 열반에 들어가는 아나가미, 중음(中陰)에서 열반에 들어가는 아나가미, 태어난 뒤에 열반에 들어가는 아나가미, 간절하게 찾아서 열반에 들어가는 아나가미, 간절하게 찾지 않고 열반에 들어가는 아나가미, 최상의 행(行)으로 열반에 들어가는 아나가미,

아가니타에 이르러 열반에 들어가는 아나가미, 무색정(無色定)에 도달하여 열반에 들어가는 아나가미, 몸으로 깨닫는 아나가미, 아라한을 향해 가는 아나가미 등이 그것이다.

'아라한'이라 함은, 범어 'arhan'의 음차로 보이며, 중국 한자로는 '응공(應供)'·'불생(不生)'으로 의역하였는데, 이는 불법 수행자의 수행 정도와 그 깊이에 따라 얻게 되는 단계별 과보(果報)로서 네 번째 단계이다. 선정 수행 4단계로 빗대어서 말하자면, 마지막 단계로 모든 악을 여의고, 다시 태어나지 않으며, 마땅히 공양받아야 할 경지이기 때문에 응공(應供)·불생(不生)이라 하는데 3선의 즐거움조차 근심으로 여기어, 오로지 청정(淸淨)만을 견지하여 불고불락호청정념(不苦不樂護淸淨念)이란 '한마음'을 얻는 단계이다. 그러니까, 고통이 없지만 즐거움도 없는, 맑고 깨끗하고 고요한 마음으로써 생각하는 것도 아니고 생각하지 않는 것도 아닌 상태 곧 비유상비무상처(非有想非無想處)에 머물러서 삼계(三界)를 초월하는 단계라 한다. 집착함이 없어 남기는 것 없이 죽는다. 한마디로 말해, 무여열반에 들어서 환생하지 않는다. 이런 아라한에는 아홉 가지 법이 있다는데, 퇴법(退法)·불퇴법(不退法)·사법(死法)·수법(守法)·주법(住法)·필지법(必知法)·불괴법(不壞法)·혜탈(慧脫)·공탈(共脫) 등이 그것이다.

'벽지불'이라 함은, 부처님께서 세상에 출현하지 않아 불법(佛法)이 없고 제자가 없는 상황임에도 불구하고 이미 욕망을 물리친 사람을 두고 벽지불(辟支佛)이라 한다. 그 지혜의 정도가 부처님과 아라한 사이라 한다. 그런데 이런 벽지불에도 ①상(上) 벽지불 ②중(中) 벽지불 ③하(下) 벽지불 등 세 유형 혹은 세 단계가 있다고 한다.

그러나 어떤 기준에 의해서 이들 3자를 구분하는지, 그에 대한 설명이 부족하여 이해하기가 쉽지 않다. 나의 미천한 생각으로는, 욕망을 추구하는 약육강식의 인간 세상이 싫어서 집을 나와 나름대로 어떻게 사는 것이 바르고 착한 것인지 고민하는 수행과정에서 그 답을 구한 사람이 바로 벽지불이 되는데, 그에 대한 상중하를 구분하는 경계가, 다시 말해, 분류기준이 무엇인지는 내가 분석하고 있는 「좌선삼매경」에서는 명료하지가 않다. 단순히 뜻[목적]을 내어 깨닫고 실천했느냐의 차이인지 아니면 깨달음 정도와 그 깊이 차이인지 모호하다.

솔직히 말해, 우리의 '경전'이라는 게 원본이 중국어와 우리말로 번역되는 과정을 거친 것이고, 그 원본조차도 고대 특정인들에 의해서 집필된 것이기에 100% 옳거나 완벽한 것이라고 보기에는 어렵다고 생각한다. 여하튼, 재미있는 사실은, 모든 법 가운데로 지혜가 얕은 상태에서 들어가는 것을 아라한이라고 하고, 중간 정도에서 들어가는 것을 벽지불이라고 하며, 깊게 들어가는 것을 부처님이라고 한다는 것이다. 따라서 성문은 분별하지 못하여 깊숙하게 들어가지 못하고 깊게 알 수도 없지만, 벽지불은 약간은 분별할 수 있더라도 깊숙하게 들어가지 못하고 깊게 알 수 없다고 한다. 그런데 오직, 부처님만이 모든 법을 알고 분별하여 통하고 깊이 들어가 깊게 아신다는 것이다. 이런 설명들이 전제되기에 또 다른 경문에서는 성문승·연각승·부처님 등 셋으로 구분하여 지혜의 정도와 앎의 정도를 구분해 설명하기도 한다.

### ②無諍三昧(말다툼 없는 삼매)

'無諍三昧'란 무엇인가? 글자 그대로 해석하면 '다툼이 없는 삼매'라는 뜻이다. 이 단어는 경(經)보다는 논(論)에서 많이 쓰였는데 논(論)에서는 대지도론(大智度論)에서 많이 쓰였고, 경(經)에서는 아육왕경(阿育王經)과 대방등대집경(大方等大集經)에서 많이 쓰였다. 이들 외에도 대승비분다리경(大乘悲分陀利經)·보살선계경(菩薩善戒經)·불설불모출생

삼법장반야바라밀다경·소품바라밀경·잡아비담심론(阿毘曇心論)·입대
승론(入大乘論)에서도 쓰였다.

역시, 무쟁삼매(無諍三昧)의 개념을 정리해 놓고 쓰는 것이 아니기에
스스로 판단하는 수밖에 없다. '諍(쟁)'이란 '간하다, 송사하다, 다투다,
멈추다' 등의 뜻이 있는 글자로 여기서는 수행자들이 의견이 같지 아니
하여 말로 다투는 일을 말한다. 그러니까, 언쟁(言爭)인 셈이다. 그래서
논(論)에서는 주로 남들과 언쟁이 없는 경지를 무쟁삼매라고 일컫는다
(대지도론). 'araṇa-samādhi'를 의역한 말로 공(空)의 이치에 머물면
서 남과 다투지 않는 삼매를 말한다(아육왕경).

이 무쟁삼매를 수행하면 자연히 고요함을 좋아하고, 혼자 머물기를
즐기며, 세간의 말조차 멀리하게(대지도론) 되는데 이는 다 자비심에
뿌리를 두고 있다. 이 무쟁삼매를 얻은 이로 수보리가 제일이라고 대지
도론 여러 곳에서 언급되었을 뿐 아니라 다른 경문(불설불모출생삼법
장반야바라밀다경·소품바라밀경·아육왕경)에서도 언급되었다. 특히,
이 금강경에서 수보리가 아라한으로서 최고라는 언급이 나오는데 이는
바로 "수보리는 바로 큰 아라한이요, 무쟁삼매(無諍三昧)를 행하는 이
가운데에서 첫째가는 이이다(대지도론)"라고 기술된 대지도론에 근거
한 것으로 판단된다.

### ③阿蘭那行(조용한 곳에서 명상하기)

수행자가 조용히 머물며 수행하기에 좋은 장소를 뜻하기도 하고(대
장일람집, 대법고경, 묘법연화경, 불설제개장보살소문경, 불설신모희
수경, 신집장경음의수함록, 입능가경, 잡아함경), 인(因)·연(緣)·정(正)·
문(文)·희(戱) 등 5구설(句說)을 깊이 통달했다는 사람 이름이기도 하다
(중아함경). 물론, 여기서는 전자이다.

범어 'araṇā'를 아란야(Aranya)·아란약(阿蘭若)·아련야(阿練若)·아란양(阿蘭攘)·아란나(阿蘭那)·난약(蘭若) 등으로 음차(音借)하였고, 그 뜻으로는 적정처(寂靜處)·무쟁처(無諍處)·원리처(遠離處)·무인처(無人處)·공처(空處)·최한처(最閑處) 등 다양하게 한역(漢譯)되었다. 그 일반적인 의미로는, 일체의 번잡한 소리가 들리지 않는, 수행하기 좋은 한적한 수도처를 뜻한다. 인가(人家)에서 멀리 떨어진 삼림 속이나, 사막이나 동굴이나 할 것 없이 조용한 곳을 의미한다.

행(行)·법(法)·경(經)이란 글자와 함께 ①아란나행(금강반야바라밀경, 대방광선교방편경, 대장일람집) ②아란나법(제법본무경) ③아란나경(중아함경, 출삼장기집, 역대삼보기) 등의 용어로도 쓰였다.

# 10

# 말씀도 장엄도 몸도 없다

### ①燃燈佛(연등부처님)

'燃燈佛'은 '광불'이란 뜻의 범어의 'Dīpānkara-Buddha'를 의역한 말이다. 정광불(錠光佛)·등광불(燈光佛)·보광불(普光佛)·제원갈불(提洹竭佛)이라고도 한다. 연등불은 제2겁 때에 계셨던 7만 6천 부처님 가운데 한 분으로(대장일람집) '최후의 천중천(天中天)'으로 기록되기도 했다(묘법연화경). 석가보살('초슬 범지'라고도 불림)에게 수기(受記)를 주었고(증일아함경·도행반야경·대지도론·사익범천소문경·고승전·불본행집경 등) 석가보살은 연등불을 뵙고서 곧바로 '무생법인(無生法忍)'을 얻었다(대장일람집·사익범천소문경).

### ②佛土(불토)

'佛土'라는 단어는 '佛國·佛刹·淨土·三千大千世界·佛國土·佛刹土' 등의 단어와 같이 쓰이는 말로 '한 부처님의 가르침이 미치는 교화 영역'으로 부처님이 계시는 곳이자 그곳에서 이루어지는 세계를 뜻한다.

이 '佛土'라는 단어는 대방등대집경(大方等大集經)·대반야바라밀다경(大般若波羅蜜多經)·대보적경(大寶積經)·낙영락장엄방편품경(樂瓔珞莊嚴方便品經) 외 여러 경에서 쓰였는데 매우 추상적이다. 그 위치와 규모를 말하기도 하나 알 수 없으며, 그 수가 또한 헤아릴 수 없이 부처님 수만큼 많다. 이뿐만 아니라, 특정 삼매에 들어가거나 특정 다라니를 외우면 불토가 나타나 보이기도 하는데, 불토마다 사는 중생의 수명과 자연적 환경도 다르게 묘사되는 등 한마디로 말해서, 부처님 관련 이상세계를 꿈꾸는 사람들의 마음이 투사된 추상적인 공간으로 판단된다.

이런 불토와 관련해서 일반적으로 말해지는 것이 있다면, 그곳은 순일하고 정묘(淨妙)하며(금강정경유가수습비로자나삼마지법), 장엄·청정하며(능단금강반야바라밀다경·대반야바라밀다경·대방등대집경·비화경·증계대승경), 깨끗해야 한다고 한다(득무구녀경·대방등대집경).

또한, 보살마하살이 깨끗한 불토를 얻기 위해서는 ①남을 질투하지 않고, ②나와 남에게 마음이 평등하며, ③중생들을 보고 항상 기뻐하고, ④나쁜 권속과 친하지 않는 등 이 네 가지를 성취하라고 말하는 득무구녀경(得無垢女經)도 있다.

전체적으로 보면, '불토'라는 것은 부처님의 가르침을 믿고 따르는 수행자들이 마음속으로 만들어 갖는 하나의 이상세계로서 부처님이 계시면서 설법을 통한 중생 교화와 제도가 이루어지는 곳이다. 따라서 관념(觀念)으로만 존재하는 상(相)이며, 사실상 언제든 티끌처럼 사라지는 것이기도 하다. 이런 불토가 오늘날 '사원·사찰'이라는 이름으로 현실 공간에 구현되었다고 보면 틀리지 않는다. 따라서 불토는 어디까지나 부처님 가르침의 세계를 설명하는 방편으로써 말해진 것으로 판단된다(문수사리문보리경).

### ③莊嚴(장엄)

'莊嚴'이란 단어는 관세음보살수기경(觀世音菩薩授記經)·금강반야바라밀경(金剛般若波羅密經)·대반야바라밀다경(大般若波羅蜜多經)·유가사론·대보적경(大寶積經)·대승본생심지관경(大乘本生心地觀經) 등 여러 경문에서 아주 다양하게 쓰였다. 궁전(宮殿)·왕자(王子)·천자(天子)·불국토(佛國土)·겁(劫)·성(城)·삼매(三昧)·여래(如來) 등의 이름으로 쓰이기도 했으나 보통은 사람(사문·보살·여래 등)이나 불토(탑·불상·국토 등)의 외형과 내면을 꾸미고 장식한다는 뜻으로 많이 쓰였다. 이때 꾸미는 도구로로는 영락(瓔珞)·보배·금·비단·꽃·향·음악 등이다. 이뿐만 아니라, 보이지 않는 내면(지혜·마음·論·誓願·音聲 등)까지도 위엄있고 엄숙하고 아름답게 꾸미는 일까지 장엄의 대상이 된다. 그러니까, 장엄이란 말은 사람의 외형은 물론이고 내면까지 아름답고 훌륭하게 꾸미어, 바꿔 말해, 능력을 갖추어서 위엄있고 엄정하게 보이는 일이다. 따라서 이를 잘 분별할 필요가 있다.

### ④須彌山(수미산)

「아비달마구사론」 제8권 '분별세품'에 의하면, 세상 곧 우주가 어떻게 이루어져 있는가를 상세하게 기술하고 있는데, 그것에 의하면 '기세간(器世間) 3계(界)'론으로 요약된다. 기세간이 일종의 하드웨어라면, 3계는 소프트웨어인 셈인데, 기세간은 세상을 떠받치고 있는 기둥 위로 9산(山)·8해(海)·4대주(大洲)가 있고, 3계는 밑에서부터 욕계(欲界)·색계(色界)·무색계(無色界)로 되었다고 한다.

기둥은 원통형이며, 밑으로부터 풍륜·수륜·금륜으로 연결되었고, 금륜 위 중앙으로 수미산이 솟아 있다. 이 수미산은 '묘고산'이라고도 하며, 금·은·패유리·수정 등 4가지 보배로 되었으며, 신이 머무는 궁전까지 있다고 한다. 그리고 이 수미산은 8산·8해·4대주로 둘러싸여 있는데, 8산이란 유건달라·이사타라·걸지낙가·소달려사나·알습박갈라·비나달가·니민달라·천륜위 등으로, 유건달라에서 니민달라까지를 '내산(內山)'이라 하며 모두 금(金)으로 되었다고 한다. 그리고 천륜위를 외산(外山)이라 한다. 8해(海)란 여덟 가지 공덕수(달고, 차가우며, 부드럽고, 가벼우며, 맑고 깨끗하며, 냄새나지 않고, 마셔도 목구멍에 손상되지 않으며, 배가 아프지 않음)로 된 7해 곧 내해'(內海)'와 짠물로 차 있는 1해 곧 '외해(外海)'로 되었다. 4대주란 남쪽의 섬부주, 동쪽의 승신주, 서쪽의 우화주, 북쪽의 구로주 등이며, 섬주부 밑에 8한(寒) 8열(熱)지옥이 있다고 한다.

욕계란 6욕천, 8대지옥, 4대주, 방생과 아귀의 처소 등을 합쳐 20처(處)로 되었는데, 6욕천이란 사대왕중천·삼십삼천·야마천·도사다천·낙변화천·타화자재천 등이며, 8대 지옥이란 등활지옥·흑승지옥·중합지옥·호규지옥·대규지옥·염열지옥·대열지옥·무간지옥 등이다. 그리고 욕계 위에 있는 색계란 4정려로 되었는데, 제1정려로부터 제3정려까지는 각각 3처가 딸려 있으며(3×3=9), 제4정려만 8처가 딸려 있다. 곧, 무운천·복생천·광과천·무번천·무열천·선현천·선견천·색구경천 등이 그것이다. 그리고 제1정려에 딸린 3처란 범중천·범보천·대범천 등이고, 제2정려에 딸린 3처란 소광천·무량광천·극광청천 등이고, 제3정려에 딸린 3처란 소정천·무량정천·변정천 등으로 모두 합하여(3×3+8) 17처(處)가 된다. 이 색계의 17처와 그 아래에 있는 욕계 20처를 합쳐서 '유색계'라 한다. 그리고 가장 위에 있는 무색계는 4처로 되었는데, 곧 공무변처·식무변처·무소유처·비상비비상처 등이 그것이다.

따라서 '수미산'이란 석가모니부처님의 말씀에 근거하여 후대의 종교이론가들(대승불교에서는 이들조차 부처님의 말씀을 설명하기 위해 오신 '보살' 또는 '존자'로 말하지만)이 구축해 놓은 상상의 산으로, 우주의 중심이라는 상징적 의미가 있을 뿐이다. 그런데 일부의 사람들은 티베트 서북쪽에 있는 카일라시 산을 수미산으로 여기기도 한다. 그러나 이는 분명 이치상 맞지 않는 일이다. 수미산 역시 '상(相)'에 지나지 않는다.

⑤淨土(정토)

‘淨土’라는 단어는 대방광원각수다라요의경(大方廣圓覺修多羅了儀經)·관세음보살수기경(觀世音菩薩授記經)·금광명경(金光明經)·광홍명집(廣弘明集)·다라니집경(陀羅尼集經) 등 적지 아니한 경문에서 적지 않게 쓰였다.

‘정토’란, 말 그대로 부처가 머무는 깨끗한 땅으로 그 반대말은 ‘예토(穢土)’이다. 법원주림(法苑珠林)에 이 정토 관련 재미있는 얘기가 나온다. 곧, 세계의 깨끗한 것을 ‘정(淨)’이라 하고, 그 정(淨)이 있는 곳을 ‘토(土)’라 한다. 사는 땅에 오탁(五濁:劫濁·煩惱濁·衆生濁·見濁·命濁)이 없으면 청정토(清淨土)이고, 번뇌 없는 중생이 사는 곳을 정토(淨土)라 한다고 섭론(攝論)과 법화론(法華論)을 인용해 말했다. 그러면서 정토에도 네 가지가 있다고도 했다. 곧, 법성토(法性土)·실보토(實報土)·사정토(事淨土)·화정토(化淨土)가 그것이다.

그런가 하면, 대승유가금강성해만수실리천비천발대교왕경(大乘瑜伽金剛性海曼殊室利千臂千鉢大敎王經)에서는 “법을 받아들인 이가 극락정토를 관찰하고 법을 받아들여 생각한 다음, 법에는 본래 집착할 바가 없다는 것을 알고 가르침을 받아들인 이가 지혜로운 인식을 통해 생각하는 바가 없고 법에 대한 인식의 지혜가 받아들이는 바가 없으면 이를 진정한 받아들임이라고 합니다. 법은 본래 생기는 바가 없고 법의 형상 또한 그러합니다. 이를 헤아려 깨우치면 이를 정토(淨土)라 합니다.”라고 기술되었다. 정토가 특정 구역의 물리적 공간이 아니고 수행자의 깨달음과 관련하여 말해지는 정신적 영역으로서 추상적인 공간으로의 질적 변화가 감지된다. 대승장엄경론(大乘莊嚴經論)과 유마힐소설경(維摩詰所說經)에서도 이 같은 맥락을 유지한다.

＊본문에서는 ‘佛土’라는 단어가 사용되었는데 소제목에서는 ‘淨土’라는 단어가 사용되었다. ‘佛土=淨土’라는 뜻이다.

# 11

## 법 보시보다 훌륭한 복을 짓는 일은 없다

**①布施(보시)**

'布施'를 우리말로 바꾸면 '베풂'이다. 이 베풂은 '사사섭(四事攝:①布施 ②愛語 ③利行 ④同事)' 가운데 첫째이고, '육바라밀(六波羅蜜:①布施 ②持戒 ③忍辱 ④精進 ⑤禪定 ⑥智慧)' 가운데에서도 첫째이다.

이런 베풂에는 재시(財施)·법시(法施)·무외시(無畏施) 등 세 가지가 있는데 이 금강경에서는 재물을 베푸는 일과 경문의 진리를 설명해 주는 일을 자주 비교했는데 재물 보시·목숨 보시·부처님 공양보다 경문의 진리를 설명해 주는 법 보시가 최고라고 한다. 그것도 여러 번 강조해서 말이다.

# 13
# 궁극적 진리처럼 받아 지니라

## ①三十二相(서른두 가지 외형상 특징)

부처님께서는 태어날 때부터 서른두 가지 외형상 특징이 있다는 점을 많은 경문에서 언급하였다. 태자서응본기경(太子瑞應本起經)·태자쇄호경(太子刷護經)·태자화휴경(太子和休經)·현겁경(賢劫經) 등을 비롯하여 아주 많은데 그 서른두 가지 외형상 특징을 일일이 나열하고 설명한 것은 찾아보기는 상대적으로 쉽지 않다.

「좌선삼매경」에서는 '염불삼매'를 설명하는 과정에서 과거의 부처님이 오실 때의 모습, 그러니까, 부처님만을 생각하는 사람의 마음속에서 그려지는 부처님 이미지로서 '서른두 가지 외형상 특징을 가진 대인상(大人相)으로 그려져 있다. 그 내용은 아래와 같으며, 이는 불교 경전 문장의 성격이나 객관적 신뢰도를 가늠하게 하는 단서가 되기도 한다.

1. 발바닥이 평평하다.
2. 발바닥에 천 개의 바큇살이 있는 바퀴*가 있다.
   *예수교 경전인 성경에는 에덴동산 가운데에 있는 생명나무의 길을 지키게 하기 위해서 하나님이 '그룹'이라는 천사를 내려보내는데 그 그룹에 바퀴가 달려있다. 하나님은 그런 그룹의 호위를 받기도 하고, 타고 다니기도 한다.
3. 손가락이 길고 아름답다.
4. 발뒤꿈치가 넓다.

5. 손가락과 발가락에 모두 명주 그물이 있다.

6. 다리를 포개면 높고 평평하며 아름답다.

7. 이니연(伊尼延)*의 무릎과 같다.

   *검은 털이 나고 긴 다리를 가진 통통하고 힘센 사슴 왕.

8. 평소에는 손이 무릎을 지난다.

9. 음마장(陰馬藏)*의 모습이다.

   *부처의 음경은 말의 음경과 같이 크지만 감추어져 있다는 뜻.

10. 니구로다(尼俱盧陁)*의 몸이다.

   *고대 인도 '바나라시'에 '브라흐마닷타' 왕이 통치할 때에 한 보살이 사슴으로 태어났
   는데, 그 사슴은 날 때부터 황금빛이었다. 사슴은 늘 500마리의 다른 사슴들로부터 둘
   러싸여 있었다고 하는데 그 사슴은 부처님의 전생이라 한다. [南傳 자타카 12]

11. 하나하나의 구멍에 하나하나의 털이 나 있다.

12. 털이 위쪽을 향해 나서 오른쪽으로 선회한다.

13. 몸의 빛깔이 상품의 금보다 더 뛰어나다.

14. 신광(身光)이 네 면의 한 길[丈]을 비춘다.

15. 피부가 아름답다.

16. 일곱 곳*이 가득 차 있다.

17. 양쪽 겨드랑이 아래가 평평하고 아름답다.

18. 윗몸이 사자*와 같다.

   *'사자'라는 동물에 대해서는 고대로부터 '용맹하다', '힘이 세다' 등의 의미로 많이 사용
   돼 왔다. 그래서 현실세계[정치 스포츠 등]에서는 권력과 힘을 상징하기 하고, 불교나
   예수교에서도 유사한 뜻으로 사자를 원용하는 수사(修辭)가 경문에 적지 않다.

19. 몸이 크고 아름다우며 단정하고 반듯하다.

20. 어깨가 둥글고 아름답다.

21. 40개의 치아가 있다.

22. 치아가 희고 고르며 빽빽하고 뿌리가 깊다.

23. 네 개의 어금니가 희고 크다.

24. 뺨이 사자와 같다.

25. 맛 중에서 최상의 맛을 얻는다.

26. 혀가 크고 넓고 길면서 얇다.

27. 범음(梵音)이 깊고 멀리까지 들린다.

28. 가릉빈가*의 음성이다.

    *극락에 있다는 새[鳥]의 한 가지

29. 눈이 감청색이다.

30. 속눈썹이 우왕(牛王)*과 같다.

    *소를 가지고 논밭 갈이를 하는 농가(農家)에서 예배드리는 소의 왕을 뜻하는 신(神) 곧

    우신(牛神)을 말함. 춘추시대까지 성행했다고 함.

31. 정수리의 터럭이 육골(肉骨)을 이룬다.

32. 미간에 흰 터럭이 길고 아름다우며 오른쪽으로 감겨 있다.

---

＊작은 글씨로 붙인 설명은 오래전 필자가 이를 확인하면서 스스로 이해하기 위하여 붙인 것이다. 부처님의 신체적 외형에 대하여 이 서른두 가지 외형상 특징 말고도 '八十種好(팔십종호)'가 더 있는데 이를 소개하지는 않겠다. 여러분이 화가(畫家)라 생각하고 이 서른두 가지 외형상 특징을 갖추어서 부처님을 그린다면 과연 어떤 모습일까? 상상하는 것으로 족하기 때문이다.

# 14
## 관념과 형상을 떠난 적멸

### ①寂滅(적멸)

'寂滅'이란 무엇인가? 글자 그대로 풀이하자면, '고요하다, 쓸쓸하다, 편안하다' 등의 뜻을 갖는 '寂(적)' 자에 '멸망하다, 없어지다, 끄다' 등의 뜻을 갖는 '滅(멸)' 자의 합이기 때문에 '寂滅'이란 '그 무언가가 없어져서 조용하다' 또는 '그 무언가가 사라져서 편안하다' 등의 의미를 지닌다. 그런데 그 없어지고 사라지는 대상으로서 그 무엇은, 번뇌와 고통 등이 되며, 심지어는 육신의 생명까지도 포함된다. 그래서 예로부터 불가(佛家)에서는 '번뇌와 고통이 사라져 편안하고 고요한 심신의 상태'를 일컬어 '적멸에 듦'이라 했으며, 한 사람의 목숨이 온전히 끊어져 죽음에 이르는 것도 '적멸에 듦'이라 했다. 여기서 한 걸음 더 나아가면, 새로이 생기거나 사라지는 것도 없는 절대적인 무(無)의 가상공간인 '공(空)'의 핵으로서 적멸을 상정하기도 한다. 그래서 선 수행자들은 이 적멸과 해탈(解脫)을 수행의 최종 목표로 삼기도 한다. 이 금강경 본문 가운데에서는 '적멸'이라는 단어가 쓰이지 않았으나 서른두 개의 소제목을 붙인 양무제(梁武帝)의 장자인 소통(蕭統)이 소제목에서 온갖 관념과 형상을 떠나면 구현되는 것으로서 '寂滅'이라는 단어를 사용했다.

### ②第一波羅蜜(제일바라밀)

'第一波羅蜜'은 여섯 바라밀 가운데 하나인 보시바라밀(布施波羅蜜)로 생각해 볼 수 있으나 제이(第二), 제삼(第三) 바라밀이란 말이 경전에서 쓰이지 않은 것으로 미루어보아 '第一波羅蜜'은 '第一 波羅蜜'로 띄어 쓰고 '제일인 바라밀', '최고인 바라밀'로 해석해야 옳을 듯싶다. 그러나 '보시'가 강조된 점을 감안하여 원문 그대로 '제일바라밀'로 번역하였다.

### ③忍辱仙人(인욕선인)

석가모니부처님이 과거 500세(歲=年) 동안 인욕선인(忍辱仙人)으로 수행했다는 기록은 적지 않게 있다(능단금강반야바라밀다경·대반야바라밀다경·대반열반경부자합집경·대보적경·불설대반니원경·불설대승장엄보왕경·장아함십보법경·어제비장전 등). 그때 이름은 '찬제(羼提)'라고 하나, 정확히 언제인지는 분별해 내기 어렵다. 다만, 『불설대승장엄보왕경(佛說大乘莊嚴寶王經)』에 따르면, 시기불(式棄佛) 이후에 출현하신 미사부(尾舍浮) 부처님 때이다. 그리고 높고 깊은 산속이었는데 모래 자갈땅이어서 아무도 쉽게 올 수 없었으며, 그 속에서 오랫동안 살았다고 기술되었다.

그런데 『현우경』에서는 "오랜 과거 한량없고 가없으며, 헤아릴 수 없는 아승기 겁에 이 염부제에 큰 나라가 있었는데, 이름이 '바라내'였고, 당시 국왕의 이름은 가리(迦梨)였다. 그때 그 나라에 큰 선인(仙人)이 있었는데, 이름이 '찬제파리(羼提波梨)'였다. 그는 5백 제자들과 함께 숲속에 살면서 인욕(忍辱)을 수행하고 있었다. 어느 때 국왕은 신하들과 부인과 궁녀들을 데리고 산에 들어가 놀게 되었다. 그때 왕은 피로해 누워 쉬고 있었다. 여러 궁녀는 왕을 버려두고 돌아다니면서 꽃 핀 숲을 구경하였다"라고 기술되었다.

그런가 하면, 『앙굴마라경(央掘魔羅經)』에서는 "나는 보살이 되었을 적에 한량없는 아승기 겁 동안 항하 모래알 수의 세상에 인욕선인(忍辱

仙人)이 되어 4무량(四無量:慈·悲·喜·捨)을 행했나니, 그러므로 일체중생이 의지하고 믿는 몸이 생겼느니라"라고 기술되기도 했다. 이런 내용이야 '믿거나 말거나'이지만 '忍辱仙人'이라는 말을 썼을 때는 忍辱을 수행 목표의 중심축으로 삼아 오로지 그것만을 위해서 생각하고 실천하며 살아가는, 그래서 일정 경지에 오른 특별한 사람이기에 '仙人'이라는 말이 붙지 않았나 싶다.

그렇다면, 왜 이런 모험적인, 아니, 실험적인 수행을 마다하지 않고 감행했을까? 여기에는 그들이 믿는 바가 있기 때문이다. 바로 윤회(輪迴)·환생(還生)과 인과응보(因果應報)이다.

### ④忍辱波羅蜜(인욕바라밀)

불교 경들을 읽다 보면, '바라밀(波羅蜜)'이라는 용어를 자주 접하게 되는데, 그것도 '육바라밀', '십바라밀'이라 하여 그것에 여섯 가지 혹은 열 가지가 있다고 한다. 도대체, '바라밀'이란 무엇이며, 그 여섯 혹은 열 가지 바라밀이란 무엇인가?

'바라밀(波羅蜜)'이란 고대 인도 말 '파르미(parami)'에 대한 음차(音借)라는데, 이는 이쪽에서 저쪽 언덕[彼岸]에 이르고자 건너가야 하는 길이라는 뜻이라 한다. 그래서 경전에서는 부처님의 가르침을 배우며 깨우치기 위해서 수행하는 사람들 가운데 보살들이 그 목적을 달성하기 위해서 먼저 실천해야 한다는 방법론으로서의 중요 덕목을 일컫는다.

바라밀에 대한 상세한 설명은 화엄경(華嚴經)과 금강삼매경 등 여러 경전에 나오는데, 여섯 가지 바라밀[六波羅蜜]이란, ①보시바라밀(布施波羅蜜) ②지계바라밀(持戒波羅蜜) ③인욕바라밀(忍辱波羅蜜) ④정진바라밀(精進波羅蜜) ⑤선정바라밀(禅定波羅蜜) ⑥지혜바라밀(智慧波羅蜜)

등을 일컫는다. 이 여섯 가지 덕목에 방편바라밀[方便波羅蜜:烏波野], 원바라밀[願波羅蜜:波羅尼陀那], 역바라밀[力波羅蜜:波羅], 지바라밀[智波羅蜜:惹孃曩] 등 네 가지를 합해서 십바라밀(十波羅蜜)이라 한다.

이들 가운데 '인욕바라밀'이란 '인바라밀', '찬리바라밀'이라 하기도 하며, 어떠한 모욕이나 박해 등을 받더라도 자비심으로써 너그럽게 참아내는, 나아가 타자가 원한다면 자신의 심신을 온전히 희생하면서도 조금도 화를 내거나 원망하지 않는 마음의 실천이다. 논어(論語)에 나오는 '살신성인(殺身成仁)'보다도 조건이 없고 포괄적이다.

### ⑤歌利王(가리왕)

범어 'Kaliṅgarāja', 'Kalirāja'를 '가리왕'으로 번역하였다. '가리왕'에서 '가리'는 음역이고, '왕'은 'rāja'를 의역한 결과이다.

여러 경문에 의하면, 석가모니부처님께서 과거세에 '찬제(羼提)'라는 이름을 갖고 인욕선인(忍辱仙人)으로 수행할 때 가리왕이 시기 질투로 시험하듯 일 척 장검을 휘둘러(대장일람집) 찬제의 눈코(대보적경) 팔다리(불설호국존자소문대승경)를 베고 잘랐다는 인물이다(경률이상). 가리왕(哥利王), 갈리왕(羯利王), 가리왕(迦梨王), 가릉가왕(迦陵伽王), 갈릉가왕(羯陵伽王), 가람부왕(迦藍浮王)으로도 표기되었고, 의역하여 투쟁왕(鬥諍王), 악생왕(惡生王), 악세왕(惡世王), 악세무도왕(惡世無道王)이라고도 했다. 이 가리왕은 찬제가 석가모니부처님이 되었을 때 교진나(憍陳那:Kauṇḍinya)라고 한다(대장일람집).

가리왕이 찬제 선인을 해치자 "숲속의 용과 귀신이 이 선인을 위하여 우레와 번개와 벼락을 쳤고, 가리왕은 해독을 입고 죽어 궁중으로 돌아가지 못했다"라고 『경률이상』에서 『지론(智論)』을 인용하여 언급했고, 『광홍명집』에서는 벼락에 맞았다고도 했다.

# 15
## 이 경문을 지니는 공덕

### ①大乘者(대승자)

윤회(輪廻)·환생(還生)을 마다하지 않고 중생(衆生)을 제도(濟度)하겠다는 신념으로 보살도(菩薩道)를 닦는 사람.

### ②最上乘者(최상승자)

무여열반(無餘涅槃)으로 적멸(寂滅)에 듦으로서 부처가 되겠다고 불도(佛道)를 닦는 사람.

### ③小法者(소법자)

중생 제도가 아닌, 수행자 개인의 번뇌를 소멸시키는 가장 바르고 평등한 깨달음 성취를 위한 수행 방법을 선택하는 소승자.

### ④一切世間(일체세간)

수많은 경문에서 '世間(세간)'이란 단어는 '出世間(출세간)'이란 단어와 함께 쓰이는 경향이 있다. '世間'이란 중생이 살아가는 세속적인 세상을 말하는데 그 공간으로는 하늘[天]·땅[地]·하늘과 땅 사이[空中] 그리고 땅속[地下]·바닷속 등을 두루 포함한다. 그리고 '出世間'이란 부처님 가르침을 믿고 따르며, 온갖 번뇌와 욕망에서 벗어나, 마침내 윤회·환생이란 덫에서 자유로운 무여열반을 통한 적멸에 듦을 목표로 출가하여 수행하는 사람들의 세상 곧 그 사회를 말한다. 공간적인 영역은 같다. 따라서 '一切世間'이란 중생과 수행자가 살아가는 세상을 뜻한다.

### ⑤阿修羅(아수라)

삼계(三界:欲界·色界·無色界) 중 欲界에 속하며, 육도(六道:阿修羅·人間·天上界·地獄·餓鬼·畜生) 중 하나이다(아육왕경·십주비바사론). '非天(비천)'으로 의역한다(불설장아함경). 『정법염처경(正法念處經)』에 따르면, 큰 바다 밑에 두 종류의 아수라가 있다고 한다. 곧 귀신의 무리에 속하는 것과 축생에 속한 것이 그것이다. 전자는 악마의 몸을 가진 아귀로서 신통의 힘이 있고, 후자는 큰 바다 밑의 수미산 곁에 사는데, 바다 밑의 8만 4천 유순에 있다고 한다.

그런가 하면, 『대불정여래밀인수증요의제보살만행수능엄경』에 의하면, 삼계 가운데 네 종류의 아수라가 있다고 한다. 곧, 귀신의 길에서 법을 지킨 힘으로 신통을 부려서 허공으로 들어가 알로 태어나는 아수라, 하늘에서 복덕이 감하여 아래로 떨어져서 그 사는 곳이 일월과 가까워 태로 태어나 사람의 갈래에 포함되는 아수라, 아수라의 왕이 세계를 붙들어 쥐고 힘이 넘쳐서 두려움이 없이 범왕(梵王)과 제석천(帝釋天)과 사천왕(四天王)과 패권(覇權)을 다투는, 변화로 태어나 하늘 갈래에 포함되는 아수라, 큰 바다 한복판에서 습기로 태어나서 물이 빠지는 곳에 잠겨 있다가 아침에는 허공에서 놀다가 저녁에는 물로 돌아와서 자는 축생에 포함되는 아수라 등이 그것이다.

또, 그런가 하면, 『중아함경(中阿含經)』에 따르면, 바다 가운데 사는 큰 신들[아수라(阿修羅) 건답화(乾沓) 나찰(羅刹) 어마갈(魚摩竭) 거북 악어 바루니 제예(帝麑) 제예가라(帝麑伽羅) 제제예가라(提帝麑伽羅)] 가운데 하나라고 기술되기도 했다. 호법(護法) 8부중(部衆)의 하나이다

(현양성교론).

또, 그런가 하면, 큰 바다 동쪽 가에 '초열(燋熱)'이라는 물이 흘러나오는 수구(水口)가 있는데, 그 초열 아래에는 아수라(阿修羅)의 궁전이 있고, 그곳에 지금 열네 보살이 있다고도 하며(대법거다라니경), 그 수명은 사대천왕과 같다고도 했다(불설입세아비담론).

불교 경문이 이러하니 '불법(佛法)이 불법(佛法)이 아니라고 하고, 아뇩다라삼먁삼보리(阿耨多羅三藐三菩提)가 아뇩다라삼먁삼보리(阿耨多羅三藐三菩提)가 아니라'고 말하는 것이 이해된다. 다 방편으로 만들어진 허상(虛相)이기 때문이다.

# 16

## 과거 죄업을 소멸시키다

### ①罪業(죄업)

'죄업(罪業)'이란 죄(罪)가 되는 일체의 생각·말·행동을 뜻한다. 그렇다면, 무엇이 '죄'인가? 그것은 인간의 보편적인 양심·도리·법률 등에 어긋나는 일체의 생각·말·행동을 말한다. 필자는 이것을 보다 포괄적으로 이렇게 말한 적이 있다. 곧, 내가 살아가면서 내가 아닌, 다른 생명체에게 끼치는 정신적인 부담을 주는 일로부터 물질적 신체적 피해를 안기는 언행 일체가 죄라고 말이다. 따라서 죄는 나와 다른 대상 간의 관계(關係)에서 비롯된다. 이 죄업이란 용어가 쓰인 경문에서는 살아가면서 죄업을 짓지 말고, 쌓지도 말고, 소멸시켜야 한다고 강조하는 경향이 있다. 이 '罪業(죄업:대반야바라밀다경·잡아함경 외)'의 반대말은 '福業(복업:근본설일체유부비나야·기세인본경 외)'이다.

### ②業障(업장)

'業障(제법본무경·유가사지론 외)'이란 내가 하고자 하는 일에 걸림돌이 되는 일체의 방해 요소를 말한다. 불경에서는 죄업보다 업장이라는 용어가 훨씬 많이 쓰였는데 ①윤회·환생과 ②인과응보라는 두 가지 원칙을 전제하고 믿기에 모든 판단이 이와 결부되어 있다. 현재 나의 일이 잘 풀리거나 잘 풀리지 않아도, 그것이 전생(前生)이든 현생(現生)이든, 과거에 지은 업(業)으로 인해 생기는 것이라고 믿는다. 그러다 보니, 사람의 병듦도, 사고(事故)도 다 이 업과 연관해 말하는 경향이 있다. 그래서 얽히거나 덮여있는 업장을 깨끗이 한다거나 소멸시켜야 한다고 강조한다. 이 금강경도 예외가 아니다.

### ③惡道(악도)

'惡道'라는 단어는 불교 경문에 많이 쓰이는데(결정비니경·달마다라선경 외) 두 가지의 의미로 쓰인다. 하나는 나쁘고 악한 언행이 나오는 길이고, 그 다른 하나는 그 나쁘고 악한 언행이 행해지는 곳, 장소를 말한다. 대개는 후자로 사용되는데 지옥·아귀·축생을 가리켜 '삼악도'라고 하고, 여기에 인간·아수라·하늘을 합쳐서 중생이 전전하는 육도(六道)라고 한다.

『광홍명집』에서는 살(殺)·도(盜)·음(婬)·망(妄)·주(酒) 등 다섯 가지 악을 행하면 죽어서 악도(惡道)에 떨어진다고 했고, 『화엄경』에서는 살생·도둑질·그릇된 성관계·거짓말·이간질·욕·꾸미는 말·탐욕·증오·그릇된 견해 등 열 가지 악업을 행하면 악도에 떨어진다고 했다.

### ④阿僧祇(항하의 모래알 수)·⑤那由他(아승기의 만 배 또는 억 배)

'아승기·나유타'에 관한 심왕 보살의 질문을 받고 부처님이 하신 답변이 『대방광불화엄경』 제45권 「아승기품(阿僧祇品)」에 있다. 그 내용을 이곳에 붙이자면 아래와 같다.

선남자여, 일백 락차(洛叉)가 한 구지(俱)요, 구지씩 구지가 한 아유다(阿庾多)요, 아유다씩 아유다가 한 나유타(那由他)요, 나유타씩 나유타가 한 빈바라(頻婆羅)요, 빈바라씩 빈바라가 한 긍갈라(矜羯羅)요, 긍갈라씩 긍갈라가 한 아가라(阿伽羅)요, 아가라씩 아가라가 한 최승(最勝)이요, 최승씩 최승이 한 마바라(摩婆羅)요, 마바라씩 마바라가 한 아바라(阿婆羅)요,

아바라씩 아바라가 한 다바라(多婆羅)요, 다바라씩 다바라가 한 계분(界分)이요, 계분씩 계분이 한 보마(普摩)요, 보마씩 보마가 한 네마(摩)요, 네마씩 네마가 한 아바검(阿婆鈐)이요, 아바검씩 아바검이 한 미가바(彌伽婆)요, 미가바씩 미가바가 한 비라가(毗伽)요, 비라가씩 비라가가 한 비가바(毗伽婆)요, 비가바씩 비가바가 한 승갈라마(僧羯邏摩)요, 승갈라마씩 승갈라마가 한 비살라(毗薩羅)요, 비살라씩 비살라가 한 비섬바(毗瞻婆)요, 비섬바씩 비섬바가 한 비성가(毗盛伽)요, 비성가씩 비성가가 한 비소타(毗素陀)요, 비소타씩 비소타가 한 비바하(毗婆訶)니라.

비바하씩 비바하가 한 비박지(毗薄底)요, 비박지씩 비박지가 한 비가담(毗佉擔)이요, 비가담씩 비가담이 한 칭량(稱量)이요, 칭량씩 칭량이 한 일지(一持)요, 일지씩 일지가 한 이로(異路)요, 이로씩 이로가 한 전도(顚倒)요, 전도씩 전도가 한 삼말야(三末耶)요, 삼말야씩 삼말야가 한 비도라(毗覩羅)요, 비도라씩 비도라가 한 해바라(奚婆羅)요, 해바라씩 해바라가 한 사찰(伺察)이요, 사찰씩 사찰이 한 주광(周廣)이요, 주광씩 주광이 한 고출(高出)이요, 고출씩 고출이 한 최묘(最妙)요, 최묘씩 최묘가 한 니라바(泥羅婆)요, 니라바씩 니라바가 한 하리바(訶理婆)요, 하리바씩 하리바가 한 일동(一動)이요, 일동씩 일동이 한 하리포(訶理蒲)요, 하리포씩 하리포가 한 하리삼(訶理三)이요, 하리삼씩 하리삼이 한 해로가(奚魯伽)요, 해로가씩 해로가가 한 달라보다(達羅步陀)요, 달라보다씩 달라보다가 한 하로나(訶魯那)니라.

하로나씩 하로나가 한 마로다(摩魯陀)요, 마로다씩 마로다가 한 참모다(懺慕陀)요, 참모다씩 참모다가 한 예라다(陀)요, 예라다씩 예라다가 한 마로마(摩魯摩)요, 마로마씩 마로마가 한 조복(調伏)이요, 조복씩 조복이 한 이교만(離憍慢)이요, 이교만씩 이교만이 한 부동(不動)이요, 부동씩 부동이 한 극량(極量)이요, 극량씩 극량이 한 아마달라(阿麼怛羅)요, 아마달라씩 아마달라가 한 발마달라(勃麼怛羅)요, 발마달라씩 발마달라가 한 가마달라(伽麼怛羅)요, 가마달라씩 가마달라가 한 나마달라(那麼怛羅)요, 나마달라씩 나마달라가 한 혜마달라(奚麼怛羅)요, 혜마달라씩 혜마달라가 한 비마달라(麼怛羅)요, 비마달라씩 비마달라가 한 발라마달라(鉢羅麼怛羅)요, 발라마달라씩 발라마달라가 한 시바마달라(尸婆麼怛羅)요, 시바마달라씩 시바마달라가 한 예라(翳羅)요, 예라씩 예라가 한 폐라(薜羅)요, 폐라씩 폐라가 한 체라

(諦羅)요, 체라씩 체라가 한 게라(偈羅)요, 게라씩 게라가 한 솔보라(窣步羅)요, 솔보라씩 솔보라가 한 니라(泥羅)요, 니라씩 니라가 한 계라(計羅)요, 계라씩 계라가 한 세라(細羅)요, 세라씩 세라가 한 비라(睥羅)요, 비라씩 비라가 한 미라(謎羅)요, 미라씩 미라가 한 사라다(娑茶)요, 사라다씩 사라다가 한 미로다(謎魯陀)요, 미로다씩 미로다가 한 계로다(契魯陀)요, 계로다씩 계로다가 한 마도라(摩覩羅)요, 마도라씩 마도라가 한 사무라(娑母羅)요, 사무라씩 사무라가 한 아야사(阿野娑)요, 아야사씩 아야사가 한 가마라(迦麼羅)요, 가마라씩 가마라가 한 마가바(摩伽婆)요, 마가바씩 마가바가 한 아달라(阿怛羅)요, 아달라씩 아달라가 한 혜로야(醯魯耶)요, 혜로야씩 혜로야가 한 폐로바(薜魯婆)요, 폐로바씩 폐로바가 한 갈라파(羯羅波)요, 갈라파씩 갈라파가 한 하바바(訶婆婆)요, 하바바씩 하바바가 한 비바라(毗婆羅)요, 비바라씩 비바라가 한 나바라(那婆羅)요, 나바라씩 나바라가 한 마라라(摩羅)요, 마라라씩 마라라가 한 사바라(娑婆羅)니라.

사바라씩 사바라가 한 미라보(迷普)요, 미라보씩 미라보가 한 자마라(者麼羅)요, 자마라씩 자마라가 한 타마라(馱麼羅)요, 타마라씩 타마라가 한 발라마다(鉢麼陀)요, 발라마다씩 발라마다가 한 비가마(毗伽摩)요, 비가마씩 비가마가 한 오파발다(烏波跋多)요, 오파발다씩 오파발다가 한 연설(演說)이요, 연설씩 연설이 한 다함 없음이요, 다함 없음씩 다함 없음이 한 출생(出生)이요, 출생씩 출생이 한 나 없음이요, 나 없음씩 나 없음이 한 아반다(阿畔多)요, 아반다씩 아반다가 한 청련화(靑蓮華)요, 청련화씩 청련화가 한 발두마(鉢頭摩)요, 발두마씩 발두마가 한 승기요, 승기씩 승기가 한 취(趣)요, 취씩 취가 한 지(至)요, 지씩 지가 한 아승기요, 아승지씩 아승기가 한 아승기 제곱이요, 아승기 제곱씩 아승기 제곱이 한 한량없음이요, 한량없음씩 한량없음이 한 한량없는 제곱이요, 한량없는 제곱씩 한량없는 제곱이 한 그지없음이요, 그지없음씩 그지없음이 한 그지없는 제곱이니라.

그지없는 제곱씩 그지없는 제곱이 한 같을 이 없음이요, 같을 이 없음씩 같을 이 없음이 한 같을 이 없는 제곱이요, 같을 이 없는 제곱씩 같을 이 없는 제곱이 한 셀 수 없음이요, 셀 수 없음씩 셀 수 없음이 한 셀 수 없는 제곱이요, 셀 수 없는 제곱씩 셀 수 없는 제곱이 한 일컬을 수 없음이요, 일컬을 수 없음씩 일컬을 수 없음이 한 일컬을 수 없는 제곱이요, 일컬을 수 없는 제곱씩 일컬을 수 없는 제곱이 한 생각할 수 없음이요, 생각할 수 없음씩 생각할 수 없음이 한 생각할 수 없는 제곱이요, 생각할 수 없는 제곱씩 생각할 수 없는 제곱이 한 헤아릴 수 없음이요, 헤아릴 수 없음씩 헤아릴 수 없음이 한 헤아릴 수 없는 제곱이요, 헤아릴 수 없는 제곱씩 헤아릴 수 없는 제곱이 한 말할 수 없음이요, 말할 수 없음씩 말할 수 없음이 한 말할 수 없는 제곱이요, 말할 수 없는 제곱씩 말할 수 없는 제곱이 한 말할 수 없이 말할 수 없음이요, 이것을 또 말할 수 없이 말할 수 없는 것이 한 말할 수 없이 말할 수 없는 제곱이니라.

위 내용은 심왕(心王) 보살의 질문을 받고 부처님이 하신 말씀으로 화엄경 아승기품에 기록되어 있으나 필자는 여러 가지 면에서 의심스러운 생각을 떨칠 수가 없다. 과연, 부처님이 이런 말을, 이런 설법을 했을까?

대다수의 대승경전도 '나는 이렇게 들었다'라고 시작함으로써 소승경전을 흉내 내고 있지만 나는 개인적으로 모두가 특정인들에 의해서 집필된, 가공되어 꾸며진 문장 속의 허구 곧 소설적 요소가 다분하다고 생각한다. 특히, 대승경전은 특정 보살이 특정 삼매에 빠져서 그곳에서 펼쳐지는 상황 속의 이야기들로 채워지는데 삼매 속의 상황이란 현실 공간이 아니며, 개인의 집착과 집중으로 이루어지는 환각 상태나 다르지 않은 상황이라는 사실이다. 물론, 상상이 통제 제어되지 못하는 상태에서의 환각 상태 곧 망상이 펼쳐지는 상황이 아니기에 다행스러운 일이긴 하지만, 그것은 어떠한 경로를 통해서든 알게 된[이해하게 된] 불법(佛法)세계와 관련하여 나름대로 확대·심화시켜가면서 해석하고 재구성하는 연장선에서 이루어지는 집필자의 논리적(?) 상상 세계라는 사실이다.

이러한 대승경전들이 쏟아져 나올 수 있었던 것도, 필자의 일방적인 추측이지만, 불교가 중국의 도교(道敎)와 만남으로써 가능했던 것이 아닌가 싶다. 쉽게 말해, 부처님의 가르침이 소설적 상상의 허구세계로 변화·발전할 수 있었던 것이 도교의 기(氣) 수련과 하늘과 땅이란 이분적인 세계관 등과 만남으로써 상상의 영역이 더욱 확대될 수 있었던 것으로 보인다.

대승경전들을 읽다 보면, 일부의 보살들을 부처님과 거의 대등한 능력이 있는 존재로 부각해 놓음으로써 해당 보살을 신격으로 격상시켜 놓았다는 생각이 들기도 하고, 또한 인간이었던 부처님은 신(神)으로서 격상되었다는 판단이 든다. 물론, 이 과정에 동원된 기구가 곧 '삼매'라는 것이다. 부처님은 이미 돌아가시어 현실 세계에 없지만, 그래서 만날 수도 없고 대화조차 나눌 수도 없는 상태이지만 그 삼매를 통해서 부처님이 머문다는 세계로 들어가 부처님을 만나고, 안부를 묻고, 예의를 갖추고, 필요하다면 질문도 하고, 설법도 듣고, 상황에 따라서는 부처님 대신 설법을 하는 내용으로 꾸며지고 있으니 말이다.

예수교 경전인 '성경'이란 것도 오랜 시간에 걸쳐서 다수의 사람이 진지하게 집필해 온 소설적 허구이듯이 불교 경전도 그와 크게 다르지 않다는 것이 필자의 솔직한 판단이다. 물론, 이런 주장을 하려면 더 많은 증거를 제시해야 하겠지만 말이다.


⑥末世(말세)·末法(말법)

불경을 읽다 보면 '말세(末世)', '말법(末法)', '말법시대(末法時代)', 혹은 '말법시(末法時)'라는 용어를 곧잘 만나게 되는데, 말세와 말법시, 그리고 말법시대는 같은 의미로 쓰였다고 판단되지만, '말법(末法)'이라는 용어는 정법(正法)·상법(像法) 등과 함께 쓰이는 경향이 있다. 이때 말법이란 과연 무엇일까? 이런저런 경문을 읽어보았어도 '말법이란 이런 것이다'라고 일목요연하게 정리하여 설명하는 것을 보지 못했다.

그런데 「경률이상」의 207쪽에 나오는 '상법(像法)'에 관한 주석에서 "정법(正法)·상법(像法)·말법(末法)이라는 3시(時) 중의 하나. 부처님께서 멸하신 뒤 5백 년을 지나고 다시 천 년 동안은 행해지는 법이 불법과 상사(相似)하다는 것. 불법에 4시(時)가 있는데, 첫째는 부처님께서 재세(在世)하실 때, 둘째는 부처님께서 비록 세상을 버리셨으나 법의(法儀)가 바뀌지 않은 때, 셋째는 부처님께서 세상을 버리신 지가 오래되어 도화(道化)가 어그러지고 바뀐 때를 상법시(像法時)라 한다. 넷째는 다시 미말(微末)에 이른 것을 말법시(末法時)라고 한다"고 했다. 그러니까, 간단히 말하자면, 법(法)을 시(時)와 동일하게 보았고, 부처님이 살아계시어 설법하실 때와 부처님이 돌아가신 후 가르침이 원형 그대로 잘 준수되는 때는 정법이 지배하는 정법시대(正法時代)라 하고, 이 정법시대가 끝나고 향후 천 년 동안은 정법이 변질되기는 했지만 크게 변질되지 않아서 정법과 유사한 법인 상법(像法)이 지배하는 때를 상법시대(像法時代)라 한다는 것이고, 그 상법시대가 끝나고 만 년까지는 부처님의 가르침이 크게 변질·변형되어 그릇된 불법(佛法)이 지배하는 때를 말법시대(末法時代)라고 한다는 뜻이다. 지금부터 그 증거를 가능한 범위 내에서 대어보겠다.

　　「남명전화상송증도가사실」에 의하면, "세존께서 세간에 출현하여 대법륜(大法輪)을 굴려서 유정(有情)에게 이익을 주셨는데, 정법(正法)의 기간이 천 년이고, 상법(像法)의 기간이 천 년이고, 말법(末法)의 기간이 만 년이다."라고 했으며, 「광홍명집」에 의하면 "경률이상(經律異相)에 따르면, 석가의 정법(正法)은 1천 년이고 상법(像法)도 1천 년인데 말법(末法)은 1만 년이라 합니다"라고 했다. 이밖에도 「역대삼보기」, 「파사론」 등에서도 정법 시대의 기간을 천 년으로 보았다. 그런가 하면, 「예념미타도량참법」에 의하면, "상법결의경(像法決疑經)에 말씀하시기를 부처님께서 멸도하신 뒤 정법(正法) 오백 년은 지계견고(持戒堅固)요, 상법(像法) 일천 년은 선정견고(禪定堅固)요, 말법(末法) 일만 년은 염불견고(念佛堅固)라"고 했다. 이밖에 「어제비장전」에서도 정법시대의 기간을 오백 년으로 보았다. 그러니까, 결과적으로 정법시(正法時)를 오백 년으로 말하는 경문이 있고, 천년으로 말하는 경문이 있다는 뜻이다. 중요한 사실은, 정법시를 오백 년으로 보든 천년으로 보든 현재는 말법시대에 해당한다는 점이고, 석가모니부처님도 "옛날 무수한 겁 전의 묘광불(妙光佛)의 말법(末法)시대 때 출가하여 도를 배우고 53불의 이름을 들었다(법원주림)"라고 한 것으로 미루어보면 모든 부처님마다 정상말(正像末) 삼시(三時)가 있다는 점이다.

그리고 대단히 흥미로운 사실은, 부처님이 미래에, 다시 말해 후에 닥쳐올 말법 시대를 걱정하면서 미리부터 제자들에게 말법 시대의 중생(衆生)에게 전하라면서 당부를 많이 하셨다는 점이다. 그 내용의 핵심이 가장 잘 드러나 있는 경문들이 바로 「대불정여래밀인수증요의제보살만행수능엄경」, 「대방광보살장문수사리근본의궤경」, 「대방광원각수다라요의경」 등이라고 나는 판단한다. 이들 외에도 적지 아니한 경문에서 말법시대에 나타나게 될 현상들을 설명하고, 또한 대비하라는 의미에서 여러 가지 조언들을 남겼는데, 내 눈에 박힌 것들을 중심으로 소개하자면 대략 이러하다. 곧, 말법시대에 나타난 현상들로는, ①오탁(五濁) 중생이 갖가지 악업으로 삼계에 윤회하면서 거기서 벗어날 기약이 없으며(금강삼매경론), ②승려와 도사가 많아지고, 그에 따라 법률을 위반하는 자가 많아져서 속법(俗法)에 의거 징계한다(대당대자은사삼장법사전). 그리고 ③사부대중과 불법(佛法)을 믿는 사람들에게 열다섯 가지 나쁜 일*이 미치게 되고(대방등대집경 제40권), ④마[魔:귀신, 야차, 나찰 등]의 백성들이 세상에 치성(熾盛)하여 음욕을 자행하면서 선지식(善知識)이라고 하며, 온갖 중생을 애욕과 그런 생각의 구덩이로 떨어트려 함으로써 보리의 길을 잃게 한다(대불정여래밀인수증요의제보살만행수능엄경). 이뿐만 아니라, ⑤비구들이 몸과 계율과 마음과 지혜 등을 닦지 않아서 어리석음이 마치 어린아이가 어두운 데를 향하면서도 아는 것이 없는 것과 같고(대보적경), ⑥사람의 수명은 백 세이나 그 길이가 짧거나 길거나 중간에 요절하거나 하여 일정치는 않고, 또한, 인간 세상에는 사람 아닌 것이 많아서 수명을 침해하며 온갖 악한 일을 저질러서 두렵게 한다. 또한, 그 천인·아수라들이 선하지 않은 행을 하며, 서로 싸울 때 인간 세상에는 온갖 나쁜 현상이 나타난다. 이른바, 때아닌 때 땅이 움직이거나 갑자기 바람이 불고 천둥과 번개가 치는 등 기이한 현상과 하늘의 불과 검은 연기가 곳곳마다 일어나는데 이것은 계도성(計都星)이 일식과 월식을 만드는 것으로 이런 나쁜 현상이 나타나는 곳에서는 반드시 중생들이 심각한 질병을 앓고, 기근에 허덕이며, 일찍 죽고, 나라가 무너지고, 모든 백성이 크게 근심하고 방황할 것이며, 모든 출가자도 크게 두려워한다(대방광보살장문수사리근본의궤경)는 것이다.

그리고 이런 말법 시대가 도래하면 어떻게 대응해야 하는지도 여러 경문에서 산발적으로 언급되어 있는데 ①특정 경문(금강반야바라밀경, 묘법연화경)을 소지하고 읽고 외우며 널리 교화하는 일과 ②특정 다라니 혹은 주문(보편광명청정치성여의보인심무능승대명왕대수구다라니경, 불설무량공덕다라니경)을 소지하고 외우는 일과 ③모든 번뇌의 근원인 탐진치(貪瞋痴)를 없애는 수행에 매진하는 일과 ④대승법(大乘法)을 닦는 일이다. 그리고「대승유가금강성해만수실리천비천발대교왕경」에서는 '사자용맹뢰음보살마하살'이 부처님께 "후세 말법 시기에는 무엇에 의지하여 행하고 무엇을 닦아 익혀야 합니까?"라고 질문했을 때

부처님은 '만수실리보살'의 법교(法敎)와 행원(行願)을 배워 실천하는 것이 곧 여래의 금강무루지심(金剛無漏之心)을 한량없이 닦아 간직하는 것이 되므로 불지(佛地)와 모든 부처님의 법신(法身)에 초월해 들어갈 수 있다고 했다. 이 '만수실리보살'의 법교(法敎)와 행원(行願)에 대해서는 별도로 연구가 필요하다.

### ⑦果報(과보)

경문을 지녀 읽고, 외우고, 그 내용을 실천하며, 타인을 위해서 강설하는 사람이 받는, 마땅한 이득 곧 복(福)을 두고 '功德(공덕)'이라는 말을 써왔는데 돌연, '果報'라는 단어가 본문에서 쓰였다. 경문이 가져다주는 복과 덕을 공덕이라고 한다면 경문을 통해서 사람이 노력하여 마땅히 그 대가로 받게 되는 복덕을 '果報' 또는 '應報'라고 할 수 있다. 사실상, 이 셋이 같은 의미의 말이지만 행위의 결과를 강조하면 '과보'가 되고, 행위의 마땅함을 강조하면 '응보'가 된다고 본다.

# 17
## 궁극적으로 '나는 없다'

①受記(수기)

'受記'란, 글자 그대로 해석하자면, 문장으로써 기록해서 주는 증서나 문서 따위를 주고받는 행위가 될 터인데, 경전에서는 증서나 문서가 아니며, 부처님이 대중 앞에서 특정인에 대해서 공개적으로 하는, 권위가 실린 말이다. 그것도, 특정인에게만 선택적으로 주는 말인데 당사자가 언제 어떤 곳에서 어떤 능력을 지닌 부처가 되어 얼마 동안 역할을 한다는 예언적인 성격의 약속과도 같은 증언(證言)이다.

열 사람이 받은 수기 내용을 분석해보면, 공통으로 언급된 요소들이 있는데, 그것은 각기 다른 ①성불(成佛) 조건[성불하게 되는 이유와 배경 등], ②성불했을 때에 주어지는 그 부처님의 이름[名號], ③부처님의 수명(壽命), ④겁과 나라의 이름, ⑤그 나라의 국토 상태, ⑥그 나라의 국민 성향과 신분, ⑦그 부처님이 멸도하신 후 정법(正法)과 상법(像法)이 머무는 기간[壽命], ⑧부처님이 주로 하시는 일[役割] 등이다.

그렇다면, 실질적인 수기란, 현재의 부처님이 아주 먼 미래에 부처가 될 사람[제자들 가운데 일부]에게 그의 성불하기 위한 수행 조건과 부처가 되었을 때의 그의 능력과 역할, 그리고 그가 임재하게 될 불국토[佛國土:불교적 이상이 담긴 가상 세계] 등에 대해서 미리 공개적으로 알려주는, 아니, 단순히 알려준다기보다는 부처님의 권위로써 약속하고 보증해주는 성격의 말이다. 그런데 보다시피, 부처가 되기 위한 전제조건부터 부처가 되어 임재하게 되는 불국토의 수명 등에 이르기까지 하나에서 열까지 모든 요소가 과장되어 있고, 비현실적이며, 상상 속에서나 존재 가능한 이상세계로서의 꿈이고, 허구이고, 말일 뿐이라는 생각이 든다.

다시 그렇다면, 왜 부처님과 제자들 사이에 이런 '수기'라는 형식이 있었을까? 아니, 필요했었을까? 여기에는 여러 가지 생각과 믿음들이 작용했으리라 판단된다. 우선, 부처님 시각에서 생각해보자.

사람은 사는 동안 얼마든지 변화·발전하여 거듭날 수 있으며, 또 죽어서 환생(還生)하여 업보가 끊이지 않고 되풀이되기 때문에, '이치' 혹은 '진리'를 깨달아 부처가 됨으로써 '신통력'을 갖고 업보에 매이지 않고 번뇌 없이 청정하게 살고자 하는 욕구[꿈, 바람, 목표]가 크다는 현실 인식이 전제되었을 것이다. 그래서 부처님은 불법 수행 정진하는 제자들에게 미래지향적인 꿈과 희망을 심어줌으로써 그들에게 목표의식을 분명히 갖게 하고, 또한 경쟁의식과 의욕을 더 크게 갖게 하고 싶었는지도 모를 일이다.

만일, 이러한 현실적인 부처님의 계산이 전제되지 않고 경전 집필자에 의해서 일방적으로 꾸며진 이야기라 한다면, 부처님의 제자들도 얼마든지 부처가 될 수 있다는 가능성을 열어두고, 그런 기구를 가짐으로써 불법 수행에 생명력을 부여하고자 하는 의도가 깔려있을 수도 있다고 볼 수 있다. 만약, 이것도 아니라면, 부처님을 신(神)으로 격상시키고, 그의 제자들을 신격(神格)으로 격상시켜 놓으려는 꼼수에 지나지 않는다.

### ②無我法(무아법)

'無我'를 글자 그대로 해석하면 '내가 없음'을 말한다. 느끼고 말하고 행동하는 주체인 내게 내가 없다는 뜻이기도 하고, 어떤 대상 속에도 그 대상의 '나' 곧 불생(不生)·불멸(不滅)하여 변하지 않는 영원한 본질이 없다는 뜻으로도 사용된다. 그래서 사람도 무아이지만 법(法)도 무아라고 주장한다. 이를 인무아(人無我)·법무아(法無我)라고 각각 부른다.

분명, 느끼고 말하고 행동하는 주체인 내가 엄연히 있는데 그 속에 내가 없다니 말이 되는가? 하지만 불교 경문에서는 한사코 내가 없다고 주장한다. 감각기관과 뇌를 갖고 느끼고 사유하며 행동하는 주체로서 내가 있지만, 그것은 변하여 영원하지 않으며, 끝내 죽어 없어지는 무상(無常)한 것이라면서 그것을 '나'라고 인정하지 않기 때문이다. 그러면서 그런 나를 무시하거나 없는 것처럼 살아가라고 한사코 요구한다. 그 길만이 번뇌와 윤회의 사슬에서 해방될 수 있다고 믿기 때문이다. 시작부터 잘못되었다. 물론, 불생(不生)·불변(不變)·불멸(不滅)하여 영원한, 그들이 내세우는 '허공(虛空)'과 같은 존재 앞에서 나는 그림자 같고 물거품 같으며 허깨비 같기는 하다. 그렇다고 그런 내가 없는 것은 아니지 않은가.

번뇌와 윤회의 사슬에 갇혀 수고로움과 고통이 이어지는 것을 끊어 없애기 위해서 그 방법을 설명하신 부처님의 말씀도 방편이지 본질이 아니라는 이유에서 말씀도 말씀이 아니라고 한다. 소위, '법무아(法無我)'를 말한다. 그러하니 인간의 사유 기능으로 지어 갖는 모든 생각도 관념도 무상(無常)하고 무아(無我)라고 주장하는 것이다.

이런 시각과 믿음을 '무상법(無上法)'이라 하는 것이고, 모든 존재가 무상하고 무아임을 관찰하고, 사유하며, 믿어 받아들이고, 증득 성취하고자 하는 노력이 '무아행(無我行)'이다. 이처럼 인생(人生)은 고(苦)·무상(無常)·무아(無我)임을 의심의 여지 없이 믿고 받아들이면 오늘날의

'영혼'의 개념인 '식신(識神)'이 '무생(無生)'을 간절히 원하여, 다시 말해, 무생법인(無生法忍)을 얻음으로써 더는 환생하지 않는다는, 일련의 입증되지 아니한, 논리 아닌 주장이 '무아관(無我觀)'이다.

따라서 '無我法'이란 것은, 人無我와 法無我를 포함하며, 사람에 대해서는 "몸이 물거품과 같음을 보아야 하고, 응당 색이 파초(芭蕉)와 같음을 보아야 하고, 응당 느낌[受]이 물 위의 거품과 같음을 보아야 하고, 응당 생각[想]이 뜨거운 화염과 같음을 보아야 하고, 응당 지어감[行]이 공중의 구름과 같음을 보아야 하고, 응당 의식[識]이 거울 속의 모습과 같음을 보아야 한다[대방등대집경보살염불삼매분 정관품(正觀品)]."라고 말하고, 법에 대해서는 "모든 법은 공(空)이고, 무상(無相)이고, 무원(無願)임을 깨달아야 하며, 모든 법은 무아(無我)이고 무중생(無衆生)이고, 무명(無命)이고, 무부가라(無富伽羅)임을 깨달아야 한다[관찰제법행경 제2권 선세근상응품(先世勤相應品)]"라고 말한다.

# 18
## 모든 것을 하나로 보라

### ①肉眼·天眼·法眼·慧眼·佛眼(육안·천안·혜안·법안·불안)

肉眼·天眼·法眼·慧眼·佛眼 등을 '오안(五眼)'이라고 하면서(대반야바라밀다경·현겁경·결정장론·광찬경 외 많음) 너무 많은 경문에서 언급하여 이를 정리하기조차 쉽지 않은 상황이다. 게다가, 경문을 집필했거나 주석을 단 사람들이 이에 대해 이해한 정도에 따라서 제각각 설명하기에 더욱 혼란스럽기까지 하다.

그 예를 들어 보이겠다. 대승대집지장십륜경(大乘大集地藏十輪經) 주석에서는 모든 존재[法]의 사리(事理)를 관조하는 다섯 가지 눈을 뜻한다며, ①색(色:객관세계)의 조잡한 모습을 보는 육안(肉眼), ②색의 인과(因果)의 미세한 모양을 보는 천안(天眼), ③물심(物心)의 조잡한 모양[相]이나 미세한 모양, 그리고 공[空]의 도리를 보는 혜안(慧眼), ④물심의 인과의 조잡한 모양과 미세한 모양은 물론 거짓된 모든 존재를 보는 법안(法眼), ⑤앞의 네 가지를 포함하며 동시에 중도(中道)와 불성(佛成)의 도리까지 보는, 부처의 눈인 불안(佛眼)으로 분류·설명하였다.

그런가 하면, 대승수행보살행문제경요집(大乘修行菩薩行門諸經要集)에서는 ①우리 중생들의 육신이 가지고 있는 육안(肉眼), ②색계(色界)의 사람이 가진 눈으로 멀고 가까움, 안과 밖, 낮과 밤을 가리지 않고 볼 수 있는 천안(天眼), ③2승(乘)의 사람의 눈으로 연기의 실상(實相)을 보는 지혜의 눈인 혜안(慧眼), ④보살의 눈으로 중생을 제도하기 위한 일체의 법문을 비춰 보는 지혜의 눈인 법안(法眼), ⑤부처님의 눈으로 일체를 알며 일체를 비춰 보는 눈인 불안(佛眼)으로 분류·설명하였다.

또, 그런가 하면, 대방광불화엄경(大方廣佛華嚴經)에서는 부처가 아닌 보살마하살에게 다섯 가지가 아닌 열 가지 눈이 있다며 ①일체의 빛깔을 보는 육안(肉眼) ②일체중생이 여기서 죽어 저기서 나는 것을 보는 천안(天眼) ③일체중생의 온갖 근성을 보는 혜안(慧眼) ④모든 법의 실상(實相)을 보는 법안(法眼) ⑤여래의 십력(十力)을 보는 불안(佛眼) ⑥ 모든 법을 분별하는 지안(智眼) ⑦모든 부처의 광명을 보는 명안(明眼) ⑧생사를 벗어나 열반을 보는 눈 ⑨모든 법을 걸림없이 보는 걸림없는 눈 ⑩평등한 법문에서 법계를 보는 보안(普眼) 등을 말하고 있다.

이쯤 되면, 더는 언급할 필요가 없다고 보는데 하나만 더 소개하고자 한다. 대방광십륜경(大方廣十輪經) 주석에 따르면, ①일반적으로 보통 사람들이 지니는 육안(肉眼), ②업을 지은 중생의 다음 생의 온갖 상태를 환히 꿰뚫어 보는 명철한 천안(天眼), ③세상 모든 것은 자성이 비었다고 하는 공(空)의 도리를 보는 혜안(慧眼), ④ 모든 진리를 환히 꿰뚫어 보는 법안(法眼), ⑤앞의 네 가지 눈을 갖추었으되 그보다 더 완전한 부처의 눈인 불안(佛眼) 등으로 분류·설명하기도 한다.

이들 오안(五眼)에 대하여 무어라고 의미를 부여하든 육안(肉眼)만 일정한 구조를 갖춘 신체의 시각기관으로 확인할 수 있고, 나머지는 시각기관이 아니라 뇌에서 이루어지는 사유 능력이라고 말해야 옳다. 그것도 객관적인 신뢰도 문제가 있지만 말이다. 따라서 육안만 구체적인 형상을 갖추고, 나머지는 형상도 없으나 관념으로만 존재하는 추상적인 눈이다. 그래서 다 '상(相)'인 것이다.

# 19

## 번뇌와 윤회·환생을 끊기 위한 부처님 가르침의 말씀을 믿고 따르는 종단에 두루 통하게 해서 교화하다

### ①法界通和(법계통화)

'通化'라는 단어는 불경 가운데 논(論)에서만 쓰였다. 그것도 신화엄경론(新華嚴經論)에서만 쓰였다. 서로 소통하여 영향을 주고받는, 그래서 서로가 교화(敎化)됨을 말한다. 그러나 '法界'라는 단어는 경문에 너무나 많이 쓰여 그 의미를 정리하기도 쉽지 않다. 역시 제각각 이해한 범위 내에서 사용하기 때문이다.

필자는 이렇게 정리하고 싶다. 곧, '法界'라고 하는 것은 '법의 영역'이고 '법의 세계'이다. 그런데 '法'이란 것이 세 가지 의미로 쓰이기에 이를 분별해야 하는데 먼저 그 세 가지를 밝히자면 이러하다.

첫째는, '안(眼)·이(耳)·비(鼻)·설(舌)·신(身)·의(意)'라고 하는 육근(六根)에서 '색(色)·성(聲)·향(香)·미(味)·촉(觸)·법(法)'이라고 하는 육진(六塵)이 나오는데 이 '의(意)'에서 나오는 '법(法)'의 세계로서의 영역을 말한다. 이때 법은 생각 곧 사유영역이다.

둘째는, 번뇌와 윤회·환생의 덫에서 벗어나는 길을 설명한 부처님 가르침의 말씀 곧 불법(佛法)으로서의 영역이다.

그리고 셋째는, 생멸(生滅)이 없고, 부동(不動)·불변(不變)의 영원한 실체로서 유무(有無)·위무위(爲無爲)를 초월한 진리의 세계이다. 이 법을 진여(眞如)·법신(法身)·일체지(一切智) 등으로 말하기도 한다.

따라서 소제목에서 말하는 '법계(法界)'란 첫째와 둘째 법계를 포함하는, 이른바 현상계(現象界)를 뜻하는 것으로 이해된다. 좁혀서 말하자면, 부처의 가르침을 믿고 따르는 '종단'이라는 말로 바꿀 수 있다고 본다.

그런데 복덕이 없기에 복덕을 많이 얻는다고 말했다는 내용을 놓고, 이 경의 양무제의 장자, 소통은 생뚱맞게 '法界通化'라는 소제목을 붙여 놓았다. 그 이유가 언뜻 이해되지 않는다. 추측하건대, 현상계에서 존재하는 것은, 바꿔 말해, 현상계에서 쓰는 언어(言語)라는 것은 그 이름만 있을 뿐이지 실체가 없다는 뜻에서, 바꿔 말해, 실상(實相)이 아니라는 이유에서 이런 화법을 되풀이하여 쓰는 것이 아닌가 싶다.

결과적으로, 강조하기 위해서 반복하고, 그것이 지나쳐서 중언부언을 무릅쓰고, 그 순서가 뒤바뀌어서 횡설수설하는 것 같기도 한, 이 금강경의 짜임새와 문장은 세 번째 법을 드러내 놓는 방편으로 쓰인 것 같다는 판단이 든다. 어쩌면, 이 난삽한 금강경이 있고 나서 정제된 반야바라밀다심경(般若波羅蜜多心經)이 나오지 않았을까 싶다.

# 20

## 부처는 색깔과 모양을 다 갖춘 몸과 부여된 의미를 다 갖춘 추상적인 모양새를 다 떠나 있다

**①具足色身(색깔과 모양을 다 갖춘 몸)**

'具足色身'을 글자 그대로 번역하면 '색깔을 다 갖춘 몸'이 된다. 여기서 색깔이란 눈으로 확인할 수 있는 색이면서 몸의 겉모습 곧 외형(外形)을 의미한다. 따라서 '색깔과 모양을 다 갖춘 몸[형상]'으로 번역하였다. 그러나 '色'이라는 글자가 지니는 함의(含意)를 살펴볼 필요가 있다.

불교 경전에서 '空'만큼이나 많이 사용된 '色'이라는 키워드는 어떤 의미로 사용되었을까? 이 色과 관련하여 만들어진 용어도 여러 가지가 있다. 예컨대, ①오온(五蘊:色·受·想·行·識) 가운데 하나로서 色, ②삼계(三界:欲界·色界·無色界) 가운데 하나로서 色界, ③색신(色身), ④색법(色法), ⑤색음(色陰) ⑥색즉시공(色卽是空)·공즉시색(空卽是色)에서의 空과 같은 色, ⑦오진(五塵:色·聲·香·味·觸) 가운데 하나로서 色, ⑧색행(色行) 등이 그것이다.

과연, '色'이란 무엇일까? 기본적으로는 '눈[眼]'이라고 하는 감각기관과 신경과 뇌가 유기적으로 작용함으로써 지각되는, 시각적 자극(刺戟)에 대한 해석이다. 다시 말해, 어떤 물체에 빛이 투사되었을 때 그 빛의 파장에 따라서 그 물체에 나타나게 되는 빛깔이라는 뜻이다. 하지만 이것이 전부가 아니다. 불경에서는 안(眼)·이(耳)·비(鼻)·설(舌)·신

(身=皮膚) 등 다섯 감각기관을 '오근(五根)'이라는 말로 표현했고, 이들 다섯 감각기관이 지각하는 색깔·소리·향기·맛깔·감촉 등을 색(色)·성(聲)·향(香)·미(味)·촉(觸)이라 하여 '오진(五塵)'이라는 말로써 표현하였다. 이 오근(五根)과 오진(五塵)에서 말하는 색이란 말 그대로 색깔이라는 단순한 의미에 형상(形狀)이 전제되지만, 삼계(三界)에서의 색계(色界)는 조금 다르다. 중생이 윤회하는 세계를 세 영역으로 구획하여 욕계와 무색계 사이에 색계가 있다고 하는데 이때 색계는 색깔과 형상이 있고 없음에 의해서 무색계와 구분되지만, 욕계와의 관계에서는 욕(欲)의 유무(有無) 그 내용(內容)에 의해서 결정되기 때문이다. 이 문제는 삼계를 설명하는 자리에서 구체적인 언급이 되어야기에 여기서 더는 언급하지 않겠다.

여하튼, 경문에서는 '근(根)'에서 '진(塵)'이 지각되는 것을 다른 말로 '식(識)'이라고 했고, 오근(五根)에 '의(意)'를 합쳐서 '육식(六識)'이라고 했고, 오진에 '법(法)'을 합쳐서 육진(六塵)이라 했다.

色은 六識 가운데 안식(眼識)과 연계되어 말해지는 것이기 때문에 주로 오근(五根)·오진(五塵)과 관련하여서 항시 먼저 설명되는 키워드였다. 간단히 말해서, 오근과 오진은 티끌 같고, 무상(無常)하여서 무성(無性)·가성(假性)·실성(實性)이고(개각자성반야바라밀다경, 잡아함경), 지수화풍(地水火風) 4대에 의지하여 존재하며(결정장론, 중아함경, 대방광오온론), 사람이 나방이라면 색은 불빛이라며(경률이상), 괴로움의 가장 큰 빌미가 되고(불설오온개공경, 결정장론), 그 바탕이 공(空)하다고(고승전, 대명도경, 반야바라밀다심경 등) 설명하기 위해서 언제나 색을 가지고 먼저 설명했다는 뜻이다.

물론, 색의 바탕에 관해 이런 주장을 하기까지에는 인간 몸에 대한 부정관(不淨觀)이 전제되어 있다. 곧, 몸은 더러운 것이며 무상(無常)한 것이어서 내 것도 아니기에 그 기능과 욕구 등에 관해서 집착하지 말아야 한다는 것이다. 아니, 집착하지 말아야 하는 게 아니라 아예 버려야 한다고까지 강조했다. 이런 배경에서 보면, 인간의 몸이 번뇌의 온상이기에 그 몸 가운데 있는 오근에 의해서 발생하는 오진이야말로 번뇌를 자라게 하는 핵심 인자가 되는 것이다. 그래서 이 오근과 오진에 집착해서는 안 된다고 시종일관 주장하지만, 사실은 문제가 없지 않다. 곧, 인체에 오근과 오진이 없다면 어떻게 되겠으며, 부처님의 뛰어난 관찰 능력도 다 이 오근과 오진에서 나왔다는 사실을 전제한다면 그릇된 주장이다.

그런데 몸과 그 몸속 오근이 무상하듯이 몸의 기능인 오진·오온도 다 무상하여 티끌 같은 것이라는 전제 아래 안식(眼識)과 관련된 色을 먼저 얘기하다 보니 색이 곧 오온(五蘊)과 오근(五根)을 제유(提喩)하는 것이 되었고, 동시에 형상이 있는 몸을 말할 때도, 나아가 물질로 된 일체의 것을 말할 때도 이 色이라는 글자가 쓰이게 되었다. 그래서 色이 곧 안식(眼識)이기도 하지만 동시에 몸이고, 물질(物質)이 되어버린 것이다. 이해하기 쉽게 말해서, 「반야바라밀다심경(般若波羅蜜多心經)」에서 '색즉시공(色卽是空) 공즉시색(空卽是色)'이라 했을 때 色은 오온(五蘊) 가운데 하나인 색이며, 이때 색은 색깔과 형태를 띠는 모든 물질(物質)을 뜻하는, 넓은 의미로 사용되었다.

그러나 경문에서는 色·受·想·行·識을 '오온(五蘊)', '오음(五陰)', '오중(五衆)'이라 하여 욕(欲)과 번뇌(煩惱)를 일으키는 인자(因子)로 인식했으며, 그 바탕이 공(空)하고 환(幻)과 같다고 했다(대방광불화엄경80권본, 어제연화심륜회문게송). 이 오온을 「반야바라밀다심경」에서는 '다섯 가지 쌓임'이라고 직역(直譯)했는데 어딘가 모르게 부자연스러운 면이 있다. 물론, 「어제연화심륜회문게송」에서도 이 '온(蘊)' 자를 '쌓고 모은다'라는 뜻으로 풀이해 놓았다. 그래서 이 다섯 가지 요소가 결합하여 육신(신체·身田 등으로도 표현되었음)이 되었다고 설명한다(근본설일체유부비나야). 그러나 엄밀히 따지면 색을 물질이라고 할 때 수상행식(受想行識) 네 가지는 그 물질로 이루어진 몸의 기능(機能)이라는 사실을 간과해서는 안 된다. 더욱이 몸도 단순한 물질의 쌓임이 아니고 복잡한 유기적 구조를 전제로 그 안에서 일어나는 생화학적 물질 변화를 통해서 신비한 생명현상이 작동된다.

여하튼, 경문에서는 '色'이라는 키워드를 기본적으로 눈[目]의 안식(眼識)과 연계시켜 '색깔'이라는 뜻으로도 사용되었고, 동시에 다른 감각기관을 포함한 몸 그 자체를 제유하는 의미로도 사용되었으며, 나아가 물질로 이루어진 대상 일체를 뜻하는 의미로도 확대 사용되었다는 사실만은 분명해 보인다. 따라서 경문을 읽을 때는 이를 잘 분별해야만 한다.

### ②具足諸相(부여된 의미를 다 갖춘 추상적 모양새)

'具足諸相'을 글자 그대로 해석하면 '생각으로 생성되는 이미지를 다 갖춘 모양새'가 된다. 왜냐하면, 이 '相'에는 단순히 외형적인 모양[像]만을 의미하지는 않는다. 내면적으로 부여된 의미 곧 관념(觀念)의 이미지까지를 포함한다. 추상적 모양까지도 포함된다는 뜻이다. 간단히 말해, 相은 想+像으로 관념을 포함하기 때문이다. 이해하기 쉽게 말해, 肉眼은 생김새이지만 法眼·天眼·慧眼 등은 관념으로써 존재하는 추상적 모양새라는 뜻이다. 따라서 '具足諸相'을 '부여된 의미를 다 갖춘 추상적 모양새'라고 번역했다.

# 23

## 깨끗한 마음으로 좋은 일을 실천하다

### ①淨心(깨끗한 마음)

불교 경문에서는 正(정)·善(선)·淨(정)이라는 세 글자를 참 좋아한다. 이 금강경의 「淨心行善分第二十三」에서는 이 셋 가운데 '淨'과 '善'이 쓰였다. 소제목에서 '淨心'과 '行善'이, 그리고 본문에서 '善法'이라는 용어로 각각 쓰였다.

'淨心'이란 단어의 뜻은 말 그대로 '깨끗한 마음'이다. 무엇이 깨끗한 마음인지에 관해서는 적극적으로 설명하지 않는다. 그래서 가능한 한 많은 경문을 읽으며 어떤 의미로 쓰였는지를 분석해내야 한다. 하지만 이런 작업이 하루아침에 이루어지는 것이 아니어서 어려운 일 가운데 하나이다.

'淨心(정심)'은 분명히 여래의 이름(대방광불화엄경)이기도 하고, 천자의 이름(대보적경·부자합집경)이기도 하며, 보살의 이름(무량수경우바제사원생게)이기도 하다. 그런가 하면, '정심(淨心) 보살지(무량수경우바제사원생게)', '정심(淨心) 자리(대승보살장정법경)', '정심지(淨心地)'라는 용어(금강반야론·대승기신론·대승장엄경론·대장일람집) 등으로도 쓰인다.

막연히 '깨끗한 마음'이란 의미로 제일 많이 쓰인 경(經)이 바로 『보

살선계경(菩薩善戒經)』이다. 이 보살선계경에 따르면, 보살이 보살의
보리를 닦고 배우는 데에 갖추어야 할 열 가지(支·翼·淨心·行·有·因·
器·地·方便·住) 가운데 하나가 바로 정심이라고 했고, 열 가지 정심의
종류까지 나열하기도 했다. 이 열 가지를 소개하자면 이러하다.

첫째는 마음이 청정하여 공경하여 모든 스승·화상·기구(耆舊)·숙덕(宿德)을 받들어 섬기
되 속이지 않는 것이고, 둘째는 마음이 청정하여 동법(同法)의 보살을 보고 먼저 부드럽게 말
하는 것이며, 셋째는 마음이 청정하여 모든 번뇌의 마업(魔業)을 이기는 것이고, 넷째는 마음
이 청정하여 모든 행(行)에 온갖 허물이 많음을 보는 것이며, 다섯째는 마음이 청정하여 열반
의 공덕을 보는 것이고, 여섯째는 마음이 청정하여 보리를 돕는 모든 법을 수행하는 것이며,
일곱째는 마음이 청정하여 보리를 돕는 적정(寂靜)을 닦는 것이고, 여덟째는 마음이 청정하
여 세간법의 오염을 받지 않는 것이며, 아홉째는 마음이 청정하여 성문승을 떠나서 즐거이 대
승을 생각하는 것이고, 열째는 마음이 청정하여 언제나 모든 중생을 이익되게 하기를 생각하
는 것이다.

결과적으로 보면, 청정한 마음이 곧 淨心임을 말하고 있다. 깨끗한 마
음이나 청정한 마음이나 그것이 그것인데 이처럼 淨心의 본질을 설명
하지 않는다. 그래서 이와 유사한 의미의 '청정심(清淨心)'이란 단어도
곧잘 쓰이고 있다(대비로자나성불신변가지경·보살선계경·보운경·해심
밀경유가사지론 등).

이쯤 되면, 불교 경문이 얼마나 현학적인가를 짐작할 수 있으리라 본
다. 필자의 시각에서 이 '淨心'을 해석하면, 탐진치(貪瞋痴)가 사라져 없
는 상태라고 간단히 줄여 말할 수 있을 것 같고, 현실적으로는 상대적
우월성을 확보하려는 욕구가 사라진 상태에서 타자를 위해서 조건 없

이 자기를 희생할 수 있는 마음이다.

### ②善法(선법)·行善(선행)

淨(정) 외에 正(정)과 善(선)도 경문에서 많이 쓰이는데 그 실례를 들어보겠다. 부처님이 도를 깨우친 후 녹야원에서 다섯 명의 수행자들에게 설법한 중도(中道)로서 팔정도(八正道)가 있다. 곧, ①정견(正見:바른 견해) ②정사유(正思惟:바른 생각) ③정어(正語:바른 말) ④정업(正業:바른 직업) ⑤정명(正命:바른 행위) ⑥정정진(正精進:바른 노력) ⑦정념(正念:바른 기억) ⑧정정(正定:바른 명상) 등이 그것인데, '바른'이라는 의미의 '正'자를 중요하게 썼으나 역시 그 의미를 분명하게 밝히지는 않았다. 물론, 이들 외에도 正法(정법)·正智慧(정지혜)·正行(정행)·正心(정심) 등의 용어로도 쓰였다.

'착한'의 의미를 지닌 '善(선)' 자도 즐겨 사용했는데, '칠선법(七善法)'을 예로 들 수 있다. 이 칠선법은, 「성유경(城喩經)」에 나오는데, 마왕이 틈을 노릴 대상이 되지 않고, 또 악하고 착하지 않은 법을 따르지 않으며, 더러움에 물들지도 않고, 다시는 뒤 세상의 생명을 받지 않게 되기 위해서 일곱 가지 착한 법인 칠선법(七善法)을 실천해야 한다고 주장했다. 그 내용인즉 이러하다.

①견고한 믿음을 얻어 여래에게 깊이 의지하며, 믿음의 뿌리가 이미 확립되어 끝내 다른 사문(沙門) 범지(梵志) 혹은 천(天)이나 마군[魔]이나 범(梵)이나 다른 세간을 따르지 않는다. → 부처님에 대한 믿음 강조

②항상 스스로 부끄러워할 줄 알아, 악하고 착하지 않은 법은 더러운 번뇌로서 그것은 모든 악한 과보를 받고 생사의 근본을 만드는 것이므로 스스로 부끄러워해야 할 것인 줄 안다. → 자치심(自恥心)

③항상 남에게 부끄러워할 줄 알아 악하고 착하지 않은 법은 더러운 번뇌로서 그것은 모든 악한 과보를 받고 생사의 근본을 만드는 것이므로 남에게 부끄러워해야 할 것인 줄 안다. → 타치심(他恥心)

④항상 정진(精進)을 실천하여 악하고 착하지 않은 법을 끊고 모든 선법(善法)을 닦으며, 항상 스스로 뜻을 일으켜 전일(專一)하고 견고하게 하여 모든 선의 근본을 위해서 방편을 버리지 않는다. → 선(善)을 향한 정진(精進)

⑤모든 법*을 널리 배우고 많이 들어 익히기를 천 번에까지 이르고, 마음이 생각하고 관(觀)하는 바대로 밝게 보고 깊게 사무친다. 널리 배우고 많이 들은 것을 받아 지녀 잊지 않으며 쌓고 모으며 널리 듣는다. → 수습(修習)·기억(記憶)·불망(不忘) *법(法)이란 처음도 좋고 중간도 좋고 마지막도 또한 좋으며, 이치도 있고 문채도 있으며 청정함을 구족하여 범행을 나타내는 것임.

⑥항상 기억[念]을 행하되 바른 생각[正念]을 성취하고, 오래 전부터 익혀온 바와 오래 전부터 들은 바를 항상 기억[憶]하여 잊지 않는다. → 정사(正思)·정념(正念)·불망(不忘)·실천(實踐)

⑦지혜를 닦고 행하여 흥하고 쇠하는 법을 관하고, 이와 같은 지혜를 얻어서는 거룩한 지혜로 밝게 통달하여 분별하고 밝게 깨달아 그로써 진정 괴로움을 없앤다. → 지혜(智慧)·해탈(解脫)

이 외에도 善根(선근)·善法(선법)·善行(선행)·善惡(선악) 등의 용어로도 많이 쓰였다.

위 인용문에서 보듯이 '악하고 착하지 않은'이라는 말이 선(善)의 반대말로 사용되고 있음을 어렵지 않게 눈치챌 수 있다. 한편, 『중아함경』 속에 「선법경(善法經)」이 포함되어 있는데, 이 경에서는 수행자가 일곱 가지 법을 성취하면 '성현(聖賢)의 도'에 환희를 얻어서 '누진(漏盡)의 경지'에 나아가게 된다고 하면서, 그 일곱 가지를 언급했는데 ①

지법(知法) ②지의(知義) ③지시(知時) ④지절(知節) ⑤지기(知己) ⑥지중(知衆) ⑦지인승(知人勝) 등이 그것이다. 그러니까, 부처님이 생각하는 '법(法)'이란 것도 바르고[正] 착해야[善] 한다는 것으로써 정법(正法)이니 선법(善法)이니 하는 말을 만들어 쓴 것으로 보면, 도(道)나 법(法)의 성격·양태·본질 등을 '正'과 '善'으로 파악했음을 알 수 있다.

그러나 그 바르고 착하다는 것이 구체적으로 무엇인지는 명료하게 설명하지 않고 있다. 부처님은 논설(論說)하는 철학자가 아니고 실천하는 사람이었기 때문으로 보이지만 사람들이 일반적으로 생각하고 있는 '正'이고 '善'일 것이라는 점만은 분명해 보인다. '善'의 반대말로서 '惡'과 '착하지 않음[不善]'이라는 말이 쓰이는 것으로 보면 말이다.

'善'이 무엇인지에 대해서는 단서가 전혀 없지는 않다. 선의 반대말로 '不善'이란 말을 쓰고 있고, 그에 대한 개념이 언급된 경이 분명히 존재하기 때문이다. 곧, 「대구치라경(大拘絺羅經)」에서 보면, 존자 대구치라(大拘絺羅)가 존자 사리자(舍梨子)에게 설명한 내용으로, '不善'과 '不善根'을 구분하였는데, 그의 '不善'이라 함은, 인간의 몸과 입과 뜻이 짓는 악행 일체이며, 그의 '不善根'이란 번뇌의 근원인 탐(貪)·진(嗔)·치(痴)를 일컫는다고 하였다.

그리고 보면, 우리는 여기서 한 가지 사실을 확인할 수 있다. 그것은 선하지 아니한 것은 不善이고, 그 불선은 곧 惡이며, 그 악은 인간의 몸과 마음에서 비롯되는 것으로, 몸은 행위로 나타내고, 입은 말로써 나타내고, 마음은 의도나 뜻인 욕구로써 나타내는데, 그는 부처님의 가르침대로 신(身)·구(口)·의(意)라고 구분하였을 뿐이다. 그리고 삼독(三毒)을 악의 뿌리 곧 근원으로 본 데에는 그것이 모든 번뇌를 일으키는 인자(因子)로 보았기 때문일 것이다.

그렇다면, 正에 대한 단서는 없는가? 그 반대말은 不正이 되지만 이 부정에 해당하는 속성으로 여러 가지가 경전 곳곳에서 산발적으로 언급될 뿐이다. 예컨대, 부정(不淨)·오탁(汚濁)·악(惡)·암(暗) 등이 그것이다. 다시 그렇다면, 우리는 유추해 볼 수가 있다. '正'[이란 밝고[明], 깨끗하며[淨], 착하며[善], 악하지 않은 것으로서 지혜로운 속성을 가진다는 것으로 해석할 수 있다. 그래서 그 결과는 항시 자타의 생명에게 피해를 안기지 아니하며, 자비심으로 널리 베푸는 삶의 양태로 나타난다는 것이다.

참고로, '七善法'이란 경전의 내용[法]을 알고, 사람의 말뜻[義]을 알며, 자기 수준에 맞추어 수행 덕목을 결정하는 때[時]를 알고, 욕구를 통제·절제[節]할 줄 알며, 자기 자신의 위상[己]을 알고, 무리의 속성[衆]을 분별할 줄 알며, 수행자들의 수행 정도와 진실[人勝]을 아는 것이다.

여기서 말하는 '法'이란 정경(正經)·가영(歌詠)·기설(記說)·게타(偈)·인연(因緣)·찬록(撰錄)·본기(本起)·차설(此說)·생처(生處)·광해(廣解)·미증유법(未曾有法)·설의(說義) 등을 뜻하고, '뜻'이란 말[言語]의 의미를 뜻하며, 때란 하상(下相)·고상(高相)·사상(捨相) 등을 닦을 시기이며, 절제란 온갖 욕구의 통제를 뜻하며, 자기라는 것은 수행 과정상의 자기 실상과 현 위치이며, 무리란 찰리(刹利)·범지(梵志)·거사(居士)·사문(沙門) 등 사람 됨됨이나 수행상의 신분이며, 사람의 잘나고 못남이란 사람의 장단점이 아니라 수행자의 수행 정도와 진실을 가늠하게 하는 요소들로 믿음·교류·존숭·경전에 대한 탐구욕·가르침 실천·홍익 등의 유무(有無)이다. 이 칠선법은 수행자들이 속한 조직이나 단체사회에서 스스로 닦아야 할 덕목으로 말해진 것이지만 이것을 착한 法인 善法으로 그 의미를 부여하였다.

# 25

## 교화했어도 교화됨 없다

### ①凡夫(속인)

'凡夫'라는 단어는 불교 경문에서는 많이 쓰이나 우리 사회에서는 거의 쓰지 않는 말이다. 경문에서는 부처의 가르침에 따른 수행과 거리를 두고 살아가는 사람으로 대개는 어리석고, 부처의 가르침에 관심이 없으며, 나와 내 것에 집착하는 사람들을 일컫는다. 그래서 필자는 상대적 개념으로 편하게 '속인(俗人)'이라고 번역하였다. 물론, 경문에서 이 단어의 쓰임새를 추적·분석해보면 범어 'Pudgala'를 의역하여 '유정범부(有情凡夫)'라고 하고, 지옥 아귀 축생 인간 아수라 등 다섯 곳으로 윤회 환생을 거듭하기에 '삭취취(數取趣)' 또는 이를 음차해서 '보특가라(補特伽羅)'라고 쓰이기도 했다(유가사지론). 『잡아함경』에 따르면, 어리석고 무식한 범부는 삼악도에 떨어진다고 한다. 그리고 수행자 가운데에도 범부가 있다고 말하는 것을 보거나(수행도지경·선견율비바사) 범부가 성현이나 보살이 되기도 하는 것을 보면(잡아함경) 그저 상대적 개념으로 현재의 관심 지혜 노력의 정도에 따른 위계를 말하는 것이고 동시에 신분을 지칭하는 말로 쓰였다고 볼 수 있다.

### ②教化(교화)

'教化'라는 단어는 여러 경문에서 사용되었는데, 중생을 교화한다느니(관자재여의륜보살유가법요·보살선계경·수행도지경·불설해룡왕경·증일아함경 외), 모든 유정을 교화한다느니(대반야바라밀다경) 해서 사용되었다. 대개는 부처님의 가르침으로써 착한 마음을 내고 착한 언행을 하게 함을 뜻한다. 사람을 정신적으로 가르치고 이끌어서 좋은 방향으로 나아가게 한다는 일반적인 개념과도 크게 다르지 않다.

경문에서는 그 교화의 방법으로, 말[言]·부처님 말씀 설명하기[說法]·경문을 짓기[作經] 등이 언급되었고, 『불설해룡왕경(佛說海龍王經)』에서는 사무량[四無量:慈·悲·喜·捨]으로써 조금 더 상세한 설명을 하기도 한다.

자(慈)를 행하는 장엄으로 중생을 어여삐 여겨 침해하지 않으며, 비(悲)를 행하는 장엄으로 백성[黎庶]들을 버리지 않으며, 희(喜)를 행하는 장엄으로 게으르거나 싫증 내는 마음이 없으며, 사(捨)를 행하는 장엄으로 집착하는 바가 없어 모든 의심을 끊으며, 4은(恩)을 행하는 장엄으로 중생들을 교화(教化)하리라.

그런가 하면, 『불설돈진다라소문여래삼매경(佛說伅眞陀羅所問如來三昧經)』에서는 일체중생의 소행을 따라 教化하는 방법 네 가지를 소개하기도 했다.

첫째는 그 지혜를 평등하게 지니는 일이요, 둘째는 모든 사람을 다 교화하는 일이며, 셋째는 모든 법을 살펴서 아는 일이요, 넷째는 먼저 자기의 마음을 깨끗이 하고 나서 온갖 사람들의 마음을 청정케 하는 일이다.

### ③濟度(제도)

'濟度'라는 단어는 '教化'보다는 압도적으로 많이 쓰였다. '濟度'란 위험한 물길을 건너는 방법으로써 길이고, 제도한다는 것은 그 위험한 물길을 건너도록 가르쳐 주고 이끌어줌이다. 그래서 경문에서는 사람을 사제지간으로 받아들여서 가르쳐주는 일로부터 시작해서 번뇌와 윤회·환생으로부터 벗어나는 길을 닦도록 이끌어주는 일체의 도움까지를 두루 말한다.

그래서 저를 불쌍히 여겨 제도해 주시기 바란다거나(갈마·과거현재인과경·대반열반경), 제도하지 못한 나쁜 갈래의 중생들이 모두 제도되도록 하겠다든가(결정비니경·대방광불화엄경·대방편불보은경·대법고경) 등등의 표현이 곧잘 눈에 띄지만, 濟度의 대상은 중생·유정(有情)으로 생명이 있는 것이면 다 해당한다. 그 제도의 수단 방법으로는 설법(說法)·인수(仁壽)·지혜(智慧)·자비(慈悲)·무위(無爲)에 순응(順應)·인연(因緣)·서원(誓願)·적멸(寂滅) 수행(修行) 등 모두가 다 부처님 말씀 가운데 있다. 제도하게 되면 부처가 되고, 아라한이 되며, 해탈·열반 등을 얻게 된다고 한다. 이처럼, '濟度'가 '敎化'와 함께 중생을 같은 목적과 같은 방법으로 가르치고 이끌어준다는 점에서 같기에 이 두 단어가 함께 쓰이기도 한다(근본설일체유부비나야·금색동자인연경·대반열반경·대방광불화엄경·대방광선교방편경·대방등대집경·대보적경 외). 또한, '救援'과 같이 쓰이기도 했다(대방광선교방편경·대방광십륜경).

# 26
## 법신은 형상이 아니다

### ①法身(법신)

부처님이 살아 계시면서 제자와 중생을 위해 설명하셨던 말씀 곧 부처님의 가르침을 '법(法)'이라 하고, 이를 다른 말로 '불법(佛法)'이라고 했다. 그러나 부처님이 돌아가시고 직접 대면해 말씀을 들을 수 없게 되자 후대의 사람들은 부처가 살아생전에 하셨던 말씀을 떠올리면서, 그때 임의로 상상해서 갖는 부처님 모습이 허상(虛像)이지만 있을 수 있다. 다시 말해, 형상은 없으나 말씀하시는 부처님의 허상을 상정하여 '법신(法身)'이라고 불렀다.

따라서 법신은 형태를 갖춘 모습은 아니며, 실제로 형상 또한 있을 수 없다. 그렇지만 법을 여전히 설명하는 부처님이라고 여겨 '법신(法身)'이라는 가명을 지어 부름으로써 끊임없이 법을 설명하는 부처님이 계신 것으로 인식하였다. 엄밀한 의미에서, 법신은 모든 법을 내어놓는 '일체지(一切智)'이고, 부처님이 살아생전에 준비해 놓은, 그 일체지가 들어있는 '창고(倉庫)' 같은 것이다. 그래서 법(法)을 설명하러 오신 여래(如來)이고, 여래가 설명하는 법은 기존에 있었던 부처님 말씀이 된다.

이런 '法身'이란 단어는 불경에서 적지 않게 사용되었다. 경(經)과 논(論)에서 두루 많이 사용된 키워드 가운데 하나인데 굳이 예를 들자면, 구경일승보성론·금강반야바라밀경론·금강삼매경론·능단금강반야바라밀다경론석·대지도론·대반야바라밀다경·대반열반경·대방광불화엄경·대방등대집경·광홍명집·대장일람집·금광명최승왕경·남명전화상송증도가사실·대보적경·대승비분다리경 외에도 많다.

그런데 경문을 읽다 보면 '오분법신(五分法身)'이니 '여래법신(如來法身)'이니 하여 法身이란 개념에 다소 혼선을 주기도 하는데 많은 경문을 두루 다 읽다시피 해야 겨우 그 개념이 파악된다.

여하튼, 필자가 이해한 '오분법신(五分法身)'이란 ①계율(戒律) ②선정(禪定) ③지혜(智慧) ④해탈(解脫) ⑤해탈지견(解脫知見)을 말하며(대반열반경·법원주림·보살영락본업경·신화엄경론), '여래법신(如來法身)'이란 깨닫는 대상(금강정초승삼계경설문수오자진언승상)으로 '여래장(如來藏)'이라고 하며(대승기신론소기회본·석마하연론), 번뇌 가운데에 있어도 번뇌에 더러워짐이 없고, 본래부터 절대 청정하여 영원히 변함이 없는 깨달음의 본성이며(대승본생심지관경), 태허공(太虛空)과 함께하여 원만 평등한(대승유가금강성해만수실리천비천발대교왕경) 실체라고 주장한다. 그래서 「금광명최승왕경」에서는 法身이 곧 정각(正覺)이요, 법계(法界)가 곧 여래(如來)라고 그 핵심을 말하기도 했다. 또한, 「금광명경」에서는 "보리의 도를/굳게 닦고 익혀서/여래의 진실한 법신을/구해 얻으려거든//소중하다는/팔다리 손발/눈과 머리와/사랑하는 처자//돈과 보물/진주·영락/금·은·유리/모든 것을 내어 버려라"라고도 했다.


## ②邪道(그릇된 길)

불교 경문에서는 '邪道'의 반대말이 '正道'이고, '外道'의 반대말이 '內道'이다. 그리고 邪道가 곧 外道이고, 正道가 곧 內道이다. 그리고 邪道라는 단어보다 外道라는 단어가 압도적으로 경(經)과 논(論)에서 많이 사용되었다. 그러나 邪道와 外道가 같이 사용되는 경향도 없지 않다(대승아비달마집론·대승기신론소기회본). 그리고 邪道에서는 여덟 가지 邪道를 말하기도 하고(대승유가금강성해만수실리천비천발대교왕경·아비달마순정리론·아비달마구사론), 아흔다섯 邪道를 말하기도 한다(광홍명집·법원주림·점비일체지덕경). 그리고 사도를 좋아하고 행하면 다음 세상에서는 악취(惡趣)에 떨어진다고 말한다(법원주림·불설부증불감경).

중요한 것은, 邪道와 正道를 갈라놓는 요소와 그 기준이 무엇이냐인데 포괄적으로 말하자면, 부처님의 가르침에 반하는 요소가 있다면 모두가 사도이고 외도인데 그 핵심인즉 ①계(戒)·정(定)·혜(慧) ②탐진치(貪瞋痴) 유무(有無) ③무아(無我)·부정관(不淨觀)이라고 말할 수 있다.

'邪道'가 쓰인 경문으로는, 광홍명집(廣弘明集)·법원주림(法苑珠林)·화엄경(華嚴經)·대반열반경(大般涅槃經)·대승유가금강성해만수실리천비천발대교왕경(大乘瑜伽金剛性海曼殊室利千臂千鉢大教王經)·대방등대집경(大方等大集經) 등을 들 수 있고, '外道'가 쓰인 경문으로는, 근본설일체유부비나야(根本說一切有部毘奈耶)파승사·남명전화상송증도가사실(南明泉和尙頌證道歌事實)·능가아발다라보경(楞伽阿跋多羅寶經)·대당대자은사삼장법사전(大唐大慈恩寺三藏法師傳)·대반야바라밀다경(大般若波羅蜜多經)·대반열반경(大般涅槃經)·대승대집지장십륜경(大乘大集地藏十輪經)·대승밀엄경(大乘密嚴經)·대지도론(大智度論)·보살선계경(菩薩善戒經)·신화엄경론(新華嚴經論)·십지경론(十地經論)·아비담비바사론(阿毘曇毘婆沙論)·증일아함경(增一阿含經)·화수경(華手經) 등을 들 수 있다. 물론, 이들 외에도 많다.

### ③轉輪聖王(전륜성왕)

경전을 읽다 보면 '전륜왕' 또는 '전륜성왕'이라는 용어와 적잖이 부딪힌다. 도대체, 전륜왕의 정체는 무엇일까? 글자 그대로 해석하자면, 구르는 바퀴를 가진, 소유한, 혹은 부리는 왕이라는 뜻이다. 여기서 구르는 바퀴란 가고 싶은 곳이 있으면 언제 어디서든 어디라도 쉽게 갈 수 있는 기능과 능력이 있는 도구로서 왕이 가고자 하는 길을 안내하고 인도해 주는 구실을 한다. 그런데 그 바퀴는 왕의 백성들 가운데 기술자가 만드는 것이 아니라 하늘의 장인(匠人)이 만든 것이라 하며, 하늘에서 지상의 특별한 왕에게 주어지는 것으로 허공중에 떠 있다. 그렇다면, 그 바퀴는 어떤 생김새와 기능을 갖는 것이며, 그것을 굴린다는 것은 과연 무슨 의미일까?

『중아함경』 속에 있는 「대천날림경(大天捺林經)」에 전륜왕이라면 의당 가졌다는, 동시에 장차 전륜왕이 되는 특별한 왕에게만 주어진다는 '보배 같은 바퀴' -그래서 '윤보(輪寶)', '금륜(金輪)의 신보(神寶)'라 부르기도 한다 - 의 구조가 언급되어 있다. 곧, "1천 개의 바퀴살이 있어 일체를 갖추었으며, 청정하고 자연스러워 사람이 만든 것이 아니요, 빛은 불꽃과 같고 광명은 찬란하게 번쩍인다."라고 기술되어 있다. 또한, 『불설장아함경(佛說長阿含經)』 속에 있는 「전륜성왕수행경(轉輪聖王修行經)」에서는 "천 개의 바퀴살이 있고, 광명과 빛깔을 구족하였는데, 그것은 하늘의 장인이 만든 것으로서 세상의 것이 아니니라."고 기술되어 있다.

그렇다면, 문제의 이 바퀴는 분명 지상의 인간이 만든 것이 아니라 하늘의 장인이 만든 것이며, 왕의 소유물도 아니어서 대물림해 줄 수 있는 것도 아니다. 다만, 천 개의 바퀴살이 있으며[엄청 크고, 튼튼하다는 뜻으로 해석된다], 불꽃을 내며[동력을 일으키는 엔진이 장착되었다는 뜻으로 해석됨], 광명까지 비추는 청정한 것[단순히 물질적인 도구가 아니라 인간의 정신적인 영역에도 영향을 미치는 것으로 해석됨]이면서, 아주 자연스럽게 디자인이 되었다는 뜻이다. 그런데 이 바퀴는 구르고[轉], 날아서[飛], 동서남북 어느 방향으로도 자유롭게 갈 수 있으며, 동시에 공중에 떠[浮] 있기도 하다. 오늘날의 비행체보다 더 뛰어난 기능을 가진 것 같다는 생각이 든다. 더욱 놀라운 사실은, 지상의 왕이라고 해서 모두에게 주어지는 것이 아니라 성왕(聖王)이 되어 '바른 법'을 행하고, 보름달이 밝을 때를 맞아 향탕(香湯)에 목욕하고 채녀[婇女:궁녀]에게 둘러싸여 정법전(正法殿)에 오르면 '금륜의 신보(神寶)'가 저절로 나타나며, 왕이 죽을 때가 되면 알아서 허공중에서 사라지기도 한다는 것이다. 그러니까, 왕의 운명도 미리 알려주고, 왕이 바른 수행과 바른 법치(法治)와 자애로써 국민을 다스리면 하늘에서 주어지는 금(金)으로 된 바퀴 사용을 허락받는 것이다. 참으로, 신기하기 짝이 없는 바퀴인 셈이다.

다시, 그렇다면, 무엇이 전륜왕의 '바른 법(法)'인가? 「전륜성왕수행경(轉輪聖王修行經)」속의 문장을 그대로 옮겨 놓으면 이러하다.

마땅히 법에 의해 법을 세우고 법을 갖추어 그것을 공경하고 존중하라. 법을 관찰하고 법으로써 우두머리로 삼고 바른 법을 지키고 보호하라. 또 마땅히 법으로써 모든 채녀들을 가르치고 또 마땅히 법으로써 보호해 살피라. 그리고 모든 왕자(王子)·대신(大臣)·동료[群寮]·관리[百官]들과 모든 백성·사문(沙門)·바라문(婆羅門)을 가르쳐 경계하도록 하고 아래로는 짐승들에 이르기까지 다 마땅히 보호해 보살피도록 하라.

또 나라 경계[土境]에 살고 있는 사문 바라문으로서 소행이 맑고 참되고 공덕이 구족하며 부지런히 힘써 게으르지 않고 교만을 버리고 인욕하며, 어질고 자애로우며, 또 고요히 홀로 제 자신이 닦으며, 홀로 스스로 그치고 쉬어 혼자 열반에 이르고, 또 자신도 탐욕(貪欲)을 없애고 남도 교화하여 탐욕을 없애게 하며, 스스로 성냄[瞋恚]을 없애고 남을 교화하여 성냄을 없애게 하며, 스스로 어리석음[愚癡]을 없애고 남을 교화하여 어리석음을 없애게 하거나, 또 물들 수 있는 곳에서도 물들지 않고 악(惡)에 처해 있으면서도 악하지 않으며, 어리석음[愚]에 있으면서 어리석지 않고 집착[着]할 만한데도 집착하지 않으며, 머물 수 있는 곳에서도 머물지 않고 살 수[居] 있는 곳에서도 살지 않고, 또 몸으로 행동하는 것[身行]이 올바르고 입으로 하는 말[口言]이 정직하며, 뜻의 생각[意念]이 올곧거나, 또 몸의 행동이 청정하고 입으로 하는 말이 청정하며, 뜻의 생각이 청정하거나, 또 정념(正念)이 청정하고 인혜(仁慧)에 싫증냄이 없으며, 옷과 음식에 대하여 만족할 줄 알고 발우를 가지고 밥을 빌어 중생을 복되게 하는 이런 사람이 있거든 너는 마땅히 자주 찾아가 언제나 물어야 하느니라.

(무릇 수행함에 있어서 어떤 것이 착한 것이며 어떤 것이 악한 것인가? 어떤 것이 범하는 것이고 어떤 것이 범하는 것이 아닌가? 어떤 것을 친해야 하고 어떤 것을 친하지 않아야 하는가? 어떤 것을 해야 하고 어떤 것을 하지 않아야 하는가? 또 어떤 법을 베풀어 행하면 오랫동안 즐거움을 누리겠는가?) 너는 이렇게 물어본 뒤에 마음으로 관찰하여 마땅히 행해야 할 것은 곧 행하고 버려야 할 것은 곧 버려야 한다. 또 나라에 외로운 자와 늙은이가 있거든 마땅히 물건을 주어 구제하고 가난하고 곤궁한 자가 와서 구하는 것이 있거든 절대로 거절하지 말아야 하느니라. 또 나라에 옛 법[舊法]이 있거든 너는 그것을 고치지 말라. 이런 것들이 전륜성왕이 수행해야 할 법이니, 너는 마땅히 받들어 행해야 하느니라.

그야말로, '믿거나 말거나'한 이야기이지만, 대자대비(大慈大悲)와 보시(布施)와 계율(戒律)과 선정(禪定) 등을 시종일관 강조한 부처님 시각에서 본, 아니, 당대 사회의 현실적 정치 시각에서 본 이상적인 국가와 통치자의 이념을 담은, 민중의 꿈이 투사된 내용이라고 판단된다.

이러한 바른 법에 의지해서 왕으로서 수신(修身)·제가(齊家)·치국(治國)하면 하늘에서 특별한 기능과 능력을 지닌, 금으로 된 바퀴 곧 신륜

(神輪)의 운용을 허락받는 것이다. 물론, 이 바퀴 사용을 허락받는 전륜왕이 되면 그 바퀴까지 포함해서 모두 일곱 가지 보배까지도 갖게 된다는데 그 일곱 가지 보래란 이러한 것들이다. 곧, ①윤보(輪寶) ②상보(象寶) ③마보(馬寶) ④주보(珠寶) ⑤여보(女寶) ⑥거사보(居士寶) ⑦주병신보(主兵臣寶) 등이 그것이다. 이들이 무엇인지 살펴보면 우습기 짝이 없으나 기원전 고대인으로서 갖는 상상이요 생각이라면 고개가 끄덕여진다.

한 가지 더 재미있는 것은, ①부처님이 바로 한때[전생에] 전륜성왕이었다는 자기 증언과 ②부처님 자신의 장례(葬禮)조차도 전륜성왕에 준하여 치르도록 세세하게 말했다는 경전 기록상의 주장과, ③전륜성왕의 특별한 바퀴가 예수교의 경전인 성경 속 구약에도 나온다는 사실이다.

첫째, 부처님의 전생을 기록하고 있는 「불설태자서응본기경(佛說太子瑞應本起經)」에 의하면, 부처님은 '범부'로부터 시작해서 부처가 되어서 해야 할 일을 모두 마치고 죽음으로써 더 이상의 윤회·환생하지 않는 존재가 되기까지, 보살·사천왕·전륜성왕·범천왕·성제유림(儒林)의 종주·국사(國師)·도사(道士)·도솔천 천인들의 스승 등 할 것 없이 헤아릴 수 없는 화현[化現=윤회]을 거듭하다가 때가 되어 천축(天竺) 가유라위국(迦維羅衛國)에 몸을 의탁하여 태어나 석가모니 부처가 되었다고 기술되어 있다. 이 삼류소설 같은 내용이야 믿거나 말거나이지만 경전에 기록으로 남아 있다는 점은 분명한 사실이다.

둘째, 부처님의 열반[죽음] 관련 내용을 기술한 경전들 가운데 하나인, 동진(東晋) 평양(平陽) 사문 석법현(釋法顯)이 한역한 「대반열반경

(大般涅槃經)」이나 「반니원경」에 의하면, 부처님께서 아난에게 말씀하시기를, "아난아, 나의 몸에 공양하는 법은 전륜성왕(轉輪聖王)에게 공양하는 법에 따르라" 했다. 그러자 아난이 다시 여쭈기를 "전륜성왕에게 공양하는 법은 어떠합니까?"라고 물었고, 그러자 부처님께서 아주 꼼꼼하고도 세세하게 말씀하셨는데 그 내용인즉 아래 인용문과 같다.

아난아, 전륜성왕에게 공양하는 법은 깨끗하게 새로 짠 무명과 고운 모직물을 합하여 나의 몸을 감싼다. 이같이 천 겹을 싸서 금관(金棺)에 넣고, 또 은관(銀棺)을 만들어 금관을 넣고, 또 동관(銅棺)을 만들어 은관을 넣고, 또 철관(鐵棺)을 만들어 동관을 넣은 후에, 많은 미묘한 향유(香油)를 붓고, 또 관의 안쪽에는 향을 바르고 꽃을 뿌리고, 여러 가지 악기를 연주하고, 노래하고 찬패를 읊어 덕(德)을 찬탄한다. 그런 후에 덮개를 덮고, 큰 보배 수레를 만들되 지극히 높고 넓게 하며, 수레의 덮개와 난간은 온갖 미묘한 것으로 장엄하고, 관을 그 위에 안치한다. 또 성안에 다비[闍維, jhpita] 할 장소를 마련하되, 4면에 물을 뿌려 청소하여 지극히 청정하게 하고, 좋은 전단향과 모든 좋은 향을 모아서 큰 향섶을 만들고, 또 향섶 위에 비단과 흰 모포를 깔고, 큰 보배 휘장을 쳐서 그 위를 덮는다. 그런 후에 수레를 마주 들고 다비할 장소에 이르러 향을 사르고 꽃을 뿌리며 음악을 연주하여 공양하고, 향섶 주위를 일곱 번 돈다. 그런 후에 관을 향섶 위에 안치하고 향유를 뿌린다.

불을 사르는 법은 밑에서 불을 붙이고, 다비를 마치면 사리(舍利)를 수습하여 황금 병에 모시고 곧 그곳에다 스투파(兜婆, stupa, 탑)를 세우되 표찰(表刹)로 장엄하며 비단 번기와 일산을 걸고, 모든 사람이 언제나 매일 향을 사르고 꽃을 뿌리고, 가지가지로 공양하게 한다. 아난아, 전륜성왕에게 공양하는 법은 그 일이 이와 같음을 알아야 한다.

나의 몸을 다비하는 것 또한 전륜성왕과 같이 하여라. 그러나 스투파를 세우는 것은 성왕과 다름이 있으니 표찰로 장엄하고 아홉 개의 일산을 달아야 한다. 만일 어떤 중생이 비단 번기와 일산을 달고, 향을 사르고 꽃을 뿌리며 또 등불과 촛불을 켜고, 나의 스투파에 예배하고 찬탄하면 이 사람은 오랫동안 큰 복과 이익을 얻게 되며, 장래에 머지않아 다른 사람도 또한,

그를 위해 큰 스투파를 세우고 그의 몸에 공양하게 될 것이다.

아난아, 마땅히 알아야 한다. 모든 중생에게 모두 스투파를 세우는 것이 아니고 오직 네 사람에게만 탑을 세울 수 있으니, 첫째는 여래(如來)·응공(應供)·정변지(正遍知)·명행족(明行足)·선서(善逝)·세간해(世間解)·무상사(無上士)·조어장부(調御丈夫)·천인사(天人師)·불세존(佛世尊)이 중생을 사랑하고 불쌍히 여겨 세간을 위하여 가장 훌륭한 복밭이 되기 때문에 마땅히 스투파를 세우는 것이요, 둘째는 벽지불(辟支佛)이 모든 법을 사유하여 스스로 도를 깨달아 알고 또한 세간 사람들을 복되고 이롭게 하니 마땅히 스투파를 세우는 것이요, 셋째는 아라한이 들은 법대로 사유하여 번뇌가 다하고 또한 세간 사람을 복되고 이롭게 하니 마땅히 스투파를 세우는 것이요, 넷째는 전륜성왕이 전생에 깊은 복의 종자를 심어 큰 위덕이 있고 4천하(天下)의 왕이 되어 7보(寶)를 두루 갖추고 스스로 10선(善)을 행하고, 또 4천하 사람들에게 권하여 또한 10선[善]을 행하게 하니 마땅히 스투파를 세워야 한다. 아난아, 마땅히 알아야 한다. 만일 어떤 중생이 모든 공양꺼리로써 이들 스투파에 공양하더라도 그 얻는 복은 차례차례로 점점 작아진다.

부처님의 이러한 유언(遺言)이 있었기에 부처님이 돌아가시자 아난은 낮 7일 밤 7일 동안 시신을 모셔 놓고 공양을 받았으며[요즘 말로 치면 '조문을 받았으며'], "만 7일이 되었을 때 모든 역사들은 새로 짠 깨끗한 무명과 고운 모직으로 여래의 몸을 감싼 후에 금관(金棺) 안에 모셨다. 그 금관 안에 우두전단향 가루와 미묘한 꽃을 뿌리고 곧 금관을 은관에 모시고, 또 은관을 구리관에 모시고, 또 구리관을 철관(鐵棺)에 모셨다. 또 철관을 보배 수레 위에 모시고 모든 악기를 연주하고 노래와 찬패를 읊어 찬탄하고, 모든 천신은 허공에서 만다라(曼羅) 꽃·마하(摩訶)만다라꽃·만수사(曼殊沙)꽃·마하만수사꽃을 뿌리고, 아울러 하늘 음악을 연주하고, 가지가지로 공양한 후에 차례로 모든 관의 뚜껑을 덮었다.

과연, 경전의 기록대로 '부처님이 아난에게 이렇게 자신의 장례를 화려하게 치르라고 말했을까?' 심히, 의심스럽기 짝이 없다. 왜냐하면, 부처님은 아난에게 먼저 이런 말을 했기 때문이다. 곧, "나에게 공양하여 은혜를 갚고자 하는 이는 반드시 이렇게 향·꽃·기악으로 공양할 필요가 없다. 금계를 청정하게 지키고, 경전을 독송(讀誦)하고, 모든 법의 깊고 미묘한 뜻을 사유하면 이것을 나에게 공양하는 것이라고 한다." 라고 말이다. 그런데 어찌하여 180도 바뀌었을까? 부처님 마음이 바뀐 게 아니라 경전 집필자들의 마음이 바뀌었을 것이라고 나는 믿고 싶다. 왜 그런가? 여기에 이유가 있다. 부처님은 한사코 자신의 예정된 죽음에 대해 비통함과 슬픔을 감추지 못했던 사람들에게 같은 말을 되풀이 하였는데, 그 말인즉 부처님이 간판으로 내걸었던 무아(無我)·무상(無常)·고(苦)라는 내용과 다르지 않기 때문이다.

①모든 유위법은/모두 무상(無常)으로 귀결(歸結)하나니,/은혜와 사랑으로 만난 것은/반드시 이별하기 마련이네./모든 행(行)과 존재[法]가 이와 같으니,/근심도 괴로움도 일으키지 말아야 하네.

②일체 법은 모두 무상하여 은혜와 사랑으로 만난 것은 이별하지 않는 것이 없다.

③유위법은 모두 다 무상하니 설령 1겁 또는 1겁은 못 되더라도 더 머문다 하여도 역시 무상으로 귀결한다.

④일체 모든 행(行)의 자성과 형상이 이와 같으니 그대는 이제 슬퍼지지도 괴로워하지도 마시오.

⑤그대들은 이렇게 슬퍼하고 괴로워하지 말아야 하오. 왜냐하면 유위법의 자성과 형상이 그와 같기 때문이오. 그대들은 근심하고 슬퍼하는 생각을 버리고 마음을 고요히 하여 내가 마지막으로 말하는 것을 들으시오.

⑥그대는 지금 괴로워하는 마음을 내지 말아야 한다. 일체의 행(行)과 법은 모두 이와 같아다 무상한 변천으로 이루어진 것이다. 은혜와 사랑으로 만난 것은 모두 이별하게 마련이니, 그러므로 그대는 이제 근심하거나 괴로워하지 말아라.

부처님이 반열반에 든다고 선언하고 그 내용이 알려지자 원근각처에서 몰려와 슬퍼하는 사람들에게 부처님이 한사코 위와 같거나 유사한 말을 되풀이하셨으며, 심지어는 죽어가면서도 가르침에 대한 질문에 일일이 답변하셨는데 어찌 자신의 장례에 대하여 전륜성왕처럼 화려하게 하라고 지시했겠는가? 경전을 집필하는 사람들의 부처를 존경하는, 속된 마음만 노출한 것이라 판단된다.

셋째, 예수교 경전인 '성경'에서도 전륜왕의 바퀴처럼 특별한 기능을 갖는 바퀴가 나타나 있다. 성경 속에서의 바퀴는, 인간이 사용하는 바퀴[병거(兵車)·수레·기계 등의 바퀴]와 천국에서 천사들이 사용하는 바퀴로 나누어지며, 전륜왕이 가졌다는 바퀴와 유사한 것은 후자로서 천국에서 하나님과 함께 산다는 '생물'이나 '그룹'이 부리는 바퀴이다. 곧, 천국의 생물이란 존재는 4개의 얼굴을 가졌는데, 그 얼굴에 따라 각 한 개씩의 바퀴가 있고(에스겔 1:15), 그 바퀴는 빛나는 녹주석 같고, 네 바퀴의 형상이 모두 똑같으며, 그 구조는 마치 바퀴 안에 바퀴가 들어있는 것(에스겔 1:16, 10:9, 10:10)처럼 생겼다. 그리고 사방 어디로 가든지, 방향을 돌이키지 않고서도 앞으로 나아가는 뛰어난 기능(에스겔 1:17)을 지녔으며, 바퀴의 둘레는 모두 높고, 보기에도 무서우며, 그 네 둘레로 돌아가면서, 눈이 가득하게(에스겔 1:18, 10:12) 달렸다는 것이다.

그런데 그 바퀴들은 생물들이 나아가면, 바퀴들도 생물들의 곁에서 함께 나아가고, 생물들이 땅에서 떠오르면 바퀴들도 함께 떠오르며(에스겔 1:19, 10:16), 그 생물들은 어디든지, 영이 가고자 하면, 그 영이 가고자 하는 곳으로 가고, 바퀴들도 그들과 함께 떠올랐는데, 생물들의 영이 바퀴 속에 들어있었기 때문이라는 것(에스겔 1:20, 1:21, 10:17)

이다. 이처럼 생물이나 그룹 곁에 있는 특별한, 아니 기이한 바퀴는 그 소리가 크고 요란스러우며(에스겔 3:13), 그들은 하나님의 영을 호위하거나 태우거나 하여 이동하는 데에 필요한 도구로서 쓰인다(에스겔 10:17, 10:19, 11:22 외)는 사실이다.

전륜왕이 힌두사회에서 이상적인 왕으로서 그려졌듯이[만들어졌듯이], 예수교의 천국에 하나님과 함께 있다는 '생물'이나 '그룹'인 천사(天使)가 또한 그러하며, 그 전륜왕과 그 천사들에게 특별한 모양새에 특별한 기능을 갖는 '바퀴'라는 도구를 부여한 것 역시 인간의 꿈이 투사(投射)된 결과물로서 현재는 실재하지 않는 것들임에는 틀림이 없다. 그러함에도 불구하고, 오늘날 지구 밖 외계인의 존재를 믿는 사람들은, 천문학적 지식의 영향을 받고서, 외계인이 타고 왔을 비행체라고 상상하거나 주장하기도 한다.

여하튼, 불경 속의 '전륜성왕'이라는 존재는 부처님의 가르침에 따라 백성을 통치하는 성군(聖君)을 말한다.

# 28

## 보살은 복덕을 받지도 않고 탐내지도 않는다

### ① 法無我(법무아)

'法無我'라는 용어를 이해하려면 인간 몸에 관한 부처님의 기본 시각을 먼저 이해할 필요가 있다. 경문에 의하면, '眼·耳·鼻·舌·身·意'라고 하는 신체의 기관이 있고, 여기에서 '色·聲·香·味·觸·法'이라고 하는 기능이 나온다고 보았다. 그래서 신체의 여섯 기관을 '六根'이라고 했고, 그 기능을 '六塵'이라고 했으며, '根'에서 '塵'이 나오는 것을 '識'이라고 불렀다. 그래서 '六根·六塵·六識'이라는 단어가 쓰인다. 문제는 인간의 몸이 가지는 이 기능을 모든 번뇌가 발생하는 기본 인자로 인식했다는 점이다.

그리고 色(물질로써 형태를 갖춘 몸)·受(몸에서 받아들이는 기능)·想(몸에서 사유하는 기능)·行(몸으로써 활동하는 기능)·識(사유 기능이 계속되어 생기는 관념 생산 기능)을 '五蘊·五陰·五衆'이라고 하여 욕(欲)과 번뇌(煩惱)를 일으키는 기본 인자(因子)로 인식했다.

이런 배경에서 六根·六塵·六識으로 이어지는 활동과 五蘊의 기능을 번뇌 발생의 이유로 보고 이를 불법(佛法) 수행과정에서 가능한 한 배제하려고 애를 썼다. 게다가, 인간의 몸은 끊임없이 변할 뿐만 아니라 한시적으로 존재하는 무상(無常)한 것으로 인지하고, 생멸(生滅)을 거듭하여 산다고 했으며, 그 자체를 고해(苦海)라고 여겼다. 그래서 그 바탕이 공(空)하고, 환(幻:허깨비)과 같다고 했다(대방광불화엄경80권본, 어제연화심륜회문게송). 이뿐만 아니라, 「반야바라밀다심경」·「어제연화심륜회문게송」·「근본설일체유부비나야」 등에서는 오온이 단순히 쌓인 것으로 혹은 결합하여 생긴 덩어리, 혹은 더러운 것들 담고 있는 가죽 주머니 정도로 평가절하하기도 했다.

이런 기본적인 시각과 인식이 전제되었기에 처음부터 '나'와 '내 것'이 없다고 무아관(無我觀)을 펼쳤으며, 그것도 부정관(不淨觀) 일색으로 인간의 몸과 활동을 평가절하하였다. 이것이 소위 '인무아(人無我)'이다. 하물며, 육근의 '意'에서 나오는 육진의 '法'인 인간의 사유 활동에 자아가 없는 것은 두말할 필요가 있겠는가. 자아가 없는 인간의 意에서 나오는 모든 생각 따위야 자아가 없다고 말해지는 것은 당연하다. 이것이 '법무아(法無我)'이다.

문제는, 온갖 번뇌와 윤회·환생을 그치게 하는 길에 관한 부처님 가르침의 말씀인 법에도 자아가 없어 생멸을 거듭하며 무상한 것이어서 얻을 게 없다는 것이다. 그래서 법이란 방편일 따름이다. 그래서 법이란 나룻배에 지나지 않으니 물길을 건너는 데에 사용했으면 그조차 잊어버려야 한다고 주장하는 것이다.

# 30
## 하나로 합쳐지는 이치와 그 모습

### ①一合相(일합상)

'一合相'이라는 단어는 상당히 제한적으로 사용되었다. 보살영락본업경(菩薩瓔珞本業經)·방광반야경(放光般若經)·어제비장전(御製祕藏詮)·대승유가금강성해만수실리천비천발대교왕경·대방광불화엄경수현분제통지방궤·금강삼매경론(金剛三昧經論)·아비달마장현종론(阿毗達磨藏顯宗論) 등에서 사용되었다.

이 '一合相'에 관해 이해하기 쉽게 설명하자면, 금강경에서 말한 것처럼 삼천대천세계를 잘게 부수면 수많은 티끌이 되듯이, 바꿔 말해, 수많은 티끌이 모여서 하나의 삼천대천세계를 이루었듯이, 존재하는 모든 것은 다 티끌이 하나로 모여서 이루어진 것이라고 보는 시각과 판단에서 나온 말이다. 그러니까, 삼천대천세계가 그렇듯이 사람도, 산도, 물도, 건물도 다 티끌이 모여서 하나의 모습 곧 형태를 이룬 것이다. 이것이 바로 '一合相'이라는 것이다. 만물을 이렇게 보기에 공(空)한 것이고, 무상(無常)한 것이며, 자성(自性) 곧 자아(自我)가 없다고 여긴다.

이처럼, 모든 존재가 티끌이 하나로 모여서 형체를 이루었듯이, (이때 '티끌'은 오늘날 과학적인 말로 바꾸면 '원소의 입자'가 되겠지만) 비록, 형체가 없는 법(法)이란 것도 그렇게 보았다. 예컨대, 육근(六根)·육진(六塵)·육식(六識)·오온(五蘊) 등도 다 일합상이듯이 一切法도 다

一合相이라고(대방광불화엄경수현분제통지방궤) 본다. 그러니까, 육근을 설명하신 부처님의 말씀이 곧 법인데 이 법도 따지고 보면 '眼·耳·鼻·舌·身·意'라는 여섯 가지가 하나로 결합하여 이루어졌고, 그것들 하나하나 역시도 자성 없는 티끌이 하나로 모이어 이루어졌다고 보는 것이다.

여기에 문제가 없는 것은 아니다. 단순히 하나로 뭉치고 결합하여 이루어진 단순 '덩어리'가 아니고 일정한 구조를 갖춤으로써 비로소 나오는 기능이 있는 유기체(有機體)라는 점을 간과했다. 형체를 부수어서 티끌이 되게 하면 형체의 기능이 사라지지만 그 티끌이 모이되 일정한 구조를 갖추면 그 티끌에 없는 기능이 나오는 것이다. 생명현상이란 것도 바로 그런 것이다.

# 31

## 앎과 견문으로 법에 관해 관념과 견해를 짓지 말라

**①法相(법에 관한 관념과 견해)**

'法相'은 해석하기 쉽지 않은 낱말이다. 여기서 '法'은 ⓐ궁극적 실체에 관한 진리와 ⓑ번뇌와 윤회·환생을 그치게 하는 부처님 가르침의 말씀과 ⓒ六根 가운데 하나인 '意'에서 나오는 '생각' 등을 두루 포함한다. 그래서 '一切法'이라는 단어가 사용되었다. 그리고 '相'은 '想'이다. 다만, '想'은 '想'이로되, 법에 의미를 부여하고, 분류하고, 시비를 분별하는 등 일체의 사유 활동으로서 '想'이다. 결과적으로 '법상(法相)'이란 법에 부여한 의미 체계로서 법에 관한 생각과 형상으로서의 '관념(觀念)'이고 견해(見解)이다. 곧, '想+像=觀念=見解相'이라는 뜻이다. 조금 더 설명하자면, 법에 관한 생각이 생각을 낳으면서 그 의미를 부여하게 되고, 그 의미를 부여하면서 보이거나 보이지 않는 형상을 짓게 되고, 그 형상을 대신하는 말이 곧 관념(觀念)이며, 이 관념들이 일정한 질서에 의해서 재구성되는 것이 견해이다. 따라서 '法相'이란 '법에 관해 부여한 의미로서 관념과 견해'이다. 이를 줄여서 '법에 관한 관념'으로 번역하였다.

**②一切法(일체법)**

'一切法'이란 단어를 글자 그대로 풀면 '모든 법'을 뜻한다. 이때 '法'은 육근의 하나인 '意'에서 나오는 '法'이기에 인간의 감각기관과 뇌의 유기적인 작용으로 나오는 모든 사유 활동이다. 그러니까, 온갖 생각·

형상·관념·견해 등이 다 법이다.

그래서 대반야바라밀다경(大般若波羅蜜多經)에서는 선법(善法)·불선법(不善法)·유기법(有記法)·무기법(無記法)·세간법(世間法)·출세간법(出世間法)·유루법(有漏法)·무루법(無漏法)·유위법(有爲法)·무위법(無爲法)·공법(空法)·불공법(不共法) 등을 일체법이라고 설명했다. 한편, 대지도론(大智度論)에서는 유위법(有爲法), 무위법(無爲法), 말로 표현할 수 없는 법(不可說法)으로 구분해 온갖 법이라고도 했다. 그런가 하면, 대승입능가경(大乘入楞伽經)에서는 선법·불선법·유위법·무위법·세간법·출세간법·유루법·무루법·유수법(有受法)·무수법(無受法) 등을 일체법이라고 했다. 대방광총지보광명경(大方廣總持寶光明經)에서는 육식(六識)과 십이인연(十二因緣) 행(行)으로 설명했다. 집대승상론(集大乘相論)에서는 온(蘊)·처(處)·계(界)·연생(緣生)·바라밀다(波羅蜜多)·지(地)·공(空)·보리분(菩提分)·성제(聖諦)·정려(靜慮)·무량행(無量行)·무색등지(無色等至)·해탈(解脫)·삼마발저선행(三摩鉢底先行)·해탈문(解脫門)·신통(神通)·다라니(陀羅尼)·역(力)·무소외(無所畏)·무애해(無礙解)·대자대비(大慈大悲)·불불공법(佛不共法)·제성문과(諸聲聞果)·요지일체상(了知一切相)·진여(眞如)·실제(實際)·무상(無相)·법계(法界) 등의 법이라고 했다.

수많은 경들을 모조리 읽고 분석하여 '일체법'이란 개념을 정리해 내기란 정말 어렵다. 너무나 많은 경문에서 쓰였고, 일체법에서 파생하는 관련 용어들까지 파고들어도 분별하기가 여간 쉽지 않다. '일체법'이란 단어를 경(經)에서는 대승입능가경(大乘入楞伽經)에서 많이 쓰였고, 논(論)에서는 대지도론(大智度論)과 아비달마순정리론(阿毗達磨順正理論) 등에서 많이 쓰였다. 그리고 일체법에서 파생된 용어로 '일체법공(一切法空)'을 비롯하여 '일체법'이란 글자가 들어간 각종 삼매·다라니·보살

이름 등이 적지 않은데 대반야바라밀다경(大般若波羅蜜多經)에서 확인할 수 있다.

이 금강경에서도 모든 상(相)에 진실한 뜻이 없듯이 모든 법에서도 진실한 뜻이 없는 것으로 보아야 한다는 의미에서 '일체법'이란 단어가 쓰였다. 그래서 법에는 자성(自性) 곧 자아가 없고, 공하며, 무상하며, 헤아릴 수 없다고 말한다.

따라서 필자는 이렇게 설명하고 싶다. 법이란 법을 모두 합하여 '일체법'이라고 했고, 이 법이란 바로 궁극적 실체에 관한 진리와 번뇌와 윤회·환생을 그치게 하는 부처님 가르침의 말씀과 六根 가운데 하나인 '意'에서 나오는 '생각' 등을 두루 포함한다고 말이다. 이런 필자의 판단을 뒷받침하기라도 하듯이, 대방광불화엄경(大方廣佛華嚴經)에서는 일체법을 열 가지로 관찰해야 한다면서 "모든 법은 ①덧없고 ②괴로우며, ③공(空)이요, ④내가 없으며, ⑤자재롭지 않고, ⑥즐겁지 않으며, ⑦모이거나 흩어짐이 없고, ⑧견고하지 않으며, ⑨허망하고, ⑩정근과 화합의 견고함이 없다"라고 했다.

# 32

## 마땅히 중생을 교화했어도 교화한 게 아니다

### ①阿僧祇世界(항하의 모래알같이 많은 세계)

설명 생략함

### ②菩提心(보리심)

보리심이란 무엇일까? 글자 그대로 해석하자면, 보리(菩提) 곧 지혜를 얻고자 하는 마음과 그 마음을 실천에 옮기고자 하는 일체의 노력이 곧 보리심이다. 이처럼 상식적 수준에서의 의미 규정은 쉬우나 온갖 지혜(智慧:一切智)나 법(法:방법 또는 길)이 나오는 바탕으로서 보리심을 공(空)·진여(眞如)·실제(實際)라고 의미를 부여하게 되면 아주 복잡해지고 만다. 그러니까, '보리심'이란 일체지를 깨달은 부처의 마음이라고도 풀이할 수 있는데 이쯤 되면 문제가 복잡해진다. 그렇기에 보리심의 의미를 풀이하는 경들이 따로 있을 정도이다. 그 실례를 들자면, 「보리심관석(菩提心觀釋)」·「보리심리상론(菩提心離相論)」·「보리행경(菩提行經)」·「보리자량론(菩提資粮論)」 등이 그것들이다.

이미 이들을 일독한 사람으로서 간단히 소개하자면, 「보리자량론(菩提資粮論)」에서는, 부처란 '지혜가 없음을 여읜 것'이라 했고, 보리란 '일체지지(一切智智)'라 했다. 바꿔 말해, 부처란 지혜를 깨달은 자이며, 동시에 일체지지 곧 보리를 얻은 자라는 뜻이다. 「보리심관석(菩提心觀釋)」에서는, 보리를 일체지지의 근본으로서 이익심(利益心)·안락심(安樂心)·최상심(最上心)·법계선각심(法界善覺心) 등으로 불리며, 성품도

아니고 모양도 아니며, 나지도 않고 멸하지도 아니하고, 깨달음도 아니
며 깨달음이 없는 것도 아니라고 규정하면서, 이를 명료하게 아는 것을
'보리심'이라고 했다. 한편, 「보리심리상론(菩提心離相論)」에서는, 모든
중생에게 윤회의 고통을 그치게 하고, 구제받지 못한 자를 빠짐없이 구
제케 하고, 해탈하지 못한 자들을 해탈케 하고, 편안함을 얻지 못한 자
들에게 편안함을 얻게 하고, 열반을 얻지 못한 자들에게 열반을 얻게
하고자 '보리심'을 강조한다면서, 그것의 의미를 이렇게 부여하고 있
다. 곧, 보리심이란 일체의 성품을 여읜 것으로 무생(無生:생기지 않음)
하고 무상(無常:언제나 존재하는 것이 아님. 영원하지 않다는 뜻임)하
기에 그 자성이 허깨비 같으며, 깨닫는 주체[能覺]도 없고 깨달을 경계
[所覺]도 없으며, 말로써 표현할 수 없지만[非語言道] 허공과 같은 최상
의 진실이라고 했다. 이쯤 되면, 보리심이란 단순히 지혜를 얻고자 하
는 마음과 그 노력이 아니라 이미 일체지지(一切智智)를 얻은 자의 마음
이고, 그것의 움직임 곧 작용이다. 도교(道教)에서 말하는 '도(道)'이고,
불교에서 말하는 '허공 같은 무(無)'이며, 생사[生滅]를 초월하여 존재
하는 그 무엇인 셈이다.

이상의 설명에서 확인할 수 있듯이 '보리심'이란 불법 수행의 최종
목적지로서 허공과 같은 자리이며, 함[爲]이 없지만 하지 않는 일이 없
는, 상(相:모양·형태라는 뜻임)을 초월한 위상(位相)의 마음 작용이다.

### ③四句偈(사구게)

'四句偈'라는 단어는 이 금강경에서 제일 많이 쓰였는데 중아함경(中
阿含經)을 제외하면 거의 대승경(大乘經)에서 사용, 강조한다. 금강삼매
경·금광명최승왕경·대방등대집경·대보적경·대승보살장정법경·대승
보요의론·대위덕다라니경·불설대승장엄보왕경·불설정공경경·불설여

래부사의비밀대승경·정법화경·비화경·화수경·첨품묘법연화경 등에서 쓰였다.

사구게는 중아함경에 기술된 것처럼 부처님이 설법한 내용과 형식을 분류하면 정경(正經)·가영(歌詠)·기설(記說)·게타(偈他)·인연(因緣)·찬록(撰錄)·본기(本起)·차설(此說)·생처(生處)·광해(廣解)·미증유법(未曾有法)·설의(說義) 등으로 나뉘는데 이 가운데 하나이다.

물론, 부처님만 '사구게'라는 형식을 빌려 사용한 것은 아니다. 대개는 부처님이 장황하게 설법하시면서 그 내용의 핵심을 요약 정리하듯이 설법이 끝날 때 주로 다섯 글자를 한 구(句)로 하고, 이 구가 넷으로 시를 지어 낭송하듯 길게 소리 내어 읊었는데 바로 이것을 '사구게'라고 한다. 이 금강경에서는 이미 보았듯이, 두 번 사구게를 읊조리셨다.

①
若以色見我
以音聲求我
是人行邪道
不能見如來

겉모습으로써 나를 본다면
음성으로써 나를 찾는 것이니
이 사람은 그릇된 길을 가는 것이라서
여래를 볼 수 없느니라.

②
一切有爲法

如夢幻泡影
如露亦如電
應作如是觀

모든 유위법이
꿈 허깨비 물거품 그림자와 같은 것처럼
이슬 같고 역시 번갯불과 같으니
마땅히 이같이 보아야 하느니라.

이 금강경 관련 게송은 '능단금강반야바라밀다경론송(能斷金剛般若波羅蜜多經論頌)'이라 하여 의정(義淨, 635~713)이 당(唐) 경운(景雲) 2년(711)에 한역한 것이 있는데, 모두 77게송이며, 무착(無着) 보살이 지었다고 전해진다. 한 구가 다섯 자씩으로 되었다. 여하튼, 사구게를 경문에서 강조하는 이유는 대개, 경문 전체가 아니고 그 핵심을 요약하여 함축적으로 말한 사구게만이라도 지녀서 읽고 외우고 타인을 위해서 설명해 준다면 그가 받는 복덕이 매우 크고 많다는 점을 강조하기 위해서이다.

### ④一切世間(일체세간)

'一切世間'이란 중생이 윤회·환생하는 육도 곧, 지옥·아귀·축생·인간·하늘·아수라 등을 말하는데 이 가운데 부처님의 가르침이 미치지 않는다는 삼악도(三惡道)인 지옥·아귀·축생을 제외한 인간·하늘·아수라를 통상 '일체세간'이라고 말하는 경향이 있다. 그래서 '長老須菩提及諸比丘比丘尼優婆塞優婆夷 一切世間 天人阿修羅'를 '장로 수보리와 모든 비구·비구니·우바새·우바리와 일체세간인 하늘 사람 아수라'라고 번역하였다.

### ⑤比丘·比丘尼·優婆塞·優婆尼(비구·비구니·우바새·우바이)

比丘는 '필추(苾芻)'라고도 하는데 출가하여 계(戒)를 받고 부처님의 가르침을 믿고 따르는 남자 수행자를 말하고, 比丘尼는 '필추니(苾芻尼)'라고도 하며 출가하여 계(戒)를 받고 부처님의 가르침을 믿고 따르는 여자 수행자를 말한다. 우바새는 출가하지는 않은 채 부처님의 가르침을 믿고 따르는 남자 신자를 말하고, 우바이는 출가하지는 않은 채 부처님의 가르침을 믿고 따르는 여자 신자를 말한다. 이들 비구·비구니·우바새·우바이를 '사부대중(四部大衆)', 줄여서 '사중(四衆)'이라고 부르고, 경문에서 널리 쓰인다.

### ⑥有爲法(유위법)

'有爲法'은 '無爲法'의 상대적 개념으로 경(經)보다 논(論)에서 많이 언급되는 단어이다. 경에서는 대반야바라밀다경(大般若波羅蜜多經)에서 제일 많이 언급되었고, 논에서는 반야등론석(般若燈論釋)과 십지경론(十地經論) 등을 들 수 있다.

유위법은 인연이 화합해서 생기며(달마다라선경), 그 인연의 여윔으로 없어지며, 그 안에서는 생겨나거나 없어지는 것이 없다(대반야바라밀다경). 그리고 상(常)이 없고, 낙(樂)이 없으며, 아(我)가 없고, 정(淨)도 없다(대방등무상경). 괴로운 것이고, 무상한 것이며, 공한 것이고, 나라는 게 없다(대보적경, 문수사리문경, 보살선계경, 보살본연경, 우바새계경). 모든 유위법에는 무상(無常)이 뒤따르기 때문에 그 실체를 얻을 수 없다(반야등론석). 그래서 생겨나고, 잠시 머물다가, 무너져 없어지는 세 가지 특성이 있다고 말한다(대승대집지장십륜경, 불설살발

다소리유날야경). 현양성교론(顯揚聖教論)에서는 연(緣)을 따라 모여 일어나고 만들어지며, 또한 항상 변화하여 생멸하는 현상제법(現象諸法)이란 말로 설명하기도 했다. 한편, 아비달마품류족론(阿毘達磨品類足論)에서는 18계(界)와 12처(處)와 오온(五蘊)이 속하고, 멸지(滅智)를 제외한 9지(十智:法·類·他心·世俗·苦·集·滅·道·盡·無生)로 알며, 육식(六識)으로 인식하는 것이어서 온갖 수면이 따라다니며, 허물을 더하게 한다고도 했다. 여하튼, 형태가 있는 것이든 없는 것이든 인연에 의해서 생기는 현상계의 모든 존재를 일컫는다고 보면 틀리지 않는다.

# 금강 제사문

# 1

# 금강반야바라밀경이란?

「금강반야바라밀경(金剛般若波羅密經)」이라는 이름을 줄여서 소위, 「금강경(金剛經)」이라고 부른다.

「금강반야바라밀경(金剛般若波羅密經)」은, 중국 국문의 진귀한 고서(古書) 가운데 하나로 국가도서관에 소장된 것으로 알려져 있으며, 이 경은 대승불교의 중요한 경전 가운데 하나이다.

구마라집(鳩摩羅什: 343~413)이 후진(後秦) 시기에 번역한, 이 「금강반야바라밀경(金剛般若波羅密經)」이 가장 먼저 한역(漢譯)되어, 가장 넓게 퍼져 있었는데 그 이후에 여러 번역자가 가세하여 당(唐:618~907) 말기에는 다섯 종의 역본(譯本)이 추가되었다.

①북위(北魏) 보리류지(菩提流支)가 번역한 『金剛般若波羅蜜經』 ②남조(南朝) 진(陳) 진체(眞諦)가 번역한 『金剛般若波羅蜜經』 ③수(隋) 달마급다(達摩笈多)가 번역한 『金剛能斷般若波羅蜜經』 ④당(唐) 현장(玄奘)이 번역한 『能斷金剛般若波羅蜜多經』 ⑤당(唐) 의정(義淨)이 번역한 『佛說能斷金剛般若波羅蜜多經』 등이 그것이다.

이 금강경이 당대에 꽤 인기가 있었거나 매우 중요하다고 인식된 모양이다.

이런 금강경과 관련, '논(論)'과 '송(頌)'도 있는데, 논이 있다는 것은 설명이 불가피할 정도로 어렵다는 뜻일 것이고, 송이 있다는 것 역시 그 함의가 깊어서 이해하기 쉽게 간추릴 필요를 느꼈다는 뜻일 것이다.

논(論)으로는, 무착(無着) 보살이 짓고 수(隋) 달마급다(達磨笈多) 한역한 『금강반야론(金剛般若論)』과 천친(天親) 보살이 짓고 원위(元魏) 보리류지(菩提流支) 한역한 『금강반야바라밀경론(金剛般若波羅蜜經論)』이 있으며,

송(頌)으로는, 무착(無着) 보살이 게송을 짓고, 세친(世親) 보살이 주석을 단 『능단금강반야바라밀다경론석(能斷金剛般若波羅蜜多經論釋)』 ['能斷金剛經論釋'이라고도 하며, 의정(義淨, 635~713)이 711년에 한역함]과 무착(無着) 보살이 짓고 의정(義淨)이 711년에 한역한 77게송만으로 이루어진 『능단금강반야바라밀다경론송(能斷金剛般若波羅蜜多經論頌)』 등이 있다.

송에도 논이 붙는 것으로 미루어보면 송도 어렵다는 뜻이다. 이는 그만큼 금강경의 경문 내용이 난해하고 어렵다는 뜻이다.

# 2

# 금강반야바라밀경을 읽기에 앞서
# 전제되는 몇 가지 조건

①사람은 인과응보(因果應報)에 따라서 과거나 현재의 삶에서 지었던 업(業), 곧 말·행동·마음먹기 등에 따라 그에 상응하는 결과를 현재의 세상과 다음 세상에서 되받는다.

②사람을 포함한 생명이 있는 것들은 자신의 의지에 상관없이 윤회·환생하는데 현생에서 지은 업이 작용하며, 지옥·아귀·축생·인간·천상·아수라 등의 세계에서 태어난다.

③사람이 죽으면 몸을 떠나는 '식신(識神)'이라는 것이 있어서 이것이 다음 생의 생명체 속으로 들어감으로써 윤회·환생이 이어지는데 매우 어려운 일이지만 수행으로써 그것을 거부하여 끊기도 한다.

*'識神'이라는 단어는 오늘날 '靈魂'이라는 개념과 유사하나, 형상은 없고, 살면서 선악을 짓는 주체이며, 다음 생에 태어날 곳으로 자리를 옮기는 실질적 자아(自我)이다.

④사람이 태어나 죽기까지의 삶은 더럽고 고통스러운데 윤회·환생으로 거듭되는 삶이란 말 그대로 고통의 바다(苦海)라는 부정관(不淨觀)·무아관(無我觀)을 핵심으로 공유한다.

⑤사는 동안 번뇌를 없애고, 윤회·환생을 끊어서 영원한 적멸에 듦을 목표로 계·정·혜(戒·定·慧) 수행하는 것이 부처를 믿는 자들이고, 계·

정·혜 수행의 핵심이 바로 인간의 감각기관과 신경과 뇌 사이의 유기적인 작용으로 이루어지는 사유 활동과 나·너·우리·목숨 등에 관한 생각에 의지하거나 집착하지 않는, 혹은, 머물지 않는 무념(無念)·무상(無想)·무욕(無欲)·무위(無爲)·부동(不動)의 삶을 강조한다.

⑥그러면서도 무한 자비심을 요구하고, 중생 제도라는 현생에서의 삶의 의미를 강조하면서 요구한다. 이 두 가지 요소는 자기희생을 수반하며, 살신성인(殺身成仁)하라는 뜻과 크게 다르지 않다. 이것이 어떻게 무념(無念)·무상(無想)·무욕(無欲)·무위(無爲)·부동(不動)의 삶이 되겠는가? 모순이라는 뜻이다.

# 3

## 금강반야바라밀경의 중요 단어 일흔두 개 우리말 번역 일람표

### [ 금강경에 동원된, 설명이 필요한 중요 단어 일흔두 개 일람표 ]

※ 금강경에 나오는 아래 일흔두 개의 단어가 불교 경문에서 어떻게 어떤 의미로 사용되었는지를 다양한 경문 추적을 통해서 밝힌 글이 고스란히 이 책의 주석으로 옮겨졌다. 주석으로 옮겨진 글들은 하루아침에 집필된 것이 아니고, 오랜 세월 경전을 읽으면서 정리된 것들임을 밝혀 둔다. 다만, 이 일람표는 우리말 번역 경문에서는 이들을 자세히 풀어놓지 못하여 불가피하게 아래와 같이 번역하였음을 미리 알린다. ―이시환

| 구분 번호 | 중요단어 | 우리말 번역 | 참고 |
|---|---|---|---|
| 1 | 舍衛國 | 사위국 | |
| 2 | 祇樹給孤獨園 | 기수급고독원 | |
| 3 | 善現·須菩提 | 수보리 | |
| 4 | 護念 | 보살펴줌 | |
| 5 | 咐囑 | 도와 이끌어줌 | |
| 6 | 阿耨多羅三藐三菩提 | 번뇌를 소멸시키는 가장 바르고 평등한 깨달음 | |
| 7 | 大乘 | 대승 또는, 중생을 제도하기 위해서 윤회·환생을 마다하지 않고 자신을 전적으로 희생 봉사하는 보살도(菩薩道) 수행길 | |
| 8 | 無餘涅槃 | 무여열반 또는, 윤회·환생을 끊어서 더는 번뇌가 없는, 온전한 죽음 | |
| 9 | 滅度 | 무여열반에 들어서 더는 도(道)가 필요하지 않은 상태로 생사를 초월함 | |
| 10 | 我相·人相·衆生相·壽者相 | 나·너·우리·목숨 등에 관한 생각과 집착<br>ⓐ 我相(아상) : 나와 내 것이 있다는 생각과 집착<br>ⓑ 人相(인상) : 너와 네 것이 있다는 생각과 집착<br>ⓒ 衆生相(중생상) : 생명이 있는 무리에 관한 일체의 생각과 집착<br>ⓓ 壽者相(수자상) : 목숨에 관한 일체의 생각과 집착 | |

| 구분<br>번호 | 중요단어 | 우리말 번역 | 참고 |
|---|---|---|---|
| 11 | 法 | ①인간의 감각기관과 뇌에서 유기적으로 이루어지는 생각 ②번뇌와 윤회·환생을 끊기 위한 부처님 가르침의 말씀 ③궁극적 실체에 관한 진리 | |
| 12 | 住 | 의지하다 또는 의지하여 집착하다 | *머무르다 |
| 13 | 相 | 감각기관과 뇌에서 유기적으로 이루어지는 일체의 사유 활동으로 생각·형상·관념·견해 | |
| 14 | 色·聲·香·味·觸·法 | 육진(六塵) | |
| 15 | 身相 | 몸의 생김새 | |
| 16 | 法相 | ①법(인간의 감각기관과 뇌에서 유기적으로 이루어지는 생각, 번뇌와 윤회·환생을 끊기 위한 부처님 가르침의 말씀, 궁극적 실체에 관한 진리)에 따른 사유·형상·관념·견해 또는 이를 줄여서 ②법에 관한 관념 | |
| 17 | 取 | 취하여 의지하다 | |
| 18 | 善根 | 선근 | 좋은 일을 함으로써 좋은 결과를 낳는 계기를 마련해 주는 데에 근본이 되는 언행과 의지 |
| 19 | 無爲法 | 무위법 | 움직이지 않고, 일하지 않으며, 생기지도 않고, 죽어 없어지지도 않으나 만물·만상을 다 품고 있는 허공과 눈을 맞추려는 수행 노력 |
| 20 | 三千大千世界 | 삼천대천세계 | 한 부처님의 교화가 미치는 영역으로 중생이 사는 곳 |
| 21 | 七寶 | 칠보 | 아주 귀하고 값비싼 일곱 가지 보석 |
| 22 | 佛法 | 궁극적인 실체에 관한 설명과 번뇌와 윤회·환생에서 벗어나기 위한 부처님 말씀 | |

| 구분<br>번호 | 중요단어 | 우리말 번역 | 참고 |
|---|---|---|---|
| 23 | 須陀洹·斯多含·阿那含·<br>阿羅漢·辟支佛·佛 | 수다원·사다함·아나함·아라한·벽지불·부처님 | |
| 24 | 無諍三昧 | 말다툼 없는 삼매 | |
| 25 | 阿蘭那 | 조용한 곳에서 명상하기 | |
| 26 | 燃燈佛 | 연등부처님 | |
| 27 | 佛土 | 불토 또는 불국토 | |
| 28 | 莊嚴 | 장엄 | |
| 29 | 須彌山 | 수미산 | |
| 30 | 淨土 | 정토 | |
| 31 | 布施 | 보시, 베풂 | |
| 32 | 三十二相 | 서른두 가지 외형상 특징 | |
| 33 | 寂滅 | 적멸 | |
| 34 | 第一波羅蜜 | 제일바라밀 | |
| 35 | 忍辱仙人 | 인욕선인 | |
| 36 | 忍辱波羅蜜 | 인욕바라밀 | |
| 37 | 歌利王 | 가리왕 | |
| 38 | 大乘者 | 윤회·환생을 마다하지 않고 중생을 제도하겠다는 신념으로 보살도(菩薩道)를 닦는 사람 | |
| 39 | 最上乘者 | '무여열반'으로 적멸에 듦으로써 부처가<br>되겠다고 불도를 닦는 사람 | |
| 40 | 小法者 | 중생 제도가 아닌, 수행자 개인의 번뇌를 소멸시키는 가장 바르고 평등한 깨달음 성취를 위한 수행 방법을 선택한 사람 | |

| 구분<br>번호 | 중요단어 | 우리말 번역 | 참고 |
|---|---|---|---|
| 41 | 一切世間 | 일체세간 | 크게 보면, 중생과 수행자가 살아가는 세상을 의미하고, 작게 보면 인간·하늘·아수라 등이 살아가는 세상을 말함 |
| 42 | 阿修羅 | 아수라 | |
| 43 | 罪業 | 죄업 | |
| 44 | 業障 | 업장 | |
| 45 | 惡道 | 악도 | |
| 46 | 阿僧祇 | 항하의 모래알 수 | |
| 47 | 那由他 | 아승기의 만 배 또는 억 배 | |
| 48 | 末世 | 말세 | |
| 49 | 果報 | 과보 | |
| 50 | 受記 | 수기 | |
| 51 | 無我法 | 무아법 | 내 몸과 마음에도, 내가 믿는 이치나 진리에도 '참나'가 없는 허상이라고 믿고 받아들이는 수행 |
| 52 | 肉眼·天眼·慧眼·法眼·佛眼 | 육안·천안·혜안·법안·불안 | |
| 53 | 法界通化 | 번뇌와 윤회·환생을 끊기 위한 부처님 가르침의 말씀을 믿고 따르는 세계 곧 종단에 두루 통하게 해서 교화하다 | |
| 54 | 具足色身 | 색깔과 모양을 다 갖춘 몸 | 외형적인 모습 |
| 55 | 具足諸相 | 부여된 의미를 다 갖춘 추상적인 모양새 | 내면의 이미지 |

| 구분 번호 | 중요단어 | 우리말 번역 | 참고 |
|---|---|---|---|
| 56 | 淨心 | 깨끗한 마음 | |
| 57 | 善法·行善 | 선법·선행 | |
| 58 | 凡夫 | 속인 | |
| 59 | 法身 | ①법신 또는 ②번뇌와 윤회·환생을 끊기 위한 말씀과 궁극적 실체에 관한 진리를 설명하는 가상의 부처님 | |
| 60 | 教化 | 교화 | |
| 61 | 濟度 | 제도 | |
| 62 | 邪道 | 그릇된 길 | |
| 63 | 轉輪聖王 | 전륜성왕 | |
| 64 | 法無我 | 법무아 | 인간의 사유 활동으로 나오는 관념과 추상적 형상에도 스스로 존재하게 하는 자성이 없어 무상하여 취하여 얻을 게 없다는 뜻 |
| 65 | 一合相 | 하나로 합쳐진 모습 | |
| 66 | 一切法 | 일체법 | |
| 67 | 阿僧祇 世界 | 항하의 모래알같이 많은 세계 | |
| 68 | 菩提心 | 지혜를 얻고자 하는 마음 | |
| 69 | 四句偈 | 사구게 또는 시 | |
| 70 | 善男子善女人 | 사람들 | 엄밀한 의미에서는 '우바새·우바이'를 말함. |
| 71 | 比丘·比丘尼·優婆塞·優婆夷 | 비구·비구니·우바새·우바이 | |
| 72 | 有爲法 | 유위법 | 인연에 의해서 생기는 현상계의 모든 존재에 의지·집착함 |

© 2024.07.20. 이시환 작성

# 4
## 금강반야바라밀경에서
## 우리말로 번역하기 가장 어려운 글자

　금강경에서 우리말로 번역하기 가장 어려운 글자는 분명, '相'과 '法'이다. 그다음으로 어려운 글자는 '住'와 '意'이다. 이들만 제대로 이해하고 해석하면 큰 어려움이 없다.

　'相'은 단독으로, 그리고 我相·人相·衆生相·壽者相·法相·諸相 등의 단어로 쓰였는데 이 '相'에는 ①생각이라는 想, ②모양·형상이라는 像, ③생각이 이어져서 만들어지는 추상적인 형상을 포함하는 觀念, ④관념들이 일정한 질서 위에서 재구성되는 見解 등의 다양한 의미로 쓰인다. 그래서 그 의미의 쓰임새를 잘 분별해야 한다. 모든 相에 대해서는 의지하지 말고(머무르지 말고) 집착하지 말아야 한다고 강조한다. 허상이기 때문이다. 이것이 금강경의 핵이다.

　'法'도 단독으로, 그리고 法相·一切法·諸法 등의 단어로 쓰였는데 이 '法'은 ①六根 가운데 하나인 '意'에서 나오는 '法' ②번뇌와 윤회·환생을 그치게 하는 부처님 가르침인 말씀으로서의 법 ③不變·不生·不滅·無爲·不動의 영원한, 참다운 진리로서의 법 등으로 쓰인다. 그래서 이 역시 그 의미의 쓰임새를 잘 분별해야 한다. 이 금강경에서는 모든 법에는 자아(自我)가 없다는 '법무아(法無我)'를 강조한다. 이 역시 금강경의 핵이다.

이처럼, 모든, '相'과 '法'에 의지하지 말고 집착하지 말라는 것이 금강경의 제일 주장이다. 특히, 중생을 제도하겠다는 뜻을 세운 보살이나 윤회·환생을 끊어서 더는 번뇌가 없는, 온전한 죽음에 들어서 더는 생멸이 존재하지 않는 부처가 되겠다고 수행하는 이들은 이 相과 法에 의지하거나 집착해서도 안 되고 연연해서도 안 된다는 것이다. 결과적으로, 조건 없이, 나[我]를, 다, 온전히, 버리라는 뜻이다. 이것의 실천이 바로 인욕바라밀이다.

금강경에서 우리말로 번역하기 어려운 두 번째 글자는 '住'와 '意'이다. '住'에는 '①살다, 거주하다 ②숙박하다, 머무르다 ③멈추다, 그치다 ④세우다, 서다 ⑤거처, 살고 있는 사람' 등의 뜻이 있다. 그래서 대개는 '머무르다'로 번역한다. 물론, '살다'로 번역하는 이도 있다. 이는 부분적으로 뜻이 통하나 어색한 면이 있다. 왜냐하면, 이 '住'는 주로 六根 곧 '眼·耳·鼻·舌·身·意'에서 나오는 '色·聲·香·味·觸·法'이라는 六塵과 관련하여 사용되었기 때문이다. 그래서 필자는 단순히 '머무름'보다는 '의지하다'가 더 적합하다고 판단하여 '의지하다' 또는 '의지하여 집착하다'라고 번역하였다. 그리고 부처와 보살과의 대화인데 피상적인 질의응답이라기보다는 구체적이고 전문적인 내용일 것이라는 판단도 작용하였다.

'意'는 육근 가운데 하나인 '意'로 쓰였는데 이 '意'가 어떤 뜻으로 쓰였는지 판단하기 쉽지 않다. 왜냐하면, '眼·耳·鼻·舌·身·意'에서 이 '意'를 제외한 나머지는 모두 신체 일부 기관들이다. 따라서 '意'도 신체 기관이어야 하는데 마땅히 무엇을 의미했는지 알 수가 없다. 그래서 필자는 굳이 '腦(뇌)'라고 판단했으나 '뜻이나 의지가 나오는 마음' 같기도

하다. 그런데 '心'이라는 글자가 있는데 굳이 '意'라고 했을까? 의구심이 들었고, 게다가, 이 '意'를 '心'으로 여긴다면 육근에 적용되어야 할 일관성이 깨어져 버린다. 이 '意'는 신체 기관이 아니기 때문이다.

반면, 이 '意'에서 나오는 것이 다름 아닌, 모호한 '法'이라는 점을 고려하면 마음속 생각·뜻·의지 등으로 쓰였을 것이라는 생각도 든다. 이런 판단에 힘을 실어주는 것이 있다면 소위, 삼업(三業)으로 불리는 '身·口·意'에서 '意'의 쓰임새이다. 身은 행위로써 드러내고, 口는 말로써 드러내며, 意는 마음속으로 하는 생각이나 뜻인 의중(意中)으로 드러내 일을 함으로써 각자가 업을 짓기 때문이다. 하지만 마음이라는 것은 형태가 없기에 신체 기관은 분명, 아니고, 마음속으로 하는 생각이나 뜻이나 의지라는 것도 결국은 감각기관과 신경과 뇌에서 유기적으로 이루어지는 사유 활동이기에 필자는 이 '意'를 '감각기관과 뇌에서 유기적으로 이루어지는 생각'으로 결정하고 번역하였다.

# 5

# 금강반야바라밀경의 서른두 개 소제목

한역자(漢譯者)가 다른 금강경 여섯 개 본 가운데 유일하게 구마라집이 번역한 「金剛般若波羅密經」에서만 서른두 개의 소제목이 붙어 있다. 그 소제목은 모두 네 자씩으로 붙여져 본문 내용을 알지 못하면 무슨 뜻인지 분별·이해하기 쉽지 않다. 그래서 우리나라 영산불교 현지사에서 발행한 「금강반야바라밀경」에서는 이 소제목에 대한 우리말 번역이 딸려 있긴 한데 어려울 뿐만 아니라 본문 내용과 유리된 면도 없지 않다.

구마라집이 한역했다고 하는 금강경 영인본 사진을 보면 서른두 개의 소제목이 붙지 않았다. 이를 받아들이면, 구마리집이 직접 소제목을 붙이지 않았다는 뜻이다. 그런데 敦煌遺書 폴 펠리오(Paul Pelliot:1878~1945) 敦煌手稿 水墨紙本에는 화보에서 보는 바와 같이 소제목이 붙여져 있다. 그렇다면, 누가 언제 붙였을까? 솔직히 필자는 이를 확인하지 못했었는데 원영 스님께서 양무제(梁武帝) 아들 소명태자(昭明太子)가 붙인 것으로 밝혀 놓았음을 인터넷을 통해서 인지하게 됐고, 이를 확인하기 위해서 중국 바이두 백과사전에 들어가 소명태자를 확인한 결과 그 사실을 재확인할 수 있었다. 곧, 양무제(梁武帝) 소연(蕭衍)의 장자(長子)인 소통(蕭統:昭明의 이름)은 불교를 믿으며, 불교 대승경전인 금강경을 32분으로 나누어 편집하고, 소제목을 붙여 읽기 쉽고 이해하기 쉽게 했다고 기술되었음을 확인했다[관련 내용 참조: 蕭

统 崇信 佛教, 佛教大乘经典《金刚经》中"三十二分则"的编辑, 即为他所作. 原本长篇连贯的经文, 经过他整理成为容易传诵理解的三十二个分则, 各段并补充浓缩精要的副标题].

여하튼, 금강경 5,140자 본문을 서른두 조각으로 나누었으되 '品' 대신에 '分'을 썼는데, 그 내용인즉 아래와 같다. 이 소제목을 먼저 일별해 봄으로써 본문 내용을 가늠해 볼 수 있으리라 본다. 따라서 여러분은 본문을 읽기 전에 공부하는 워밍업(warming-up) 정도로 생각하면 좋을 것이다.

## [ 금강경 서른두 개의 소제목 번역 일람표 ]

| 구분 / 번호 | 소통(蕭統)이 붙인 소제목 | 영산불교에서 발행한 금강경에서의 번역 | 이시환 번역 |
|---|---|---|---|
| 1 | 法會因由 | 법회가 열린 인연 | 법회를 열게 된 배경 |
| 2 | 善現起請 | 선현이 법을 청하다 | 수보리가 자리에서 일어나 청하다 |
| 3 | 大乘正宗 | 대승의 바른 종지 | 대승의 바른 뜻 |
| 4 | 妙行無住 | 머무름 없는 묘행 | 육식(六識)에 의지함 없는 신기한 수행 |
| 5 | 如理實見 | 실다운 진리를 보라 | 여래를 보는 참 이치 |
| 6 | 正信希有 | 말세의 바른 신심 희유하다 | 희한한 바른 믿음 |
| 7 | 無得無說 | 얻을 것도 설할 것도 없다 | 얻은 게 없고 설법한 것도 없다 |
| 8 | 依法出生 | 모든 것 진리로부터 나오다 | 모든 부처님과 번뇌를 소멸시키는 가장 바르고 평등한 깨달음이 다 이 경에 의해 나왔다 |

| 구분 번호 | 소통(蕭統)이 붙인 소제목 | 영산불교에서 발행한 금강경에서의 번역 | 이시환 번역 |
|---|---|---|---|
| 9 | 一相無相 | 절대의 법은 존재가 아니다 | 형상과 관념에는 그 의미가 없다 |
| 10 | 莊嚴淨土 | 정토를 장엄하다 | 말씀도 장엄도 몸도 없다 |
| 11 | 無爲福勝 | 절대한 큰 복덕 | 법 보시보다 훌륭한 복을 짓는 일은 없다 |
| 12 | 尊重正敎 | 바른 교법을 존경하라 | 이 경을 바르게 가르치면 부처님 제자로서 존중받는다 |
| 13 | 如法受持 | 법답게 받아 지니라 | 궁극적 진리처럼 받아 지녀라 |
| 14 | 離相寂滅 | 상을 여원 적멸 | 형상과 관념을 떠난 적멸 |
| 15 | 持經功德 | 경을 지니는 공덕 | 이 경문을 지니는 공덕 |
| 16 | 能淨業障 | 업장을 깨끗이 맑힘 | 과거 죄업을 소멸시키다 |
| 17 | 究竟無我 | 마침내 나는 없다 | 궁극적으로 '나는 없다' |
| 18 | 一切同觀 | 일체를 하나로 보라 | 모든 것을 하나로 보라 |
| 19 | 法界通化 | 법계를 두루 교화하라 | 번뇌와 윤회·환생을 끊기 위한 부처님 가르침의 말씀을 믿고 따르는 종단에 두루 통하게 해서 교화하다 |
| 20 | 離色離相 | 색신을 여원 법신여래 | 부처는 색깔과 모양을 다 갖춘 몸과 부여된 의미를 다 갖춘 추상적인 모양새를 떠나 있다 |
| 21 | 非說所說 | 말을 여원 설법 | 진리를 설명했어도 설명한 게 아니다 |
| 22 | 無法可得 | 진리는 얻을 것 없다 | 얻을 수 있는 가르침이 없다 |
| 23 | 淨心行善 | 깨끗한 마음으로 선을 닦아라 | 깨끗한 마음으로 좋은 일을 실천하다 |

| 구분 번호 | 소통(蕭統)이 붙인 소제목 | 영산불교에서 발행한 금강경에서의 번역 | 이시환 번역 |
|---|---|---|---|
| 24 | 福智無比 | 복과 지혜를 비교할 수 없다 | 법 보시로 받게 되는 복덕과 지혜는 재물 보시로 받게 되는 그것과 비교할 수 없다 |
| 25 | 化無所化 | 교화해도 한 것 없다 | 교화했어도 교화됨 없다 |
| 26 | 法身非相 | 법신은 존재가 아니다 | 법신은 형상이 아니다 |
| 27 | 無斷無滅 | 아주 없는 것 아니다 | 법은 끊어짐이 없고 사라짐도 없다 |
| 28 | 不受不貪 | 받지도 않고 탐하지도 않는다 | 보살은 복덕을 받지도 않고 탐내지도 않는다 |
| 29 | 威儀寂靜 | 위의가 그윽하다 | 여래의 위엄있고 엄숙한 모습은 고요함 그 자체이다 |
| 30 | 一合理相 | 진리와 현상은 둘이 아니다 | 하나로 합쳐지는 이치와 그 모습 |
| 31 | 知見不生 | 지견을 내지 말라 | 앎과 견문으로 법에 관한 관념을 짓지 말라 |
| 32 | 應化非眞 | 응화신은 참된 것 아니다 | 마땅히 중생을 교화했어도 교화한 게 아니다 |

© 2024.07.19. 이시환 작성

　보다시피, 소제목들을 네 자씩으로 짓다 보니 드러나지 않은 부분이 많아졌다. 그래서 본문을 먼저 읽어야 이들 소제목의 의미가 비로소 파악, 이해된다. 그런데 이를 우리말로 번역할 때 본문 내용을 먼저 면밀하게 살펴보지 않고 차례대로 번역해 나가면 영산불교에서 번역한 것처럼 본문 내용과 유리된 번역을 하게 된다. 게다가, 해설을 요구하는 단어들이 그대로 많이 사용될 수밖에 없다. 따라서 본문 내용을 먼저 자세히 읽고, 그 내용 파악을 한 연후에 소제목을 읽으면 적절하게 붙여졌는지 그렇지 못한지 판단할 수 있고, 제한된 글자 속에서 생략된 내용을 인지하게 된다. 필자는 생략된 부분을 드러내어 우리말로 옮겼기에 소제목만 읽어도 대략 본문의 내용을 짐작할 수 있으리라 본다.

# 6
# 금강반야바라밀경의 큰 모순

금강경에는 누구도 인지하지 못하는 큰 모순이 있다. 아니, 모순을 인지하고도 말하고 싶지 않거나 말하지 못할 뿐이다. 그것이 무엇일까?

그 모순의 첫째는, 복(福)은 복이 아니기에 복이 많다고 말하면서 이 금강경이나 금강경 사구게 만이라도 소지하여 읽고 외우고 타인을 위해서 설명해 주는 사람이 받게 될 복이 온갖 재물과 목숨과 부처님 공양 등을 헤아릴 수 없이 많이 보시하는 자가 받을 복보다 크고 많다고 강조한다는 사실이다. 금강경에서 제일 많이 강조되는 내용이다.

그 모순의 둘째는, 모든 법[法:①궁극적인 실체 ②번뇌와 윤회·환생에서 벗어나기 위한 부처님 가르침의 말씀 ③의(意)에서 나오는 생각·형상·관념·견해 등을 두루 포함]에 자아가 없으므로 법에 머무르지 말고, 의지하거나 집착하지도 말고, 견해도 내지 말라면서 아주 열심히 가르침을 편다는 사실이다.

그 모순의 셋째는, 중생을 제도해야겠다는 마음만 있어도 이미 아상(我相)·인상(人相)·중생상(衆生相)·수자상(壽者相)에 머무는 것이고, 집착하는 것이며, 그것으로 그는 이미 보살이 아니라는 주장을 하면서, 그리고 중생은 중생이 아니라면서도 제상(諸相)·제법(諸法)에 머무르지 말고, 의지하지 말고, 집착하지 말고, 중생을 제도하라고 끊임없이 보살에게 요구·강조한다는 사실이다.

그 모순의 넷째는, 인간의 육근(六根)·육진(六塵)·육식(六識)이 번뇌의 근원이기에 머물지 말고, 의지하지 말고, 집착하지 말라고 입이 아프도록 강조하나 부처·보살·중생의 모든 언행(言行)은 다 자신들의 감각기관과 뇌에서 유기적으로 이루어지는 사유 활동에서 나오는, 다시 말해, 육근(六根)·육진(六塵)·육식(六識)에 의존해 나온 것임을 부인할 수 없다는 사실이다.

그 모순의 다섯째는, 모든, 생각·형상·관념·견해, 다시 말해, 모든 상(相)과 모든 법(法)을 열심히, 반복적으로 부정해 놓고, 슬그머니 "若心有住 卽爲非住(제14분)"이라 했고, "一切法皆是佛法(제17분)"이라고 했다. 마음에 머무름 곧 의지함이 있다면 의지하지 않음이 되고, 일체 법[法:①궁극적인 실체 ②번뇌와 윤회·환생에서 벗어나기 위한 부처님 가르침의 말씀 ③의(意)에서 나오는 생각·형상·관념·견해 등을 두루 포함]이 다 부처님 가르침의 말씀이라고 말함으로써 지금까지 했던 말들을 무위(無爲), 곧 원점으로 돌려놓고 만다는 사실이다.

그동안 중언부언(重言復言)하듯 무슨 말을 했던가? 삼천대천세계는 삼천대천세계가 아니고, 아뇩다라삼먁삼보리는 아뇩다라삼먁삼보리가 아니고, 복덕은 복덕이 아니고, 아라한은 아라한이 아니고, 불법(佛法)은 불법이 아니고, 설법(說法)은 설법이 아니고, 바라밀은 바라밀이 아니고, 선법(善法)은 선법이 아니고, 중생(衆生)은 중생이 아니고, 마음은 마음이 아니고, 티끌은 티끌이 아니고, 일합상(一合相)은 일합상이 아니고, 견해(見解)는 견해가 아니고….

이렇게 모든, 생각·형상·관념·견해를, 다시 말해, 모든 '상(相)'과 모든 '법(法)'을 열심히, 반복적으로, 시종일관 부정해 놓고서 원상태로 되돌려 놓고 만다. 아직도 많은 사람이 눈치채지 못한 것 같은데 이를 지각하지 못했다면 경문을 제대로 읽지 못한 결과로 곤란한 일이다. 원점으로 되돌려 놓았다는 것은 사실상, 이 경의 무용론(無用論)을 스스로 말하는 것과 다르지 않기 때문이다. 그렇다면, 무엇 때문에 공들여 이 경을 지었을까? 자칫, 말장난으로 자승자박(自繩自縛)하는 꼴이 되어버리는데 그 위험을 감수하고서 말이다. 이 문제는 조금 뒤로 미뤄두자.

여하튼, 이 경문은 우리의 상상에 맡기는 과장법이 즐겨 쓰였고, 했던 말을 또 하고 또 하는 반복법이 쓰였는데 정말이지, 식상(食傷)할 정도이다. 하고자 하는 말을 강조하기 위함이라고 애써 이해하려고 해도 지나치다. 게다가, 하고자 하는 말을 진리인 양 이치에 어긋나거나 모순되는 말을 통해서 표현하는 역설(逆說)투성이다. 심하게 말한다면, 이미 했던 말을 자꾸 되풀이하기에 분명히 중언부언(重言復言)이고, 그것에 일정한 질서가 없으니 횡설수설(橫說竪說)에 가깝다. 이런 점에서 보면 분명, 금강경은 '금강경'이 아니라 '泥土經' 곧, '진흙경'이다.

# 7

# 모순어법으로 드러나는 허공의 적멸

삼천대천세계, 아뇩다라삼먁삼보리, 수다원과 아라한, 인욕선인과 인욕바라밀, 연등부처님과 受記, 天眼·法眼·慧眼·佛眼, 부처의 서른두 가지 외형상 특징, 須彌山, 恒河와 모래, 善法과 惡法, 罪業과 善業, 그놈의 我相·人相·衆生相·壽者相·法相, 衆生과 菩薩, 正道와 邪道, 無爲와 有爲, 六根과 六塵, 煩惱와 티끌, 淸淨과 汚濁, 無餘涅槃과 寂滅, 六度 輪廻와 還生, 涅槃, 濟度와 敎化 등등 이것들이 다 무엇인가? 부처님이 평생 말씀으로써 제자와 중생을 가르칠 때 사용했던 단어 곧 관념들이 아닌가? 그런데 이제는 이들이 모두 부정되고 있다. 그 이유가 무엇일까?

물론, 경문 그 어디에도 이에 관한 설명은 없다. 필자는 금강경을 수없이 읽으면서 문득 이런 생각을 했다. 곧, 부처님께서 다 살고 보니 새롭게 다가오는 게 있었을까? 있었다면 처음부터 머릿속을 지배했던 무아(無我)·부정관(不淨觀)에 입각한, 살면서 생산했던 수많은 관념의 '부질없음'과 '허망함'일 것이다. 바로 그 부질없고 허망한 자리에 태양처럼 솟아오른 것이 있었으니 그것은 다름 아닌 허공(虛空)! 그 허공과 같은, 그 무엇이었다. 그것은 사람처럼 피곤하게 생기지도 않고 변하지도 않고 죽지도 않으며, 있지만 없고, 없지만 있는, 움직이어 일하지도 않지만 그렇다고 하지 않는 일도 없는, 희한한, 불가사의한 그 허공 같은 영원불멸의 존재가 부처님의 머릿속에서 태양처럼 솟아오른 것이다. 이를 두고 '허공'이라고 대놓고 말할 수도 없어 그저 '허공 같다'라는 말로 대신하는 실상(實相)이요, 실체(實諦)이다.

바로 이것을 앞에 놓고 생각하면, 바꿔 말해, 이것을 스승처럼 진리처럼 몸과 마음으로 받아들이고, 그처럼 머물며 산다면, 이런 사람에게 그따위 모든, 생각·형상·관념·견해가 무슨 대수가 되겠으며, 무슨 소용이 있겠는가? 바로, 이런 맥락에서 그동안의 모든 가르침이나 모든 생각이나 모든 관념이나 모든 형상이나 모든 견해 등이, 아니, 옳다고 생각했던 모든 법(法)조차 한사코 부정되는 것이다. 이것들이 그 실상 앞에서는 헛것이고, 거짓 상(相)이요, 거짓 법(法)이기 때문이다. 한마디로 말해, 모두가 다 허상(虛像)이라는 뜻이다.

그러나 부정한다고 해서 부정되는 것도 아닌데 애써 말하는 모양새가 실로 안타깝다. 그래서 중언부언에서 횡설수설에 가까운 말을 할 수밖에 없었으리라 본다. 하지만 그 와중에서도 부정되지 않은 것이 있었다. 그것은 바로 부처님이 좋아하는 '正(바름)·善(착함)·淨(깨끗함)'이다. 아마도, 부처님이 인지한, 아니, 깨달은 허공 같은 실상의 성품도 바로 '正·善·淨'으로 여기기 때문일 것이다.

그리고 부정되지 않은 하나가 더 있는데 그것은 '중생을 위함'이라는 말이다. 제도해야 할 중생이 없다고 말하면서도, 제도했어도 제도한 중생이 하나도 없다고 말하면서도, 중생에게 이익되게 제도해야 한다는 말은 끝내 놓지 않고 부정하지 않는다. 너무나 인간적이지 않은가? 인간적이라고 인정한다면 지금까지 한 모든 부처님의 화법(話法)이 다 가르치는 수단으로서 방편일 따름이라는 뜻과 다르지 않다. 따라서 우리는 지나치게 경문의 자자구구에 매달리거나 집착해서는 안 될 것이다.

그러나 한 가지 분명한 사실이 있다. 그것은 중언부언과 횡설수설에 가까운 진흙 속에 박혀서 반짝반짝 빛나며 오랜 세월 속에서도 썩지 않고 진흙이 되지 않는 '옥(玉)'이 들어있다는 점이다. 그 옥이 무엇인가? 아직 전면에 온전히 드러나 있지는 않으나 앞서 말한 '허공(虛空)'이다. 이 허공에 관해, 서른두 개의 소제목을 붙인 소통, 소명태자는 '모든 생각·형상·관념·견해 등을 떠난 적멸(寂滅)'이라는 단어로써 그 성품을 말했지만, 그 '적멸'이 바로 썩지 않는 '옥'인 것이다. 그놈의 옥을 말하려고 말씀으로써 세상을 한 바퀴 애써 돌아온 것이다.

이렇게 돌아와 보니, 삼천대천세계(三千大千世界)는 삼천대천세계가 되고, 아뇩다라삼먁삼보리(阿耨多羅三藐三菩提)는 아뇩다라삼먁삼보리가 되고, 복덕(福德)은 복덕이 되고, 아라한(阿羅漢)은 아라한이 되고, 불법(佛法)은 불법이 되고, 설법(說法)은 설법이 되고, 바라밀(波羅蜜)은 바라밀이 되고, 선법(善法)은 선법이 되고, 중생(衆生)은 중생이 되고, 마음은 마음이 되고, 티끌은 티끌이 되고, 일합상(一合相)은 일합상이 되고, 견해(見解)는 견해가 되어있다.

결과적으로, 새롭게 남겨진 것이 있다면, 이 금강경을 소지하여 읽고 외우고 타인을 위하여 설명해 주면 그 사람은 말로 표현할 수 없는 크고 많은 복덕을 받고, 이 금강경이 있는 곳이면 불전과 불탑이 있는 것처럼 사람들이 몰려와 경배드린다는 광고(廣告)이다. 그래서일까? 오늘날 이 금강경을 중심으로 장삿속에 머물러 있는 사람들이 유별나게 많은 것이다.

이것이 금강경이고, 이것이 금강경의 법(法)이며, 이것이 의지해서는,

머물러서는 안 된다는 금강경의 상(相)이다. 이것이 빛나며, 이것이 단단하여 '금강'이라 부르는 것이다. 이것이 내가 이해한 금강경의 핵심으로 모든 것이 무(無)이고, 모든 것이 공(空)이라고 직접 말하지는 않았으나 '적멸(寂滅)'을 최고의 개념으로 올려놓았음은 분명하다.

이런 맥락에서 보면 '색즉시공(色卽是空) 공즉시색(空卽是色)'이라고 말한 심경을 태동시킨 바로 전 단계의 경이라 할 수 있다. 적멸처럼 무(無)이고 공(空)한 것은 바르지 않을 리 없고, 착하지 않을 리 없으며, 깨끗하지 않을 리 없다. 아니, 正·否正, 善·不善, 淨·濁 등을 초월해 있다. 이것을 돌리고 돌려서 말했으니 이 금강경은 '옥을 품은 진흙경'이라고 필자로서는 아니 말할 수가 없다.

# 숨겨진 키워드 중의 키워드 '허상(虛像)'과 '적멸(寂滅)'

금강경은 중언부언하면서 아니, 횡설수설하듯 말한다. 처음부터 끝까지 그가 말하는 내용을 여러 차례 반복해서 들어보면 무엇이 남을까? 분명한 하나가 있다. 그것은 인간의 감각기관과 뇌에서 유기적으로 이루어지는 사유 활동 곧, 느낌·생각·형상·관념·견해 따위가 모두 '허상(虛像=虛相)'이라는 믿음이다.

부처님 시각에서는 복잡한 구조와 형태를 갖춘, 오늘날 '소우주'라고 빗대어 말해지는 인체(人體)조차도 그림자이고, 환영(幻影)이며, 물거품 같은 헛것 곧 허상인데 그 사람이 짓는, 느낌·생각·형상·관념·견해 따위는 말할 것이 없다. 이런 기본적인 판단이 전제되어 사람이 인지하거나 짓는 모든 '상(相)'과 모든 '법(法)'에는 참다운 진실이 없다고 본 것이다. 그래서 실상(實像)이 아닌 허상(虛像)이라고 생각하기에 이 문제의 금강경에서는 한사코 A는 A가 아니고, B는 B가 아니라고 부정된다. 그 부정하는 방법도 '~이 아니다'이거나 '~이 없다'라는 이유 때문이지만 말이다.

三千大千世界, 阿耨多羅三藐三菩提, 須陀洹과 阿羅漢, 忍辱仙人과 忍辱波羅蜜, 燃燈부처님과 受記, 天眼·法眼·慧眼·佛眼, 부처의 서른두 가지 외형상 특징(32相), 須彌山, 恒河와 모래, 善法과 惡法, 罪業과 善業, 我相·人相·衆生相·壽者相·法相, 衆生과 菩薩, 正道와 邪道, 無爲와 有爲,

六根과 六塵, 煩惱와 티끌, 淸淨과 汚濁, 無餘涅槃과 寂滅, 六度 輪廻와 還生, 煩惱와 涅槃, 濟度와 敎化, 凡夫, 福德, 티끌 등….

금강경에서 부정되는 이들이 다 무엇인가? 이들은 금강경뿐 아니라 다른 경문에서도 수없이 쓰인 단어들이고, 부처님이 제자와 중생을 가르칠 때 지어 사용한 '상(相)'과 '법(法)'이 아닌가! 그러함에도 불구하고, 이 금강경에서는 이들이 모두 부정된다. 부정된다는 것은 진실이 아니므로, 실상이 아닌 허상이므로, 머물거나 의지하거나 집착하지 말며, 실제로 얻을 것도 없다는 뜻이다. 물론, 그러면서도 열심히 금강경 법 보시의 복덕이 크고 많으며, 이들 상(相)과 법(法)에 머무름·의지·집착 없이 중생을 제도해야 한다는 주장(가르침)을 펴지만 말이다.

그리고 분명한 또 하나가 있다. 그것은 사람이 인지하거나 짓는 모든 '상(相)'과 모든 '법(法)'을 떠나면, 바꿔 말해, 인간의 감각기관과 뇌에서 유기적으로 이루어지는 사유 활동 곧, 느낌·생각·형상·관념·견해 따위를 버리면 '적멸(寂滅)'에 든다는 주장이다. 적멸에 듦이 곧 '멸도(滅度)'이고, 무여열반(無餘涅槃)이며, 윤회·환생이 끊어져서 부처가 되는 길인데…. 그래서 중생을 제도하고자 살아가는 대승자(大乘者)와 부처가 되고자 하는 최상승자를 위해서 특별히 설명한 경이라고 하는데 결과적으로 모든 것은 허상이고, 그 허상을 온전히 다 버리면 적멸에 듦으로써 더는 환생·윤회하지 않는다는 것이다. 그러함에도 불구하고, 허상(虛像=虛相)이라는 말을 하지는 않았다.

# 9
## 금강반야바라밀경에서 아주 중요한 두 가지 언급

금강경에서는 매우 중요한 두 가지를 얘기했다. 그 하나는, 모든 형상과 관념과 견해를 떠나면 부처가 된다는 점이고, 그 다른 하나는 마음으로 색깔·소리·향기·맛·감촉·생각 등 육진(六塵)에 의지함이 곧 의지하지 않음이라는 언급이다. 이것이 왜, 중요한가?

①"離一切諸相, 即名諸佛(제14분)"과 ②"若心有住 即爲非住(제14분)"이라는 문장이 그것인데, ①은 '모든 상으로부터 떠나면 곧 모든 부처라 이름한다'라는 말이고, ②는 '마음에 의지함[머무름]이 있다면 곧 의지하지 않음이 된다'라는 뜻이다. 제상(諸相)이 무엇이기에 그렇게 말할 수 있는가? 여기서 '相'은 我相·人相·衆生相·壽者相·法相 등에서의 '相'이다. 이미 설명한 것처럼, 相은 인간의 감각기관과 뇌에서 유기적으로 이루어지는 사유 활동으로서 나오는 '想(생각)'이고 '像(모양·형상)'이며, '관념(觀念)'이고, '견해(見解)'이다.

덧붙이자면, 육근(六根) 활동에 의한 처음 생각은 단순히 극히 짧은 시간에 이루어지는 지각(知覺)·인지(認知)인데 이것이 반복(反復)·지속(持續)되면서 있고 없는 모양까지 짓게 되는데 이것을 '像'이라 하고, 그 예를 들자면 法眼·慧眼·天眼·須彌山 등이 된다. 나아가, 대상에 대하여 의미를 부여하면서 없던 관념[觀念 : 如來·阿耨多羅三藐三菩提·涅槃·寂滅 등]이 생기고(물론, 여기서는 당위성이 무엇보다 중요하다), 그 관념들로써 자신의 의중(意中)을 드러내는 것이 견해[見解 : 금강경]이다(여기서는 인과관계 곧 논리가 중요하다).

   그런데 부처님은 모든 번뇌의 근원이라 하여 인간의 감각기관과 뇌에서 유기적으로 이루어지는 사유 활동과 그 결과에 머무르지 말고, 의지하지 말고, 집착하지 말고 살아야 한다고 강조하면서 급기야 이로부터 자유로워지면 '부처'라고 이름한다고, 다시 말해, 부처가 된다고 말하게 된 것이다. 문제는, 실현될 수 없는 일이라는 점이다. 인간은 그 육근(六根) 없이는 살 수 없고, 그 육근에 의해서 모든 대상을 인식하고, 그것으로써 생성된 관념이라는 탑을 세우며 살아가는 존재이다. 일정한 질서에 의해서 세워진 탑은 견해가 되는 것이고, 그 견해들에 스스로 속박되는 면이 없지 않으나 그것은 새로운 탑을 세우는 데에 기여(寄與)하기도 한다. 이것이 바로 인간의 역사이고 인간의 삶이기 때문이다. 이 금강경도 일종의 탑이고, 금강경을 집필한 행위도 일종의 견해를 짓는 일이다. 나의 탑, 나의 견해는 되고, 남의 탑, 남의 견해는 받아들여서는 안 된다는 주장이나 뭐가 다른가?

   다행히, 이를 알아차렸음일까? '마음에 머무름 곧 의지함이 있다면 곧 의지하지 않음이 된다'라는 말도 놓치지 않고 했으니 말이다. 시종일관 의지하지 말라고, 머물지 말라고, 집착하지 말라고 말할 때는 언제인데 이제는 돌연 의지함이 곧 의지하지 않음이고, 머무름이 머무르지 않음이라고 하니 당황스러운 일이 아닐 수 없다. 결국, 인간의 감각기관과 뇌에서 이루어지는 유기적 사유 활동을 전적으로 배제할 수 없다는 사실을 받아들임일까? 아니면, 애초부터 인정하고 받아들였으나 지나치게 집착하지 말라는 방편으로써 한 말이란 뜻인가? 부처님의 모든 말씀이 부처의 육근(六根)에 의해서 나온 것이기에 마땅히 방편으로써 한 말이라고 생각함이 옳다. 그래야 만이 앞서 지적했던 금강경의 큰 모순들이 해소된다.

그렇다면, 굳이 모순되는 말들을 되풀이하면서 원점으로 돌려놓은 이유는 무엇일까? 그 이유가 합당하지 않다면 단지, 경전 집필자의 무능력이 드러나 있음일 따름이다.

# 10

## 금강반야바라밀경의 주제

금강경에서 제일 많이 언급되는 것이 다름 아닌, 경의 공덕(功德)이다. 32개의 소제목이 붙은 경문에서 11곳 이상에서 금강경을 소지하거나 사구게로써 남을 위해 설명해 주면 이 사람이 받을 복덕이 재물·목숨·부처님 공양 등 그 무엇을 보시하거나 행하여도 비교할 수 없이 크고 많다는 점을 강조하였다. 그만큼 반복되었고, 산발적으로 언급되었다는 뜻이다(4, 8, 11, 12, 13, 15, 16, 18, 24, 28, 32 등).

금강경에서 두 번째로 많이 언급되는 것이 다름 아닌, 아눅다라삼먁삼보리(阿耨多羅三藐三菩提) 곧, '번뇌를 소멸시키는 가장 바르고 평등한 깨달음'이다. 이는 부처님이 제자와 중생을 위하여 말씀하신 법 가운데에서 가장 중요한 것으로서 상징적으로 쓰였다. 무려 여덟 곳 이상에서 언급된다(2, 7, 9, 17, 22, 23, 27 등).

금강경에서 세 번째로 많이 언급되는 것이 다름 아닌, 아상(我相)·인상(人相)·중생상(衆生相)·수자상(壽者相)이다. 적어도 여섯 곳 이상에서 언급되는데(3, 5, 14, 16, 25, 31 등) 무아관(無我觀)과 인욕바라밀(忍辱波羅蜜)과 연계되어서 집착하지 말라는 대상이다. 그다음이 법(法)이고, 몸의 생김새[身相]에 관한 언급 등이다.

그렇다면, 이 다섯 가지(①經의 功德 ②阿耨多羅三藐三菩提 ③諸相 ④

262

諸法 ⑤身相 등)를 무엇 때문에 자주 언급했는가? 이것을 알면 금강경 전문의 핵심을 이해한 것이다. 그것은 모든 '相'과 모든 '法'이 다 虛像(虛相)으로서 믿고 의지할 만한 것이 못 된다는 사실 하나와 궁극적으로는 나를 비롯하여 아무것도 없다는, 무(無) 곧 공(空)의 실체만이 영원하다는 종지(宗旨)를 알림이고, 이를 알았다면 중생을 제도하겠다는 보살이나 무여열반에 들어서 부처가 되겠다는 수행자는 허상에 매이거나 집착하지 말고 자신을 온전히 보시를 통해서 버리라는 뜻이다. 이 세 가지 요체가 금강경의 주제이다. 다시 말하면, ①모든 상과 법이 다 허상(虛像=虛相)이다. ②텅 비어 있는 무공(無空) 만이 영원한 실상(實相)으로서 실체(實諦)이다. 따라서 ③수행자는 허상에 매이지 말고, 자신을 조건 없이, 보시를 통해서 온전히 버려라. 이 세 가지를 말하기 위해서 중언부언에 횡설수설까지 감수했다.

# 11

# 금강반야바라밀경을
# 번역하고 분석한 필자의 최종 결론

①금강경의 제일 키워드는 '허상(虛像=虛相)'이다. '허상'이라는 단어가 직접 쓰이지는 않았으나 '실상(實像=實相)'의 반대말로, 부처님께서 가르침을 펴면서 사용해 왔던 모든 형상과 관념이 부정되는데, 다시 말해, 제상(諸相)과 제법(諸法)이 다 부정되는데 그 이유가 바로 허상이기 때문이다.

②금강경에서 두 번째로 많이 쓰인 말은, '아상(我相)·인상(人相)·중생상(衆生相)·수자상(壽者相)·법상(法相)'이다. 이들에 머물거나 의지하거나 집착하지 않아야 한다는 의미에서 많이 쓰였다. 결과적으로 이들을 초월하라는 뜻이다.

③금강경에서 제일 많이 강조한 말은, 이 경을 소지하고 사구게만으로라도 타인을 위해 설명해 주는, 이른바, 법 보시하면 그가 받게 될 복덕이 재물·목숨·부처님 공양 등 그 어떤 보시나 행위보다도 크고 많다는 점이다. 경문 집필자의 의도가 엿보인다고 아니 말할 수 없다.

④제일 많이 당부한 말은, 육근(六根)에 의해 생기는 육진(六塵)에 머물지 말고, 의지하지 말고, 집착하지 말라는 주문이다. 하지만 사람이라는 존재는 육근 없이는 살 수 없고, 부처의 가르침 역시 부처님의 육근에 의해서 나왔다는 현실성을 무시·외면했다고 볼 수 있다. '방편'으

로써 이야기했다는 뜻이다. 정도 문제이지 온전히 배제할 수는 없는 노릇이다.

⑤금강경의 핵심 가운데 핵은, 존재하는 모든 것은 실상이 아닌 허상인데 그 허상을 버리면, 그 허상을 떠나면, 그 허상을 여의면, '적멸(寂滅)'에 든다는 점이다. 그런 의미에서 적멸은 허공(虛空)의 핵(核)이다.

⑥그 적멸 안으로 들어감이 곧 무여열반(無餘涅槃)이고, 멸도(滅度)인데, 허상이 실상이 되고, 머물지 않음이 머묾이 되고, 의지하지 않음이 의지함이 되며, 집착하지 않음이 집착함이 되어버린다. 진정, 적멸에 들어갔다면 영영 돌아오지 않아야 하는데 다시 돌아오기 때문이다. 곧, 윤회·환생을 끊어내지 못했다는 뜻이다. 이런 설명이 있었다면 금강경이 조금도 어렵지 않을 터인데 아쉽게도 이 경문에서는 없다.

⑦진정, 적멸에 들지 못했기에 다시 환생해 보니 모든 가르침의 말씀이 여전히 유효하여 의지하거나 집착하지 말라는 불법(佛法)이 다시 불법이 된다. 열심히 부정하고, 그 부정한 것들에 의지·집착하지 말라고 입이 아프도록 말했는데 다시 긍정하면서 원점으로 돌아오고 만다.

⑧부처님이 죽어 없어져도, 젊잖게 말해서, 무여열반에 들어서 멸도(滅度)를 이룬다 해도 '如來'라는 이름으로, '法身'이라는 이름으로 영원히 존재하는 것을 기정사실(旣定事實)로 받아들이고 있다.

이런 시각과 이런 판단이 반영된 것이 금강경이다. 다만, 언어 표현상의 미숙이 이해를 어렵게 한다.

# 금강 제오문

금강반야바라밀경을 이해하는 데에 도움이 되는 글들

# 1

## 윤회·환생의 끈, '識神'에 관하여

사람이 죽으면 영(靈)과 육(肉)이 분리되어 육은 썩어 없어지나 영은 썩지 않고 부활 또는 환생한다고 많은 사람이 믿는다. 이런 믿음을 갖는 사람들 가운데에는 '과연, 그 부활이나 환생이 어떻게 이루어질까?'에 관해서 많은 생각을 해왔을 것이다. 그래서 사도 바울도 보리 종자에서 새순이 나오는 과정과 연계시켜서 사람의 몸이 썩어야 부활한다고 주장했고, 나가세나 스님도 망고나무 씨앗에서 새로운 망고나무가 나오는 것으로써 환생을 주장하는 궤변(詭辯)을 늘어놓았다. 둘 다 우스꽝스러운 비유법이고, 터무니없는 주장에 불과하지만, 그래도 그들의 말을 믿는 사람들이 적지 않듯이 그 후에도 사람들은 희망과도 같은 그 부활과 환생의 끈을 붙들고 있다.

불교 경전에서는, '영혼(靈魂)'이라는 말을 잘 쓰지 않는데 -그렇다고 전혀 사용하지 않은 것은 아니다- 이 영혼에 해당하는 용어로 '식신(識神)'이라는 단어를 가장 많이 사용했다. '식신(識身)'이 아닌 '식신(識神)'은, 형상이 없어서(경률이상, 육도집경, 불설견정경) 몸 안에서 찾을 수 없고(불설장아함경), 임시로 사사(四蛇:四大)에 편승하고, 차츰 사라지면서 빙 돌다가 이내 없어지는 것(경률이상)이며, 죽은 몸을 떠나 중음(中陰)에서 다음 생을 기다리는 것이고(출요경, 불설견정경), 장차 어디에 태어날 것인가를 찾아 돌아다니며(잡아함경), 임신하게 하여(법원주림), 태(胎)에 들어가는 것이며(증일아함경, 법집요송경), 다시 태어나는 것(불설염라왕오천사자경)이며, 파초 같아 허망한 것(불설해우경)이고, 공(空)한 것(법집요송경)이며, 지옥에 가서 벌을 받는 것(불설아난분별경)이라고 여러 경에 기술되어 있다. 이처럼 많은 경문에서 식신을 설명하고 있지만, '영혼'이라는 단어만큼이나 모호하기 짝이 없다.

지금까지 내가 읽은 경들 가운데에서 이 식신에 관하여 가장 알기 쉽고도 자세하게 설명한 경이 있다면 바로 일명 '생사변식경(生死變識經)'이라고도 불리는 「불설견정경(佛說見正經)」을 들고 싶은데 나는 한때 문제의 '식신'을 이해하기 위해서 이 경을 읽고 또 읽기를 반복했었다. 이 경문 속에서는 질문한 견정(見正) 비구 외 여러 제자에게 부처가 '식신'에 관하여 직접 설명하는 내용인데 그 핵심 내용인즉 이러하다.

태어나고 죽는 것도 그(씨와 나무와 관계)와 같다. 식신(識神)은 연기법(緣起法)을 만들고, 연기법은 치(癡)를 만들며, 치는 탐애(貪愛)로 나아가게 하니 치는 저 나무의 씨와 같다. 씨는 작지만 자라서 큰 나무가 되는 것처럼 하나의 치가 숱한 인연을 만드니, 숱한 인연은 본래 치로부터 나온다. 치(癡:無明)는 행(行)을 내고, 행은 식(識)을 내며, 식은 자색(字色:名色)을 내고, 자색은 6입(入)을 내며, 6입은 갱락(更樂:觸)을 내고, 갱락은 통(痛:受)을 내며, 통은 애(愛)를 내고, 애는 수(受:取)를 내며, 수는 유(有)를 내고, 유는 생(生)에 이르며, 생은 노사(老死)에 이르니, 이 12인연을 합하여 몸을 이루는 것이다. 몸이 있으면 당연히 늙음과 죽음으로 나아가야 하며, 식신이 변하고 바뀌어 행을 따라가게 되면 다른 부모가 있게 되고, 다른 형제를 받게 되며, 다른 6정(情), 다른 습관, 다른 고락, 다른 풍속이어서 모두 옛것이 아니기 때문에 곧 다시 돌아갈 수 없게 된다. 다시는 옛것을 알지 못하기 때문에 새로 보는 것을 향하여 유(有)라고 생각하고 영원하다고 생각하며, 의지하는 것에 집착해 참다운 것이라고 부르며 전세 후세가 없다고 말하나, 식신이 바뀌고 옮겨 행을 따라 유가 된 것이니라. 식신이 이미 옮기고 나면 다시 부모가 있게 되고, 다시 새로운 몸을 받게 되며, 다른 6정(情), 다른 습관, 다른 고락, 다른 풍속이어서 곧 다시는 옛것을 알지 못하게 되고, 또한 옛 몸과 옛 습관과 옛 장소에 돌아올 수 없게 되니, 나무가 다시 씨로 돌아갈 수 없는 것과 같다고 보라.

위와 같은 설명을 듣고도 이해하지 못한 '견정(見正)'이라는 비구가 부처께 아래와 같은 질문을 함으로써 부처의 장황한 설명이 이어지게 된 것이 이 「불설견정경」이다.

저는 태어나서부터 이후로 사람이 죽는 것을 많이 보았습니다. 부자·형제·부부 내외나 혹은 서로 사랑하던 벗, 혹은 서로 미워하던 원수도 있었는데 죽은 뒤에 돌아와 얼굴을 마주하고 좋은지 나쁜지를 대답해 주는 식신은 끝내 없었습니다. 무슨 까닭입니까? 식신이 무언가에 막혀서 면전(面前)에 돌아와 사람에게 알려줄 수 없는 것입니까?

이런 질문을 받은 부처는 죽은 자의 식신이 다른 생명체로 들어가도 과거의 삶을 기억하지 못하는 이유를 여러 가지 비유법을 써서 반복적으로 설명했다. 예컨대, 종자(種子)와 나무, 돌[石]과 철(鐵), 상인(商人)의 기억, 나무와 가공된 나무제품, 모래와 가공된 적토(赤土), 물과 그릇, 굼벵이와 매미, 날고기와 부패한 고기, 어둠 속의 오색 물건, 불과 섶나무 등을 끌어들여서 새로운 몸을 받은 식신이 본래의 자리로 돌아오지 못함을 설명했다. 이들 가운데 한 예문만을 옮겨 붙여 보겠다.

목숨이 끊어지고 몸이 죽어 식신이 변화하고 옮겨 다시 새 몸을 받으면 5음이 막고 가리며 보고 익히는 것이 각각 달라 그곳에서 또한 늙어 죽어야 하니, 다시 돌아올 수 없으며 다시 옛것을 알아 면전에서 서로 대답해 줄 수도 없다. 이는 나무에 있는 매미가 다시 도로 굼벵이가 될 수 없는 것과 같다.

위 예문에서 보면, 몸은 죽어서 없어지지만, 식신은 다시 새 몸을 받으나 오음(五陰)이 막고 가리어서 보고 익히는 것이 달라져 전(前) 생명체의 기억이 나지 않기에 설명이 불가하다는 것이다. 그래서 자꾸만 아래와 같이 모호한 말을 되풀이하는 것이다.

①행을 따라 몸을 받게 되어 보는 것과 익히는 것이 다시는 옛 몸이 아니므로 돌아올 수도 없으며, 다시는 옛것을 알 수 없으므로 면전에서 서로 대답해 줄 수 없다.

②식신은 본래 없고 일정한 형상이 없어서 행의 선악을 따라 곧 가서 몸을 받되 희고 검고 길고 짧음과 고와 낙과 선과 악을 행에 따라 바뀌어 받는 것이 마치 물이 그릇을 따르는 것과 같다.

③사람이 세간에 있으면서 마음으로 악을 생각하고, 입으로 악을 말하며, 몸으로 악을 행하다가 죽었다면 곧 식신이 변화하고 옮겨져 지옥의 몸이나 혹은 축생의 몸이나 혹은 고기나 벌레의 몸에 떨어진다. 그곳에서 보는 것이 다르고 전과 같지 않으며 죄의 그물에 가려 다시는 옛것을 알지 못하고 다시 돌아와 면전에서 대답할 수 없게 된다.

④식신은 어리석고 어두운 법이므로 살아서 선과 악의 행을 짓다가 죽으면 변화하여 가서 받으니, 선과 악의 행을 따라 형상과 징조가 있게 된다. 마치, 불이 섶나무를 얻게 되면 그 모습이 나타나다가 섶나무가 다하면 소멸하는 것처럼 의식이 선과 악을 짓지 않으면 행도 소멸되어 나타나는 것이 없다.

부처 말씀의 핵심인즉 이러하다. 곧, 몸은 죽는다. 죽은 몸이 살았을 때 지었던 행(行) 곧 업(業)에 따라 죽은 몸의 식신이 새로운 몸으로 옮겨가는데 새 몸을 얻게 된 식신은 새 몸의 오음(五陰)으로 가려져 전생의 행을 기억하지 못하고 새 몸이 새롭게 짓는 행에 따라 식신도 변화한다는 것이다. 이런 식신은 형상이 없고, 어리석고 어두운 법이지만, 환생 윤회를 거듭하는 끈과 같은 것이다.

　이런 그럴듯한 주장을 펴고 있으나 나는 여전히 믿지 못한다. 그러나 기원전 사람이 이런 사유를 했다는 것 자체가 기특한 일이 아닐 수 없다. 그렇다면, 나는 왜 믿지 못하는가? '식(識)'이란 감각기관과 신경과 뇌 사이에서 유기적으로 이루어지는 생화학적 물질 작용에 의한 감각적 인지(認知)에다가 뇌(腦)의 독자적인 기억과 기억된 정보에 대한 비교·상상·유추 등의 사유(思惟)가 보태어진 것으로서 하드웨어의 기능으로 보기 때문이다. 쉽게 말해, 몸 안의 감각기관과 신경과 뇌의 상호 유기적인 작용의 메커니즘이자 그 결과이기 때문에 몸의 죽음과 동시에 식이란 기능도 중지되어 사라져버리고 마는 것이다. 유기적 작용을 하는 복잡한 구조의 몸이 먼저 존재해야 만이 식이라는 기능이 나오는 것이지, 식이 몸 안으로 들어와서 몸이 작용하는 것이 아니라는 뜻이다.

　그러함에도 불구하고, 부처와 그를 믿고 따르는 자들은 집단 무의식처럼 환생·윤회를 전제하기 때문에 식을 독립적인 존재로 인식하고 전도(轉倒)된 논리를 펴는 것이라고 나는 이해하고 있다. 다시 말해, 식을 독립적인 존재로 인식해야 환생·윤회를 설명할 수 있기 때문이다.

# 2

## 관념의 덫에 갇혀 살 때 받는 피해에 관하여

 필자는 지난 2018년 6월에 「관념의 덫에 갇혀 살 때 받는 피해에 관하여」라는 제목의 글을 썼었다. 지금 읽어도 수정하거나 보완하고 싶지 않은 글이다. 금강경에서 모든 상(相)과 모든 법(法)에 의지하지 말고 집착하지 않아야 한다고 시종일관 주장하는데 이 문제와 매우 깊은 상관성이 있기에 그대로 옮겨와 붙여 보겠다.

 사전에서 관념(觀念)이란, "어떤 사물이나 현상에 대한 견해나 생각"이라 하고, 또한 "현실과 거리가 있는 추상적이고 이론적인 생각"이라고 풀이하였다. 이들 관념에는 사람의 감각기관[눈·혀·코·귀·피부 등]으로써 직접 보고, 듣고, 만지고, 냄새를 맡을 수 있는 사물과 현상이 있는가 하면, 감각기관으로써 지각되지 않는, 오로지 사유(思惟)로써 만들어지는 유무형의 대상이 있다. 전자는 존재의 유무(有無)나 그 의미(意味)나 인과관계(因果關係)가 검증되기 때문에 큰 문제가 되지 않지만, 후자는 검증되지 않기 때문에 종종 문제를 일으키기도 한다. '귀신(鬼神)'이라든가, '양심(良心)'이라든가, '의리(義理)' 등을 예로 들 수 있는데 문제는 이들 관념에 대한 의미를 인간 스스로가 만들어 가지면서 거의 모든 사람이 공유하는 형태로 그 의미를 규정한다는 사실이다. 나는 이것을 두고 '개념화(槪念化)'라고 부른다.

 이뿐만 아니라, 그 의미가 규정된, 다시 말해, 개념화된 관념들이 직간접으로 대물림됨으로써 혹은 교육됨으로써 개인의 '가치관(價値觀)'이라는 집[宇]을 짓는 데에도 건축자재로 쓰이게 되는데, 문제는 그 가치관이란 집에 스스로 갇혀 살면서 스스로 영향 혹은 속박(束縛)을 받는다는 사실이다. 이해하기 쉽게 예를 들어 말하자면, 누구도 귀신이라는 존재를 본 적 없고 만난 적도 없는 데에도 불구하고 그 관념이 직간접으로 교육되어 머릿속에 이입되면서

부터 그 개념을 갖고 살아가게 된다. 바로 그런 사람이 캄캄한 어둠 속에서 산행할 때 소나무 등걸에 걸려서 나풀거리는 하얀 비닐 끈이 돌연 소복 입은 처녀 귀신으로 둔갑하여 인식되는 것이고, 또한 그럼으로써 심리적 생리적인 변화와 함께 심신에 지대한 영향을 미치게 되는 것이다.

이처럼 실제로 존재하지 않는 대상이지만 머릿속에 관념으로서 이미 존재하기에 그 존재로부터 자유롭지 못하게 되는 것이다. 이 자유롭지 못한 상태가 곧 속박이고, 인간을 직간접으로 속박하는 것이 바로 관념이라고 하는 덫이다. 문제는 덫으로 작용하는 관념이 귀신뿐만이 아니고 우리 머릿속에는 너무나 많다는 것이다. 살면서 천사를 만났다느니, 예수를 만났다느니, 부처님을 만났다느니 하는 일련의 개개인의 종교적 현상들도 다 이들 관념의 덫에 갇히어 살기에 가능한 것이다.

'관념의 덫'이란 개념을 설명하는 윗글에서, 나는 '귀신'과 '천사' 혹은 '예수'나 '부처님'을 만났다는 말들로써 예를 들었기에 그들과 관련된 사람의 삶의 양태를 통해서 관념의 덫에 갇히어 살 때의 피해에 대하여 이해하기 쉽게 설명하고자 한다.

먼저, 야간 산행 시에 귀신을 보았다는 사람의 실례를 들어보겠다. 그는, 국내외 유명한 산을 많이 오르내린 경험이 있는 전문 산악인이라 할 수 있고, 이를 뒷받침해주듯 한국산악연맹의 이사를 역임하기도 했던 사람이다. 그는 북한산 산행 시에 어둠 속에서 소복을 입고 서 있는 귀신을 보고는 소름이 돋아나고, 뒷걸음질 쳐, 끝내는 줄행랑을 쳤다는 자신의 과거사를 내게 소상히 털어놓았다. 말이야 이렇게 간단하게 할 수 있으나 그 과정에 있었던 그 사람에게는 실로 엄청난 두려움을 느꼈을 것이고, 그만큼 긴장했을 터이며, 그에 따른 신체의 생리적 변화까지 수반되었을 게 틀림없다.

실제로는, 소나무에 걸린 하얀 비닐이 바람에 나풀거렸던 것일 뿐인데 갑자기 지각된 소나무가 사람처럼 보였고, 그 소나무에 걸려서 바람에 나풀거리던 하얀 비닐이 흰 치마로, 다시 흰 치마를 입고 서 있는 사람이 소복 입은 여자 귀신으로까지 부지불식간에 연계·연상되어 오판(誤判)했다. 이 같은 현상은, '귀신'이란 개념이 머릿속에 이미 입력되어 있었기에, 그리고 소복 입은 귀신이라는 이야기를 직간접으로 이미 들은 바가 있기에 가능해진 것이라고 필자는 판단한다.

천사와 예수를 만났다는 사적인 경험담을 내게 털어놓은 분은 결코, 적지가 않다. 나의 어머니로부터 하느님에 대한 독실한 믿음을 갖고 살아가는 내 주변의 종교인들이 그들인데, 남들의 말은 다 제쳐 놓고 내 어머니에게서 직접 들었던 얘기를 근거 삼아 말하고자 한다.

나의 어머니는, 이미 돌아가셨지만, 노년에는 매일 새벽기도를 하러 교회에 나가시었고, 교회에 가서 찬양하고 기도하면 마음이 편해지신다고 했으며, 아침이 되어서야 집으로 돌아오시면 밝은 표정에 기분까지도 좋아 보였던 게 참 많았다. 상황에 따라서는, 혼자서 찬송가를 중얼거리시기도 했고, 틈만 나면 성경을 열어 읽으시며, 줄을 긋거나 형광펜으로 색칠까지 하셨다. 그런 어머니는 어느 날 자식인 내게, '예수님은 살아계신다'라며 예수님을 믿으라고 신신당부했고, 또 어느 날은 '천사를 만났다'라며 너무나 좋아하셨다. 나는 그런 어머니를 생각할 때마다, 과연, 우리 어머니는 무슨 내용으로 매일 기도할까, 만났다는 천사와 예수님의 형상은 어떻게 생겼으며, 구체적으로 언제 어디서 어떻게 왜 만났으며, 만났을 당시에 어떤 얘기를 주고받았는지 한사코 모든 것이 다 궁금했었다. 그래서 조심스럽게 따지듯 묻기도 했었던 게 사실이다.

어머니에게 나타난 주관적인 종교적 현상은, 성경의 문장을 통해서 인지하게 된 숱한 판단들과 목사를 비롯한 주변 사람들로부터 전해 들은 종교적 지식에 이르기까지 다종다양한 관념들이 건축자재가 되어서 하나의 집을 짓고, 그 속에서 안주하면서 부단히 꿈꾸어온 결과로서 나는 이해한다. 나의 어머니가 성경 안에 들어있는 판단이라는 관념들로써 집을 짓고, 그 속에서 사는 동안 좋은 결과를 낳은 것도 있고 나쁜 결과를 낳은 것도 있다고 나는 생각해 왔다. 그 좋은 결과란, 천국 간다는 희망으로 평생 열심히 살았다는 점을 비롯하여 인내하고 용서하고 베푸는 이타심을 상대적으로 많이 내며 살았다는 점을 들 수 있다. 그리고 그 나쁜 결과란, 당신이 인지하고 이해한 하느님 세계에 스스로 속박당한 채 살았고, 그 안에서 안주할 수밖에 없었다는, 그래서 그 밖의 세상에 대해서는 무관심하거나 외면했기에 몰랐다는 점이다. 물론, 이 말을 우리 어머니가 들으면 '네가 몰라서 하는 말이야'라고 나를 깨우치듯 타이

르시겠지만 말이다.

여하튼, 사람이란 누구나 다 정도 차이는 있으나 관념의 덫에 갇혀 살게 마련이라는 사실을 우리는 간과해서는 안 된다. 나는 '관념의 덫으로부터 속박당하지 않고 자유로운 사람이 진정한 자유인이라'고 말해왔지만 그런 나 역시 그 관념의 덫으로부터 온전히 자유롭지는 못하다.

금강경을 통해서 부처님께서 말씀하신 제상(諸相)·제법(諸法)이란 것도 필자가 생각했던 '관념이란 덫'과 결코, 무관하지 않다. 결국에는, 없는 것이지만 스스로 지어서 가짐으로써 그것에 스스로 매이고 속박당하는 어리석음을 깨우쳐야 할 것이다.

# 3
## 누구에게나 佛性이 있고
## 누구나 노력하기에 따라 부처가 될 수 있다

　우리 한국 불가(佛家)에서는 말한다. 모든 사람에게는 다 불성(佛性)이 있다면서, 누구나 노력하면 부처가 될 수도 있다고 말이다. 물론, 경전에 유사한 표현이 있기도 하지만, 그 내용이 희망적이기 때문에 귀가 솔깃해지면서 호기심이 생기는 것도 사실이다.

　이때 '佛性(불성)'이란 무엇일까? 부처를 부처답게 하는 속성 곧 그 본질적 요소이면서 동시에 부처가 될 수 있는 잠재된 능력을 두고 한 말일 것이다. 그렇다면, 그 본질적 요소란 과연, 무엇일까? 그것은 '깨달음'과 '지혜'라는 두 개의 단어로 압축된다고 본다.

　깨달음이 있기에 지혜가 나오는 것이고, 지혜가 있기에 온갖 번뇌에서 벗어나 평안하게 살 수 있는 능력이 생기는 것이다. 따라서 '깨달음'이란 지혜를 얻는 방법 혹은 절차로서 전제조건이 되고, 지혜는 깨달음의 결과로서 주어지는 것으로 번뇌를 물리치는 직간접의 수단이 되는 것이다.

　그렇다면, 지혜를 얻는 방법은 무엇일까? 그것은 인간의 불완전한 감각기관과 뇌에서 이루어지는 온갖 지각 판단 일체 곧 육식(六識 : 眼·耳·鼻·舌·身·意)의 활동을 다 버리고, 아무것도 없는 백지상태에 머물면서 새롭게 지각되는 현상과 그것들의 인과 관계에 관한 내려다봄 곧 '觀照(관조)'이다. 더 간단히 말해서, 살면서 자기중심적으로 축적되고 고착시켜 온 관념이나 편견들을 배제한 상태에서 현상을 포함한 대상에 관해 있는 그대로 인지(認知)하는 것이다.

부연하자면, 자신의 지각이나 판단에 영향을 미치는 주관적인 조건, 예컨대, 고정관념·편견·관심·욕구 등을 배제한 가운데 대상을 있는 그대로, 객관적으로 바라보는 시각이요, 태도요, 노력이다.

결과적으로, 자신을 비워 머릿속에 아무것도 없는 상태에서, 있는 그대로의 현상을 내려다봄이 관조이고, 그 관조를 통해서 제 현상의 인과 관계를 통찰(洞察)하고, 그 결과를 논리 정연하게 말함이 곧 지혜(智慧)이며, 바로 그 과정을 선정 수행이라고 한다.

따라서 불가(佛家)에서는 '관조'라는 방석 위에 앉는 '선정'을 통해서 '지혜' 얻는 일을 수행이라 하며, 그 수행을 통한 지혜로서 충만한 상태에 도달함이 곧 소위, 깨달은 자요, 지혜로운 자라 하는 '부처'가 되는 것이다. 이러한 맥락에서 누구나 노력하면 부처가 될 수 있고, 누구나 다 부처가 될 수 있는 잠재된 능력과 가능성을 가지고 있다는 점에서 그러한 말이 성립된다.

그런데 이 금강경에서는 "일체의 모든 생각과 형상과 관념과 견해를 떠나면 모두가 부처라 불린다(離一切諸相, 即名諸佛)"라고 했다. 부처가 되는 길, 방법을 제시했다고 볼 수 있는데 이를 부연하자면, 인간의 감각기관과 뇌에서 유기적으로 이루어지는 사유 활동으로 짓는 느낌·생각·형상·관념·견해 등을 다 버리면 무여열반에 들어서 허공(虛空)의 핵인 적멸(寂滅)의 상태로 편입된다. 그리하여 비로소 있지만 없고 없지만 있는 허공장(虛空藏)에 머물러 일체지(一切智)를 내는 부처가 되는 것이다.

# 4

## 업(業)과 과보(果報)에 대하여

　"사람은 그 지은 바 업에 따라 그 과보를 받는다(『중아함경』 제3권 「염유경」)."라고 했는데 이때 '業'과 '果報'란 과연, 무엇일까? 이 두 개의 용어를 알기 쉽게 풀이할 수는 없을까?

　필자의 짧은 소견으로는 이렇게 생각한다. 곧, 삶의 주체인 내가 자신을 포함한 타자와의 관계에서 스스로 느끼는 마음속의 감정과 생각, 그리고 그것들이 겉으로 표현되는 말과 행동 일체가 직간접으로 타자에게 미치는 영향과 그로 인해서 성립되는 양자 사이의 관계(關係)가 업이다. 이때 내가 짓는 감정·생각·말·행동 등 일체를 '行(행)'이라는 한자로 줄여 말할 수 있다. 따라서 업이란 나의 행(行)이 짓는 타자와의 관계이며, 그 관계로 인해서 결정되어 되돌아오는, 타자의 행이 과보인 것이다. 바꿔 말해, 내가 짓는 업은 하나의 '인(因)'이 되고, 내가 짓는 업의 영향을 받은 타자의 반응이 '연(緣)'이 되어서 양자 사이에, 그러니까, 인과 연이 상호작용하여 새로운 관계가 성립·태동 되는데 이 관계가 바로 과보인 것이다. 따라서 과보는 인과 연의 상호작용에 의한 결과인 셈인데, 경전에서는 이 과보로 주어지는 것을 두고 ①윤회와 ②현세에서의 길흉화복을 주로 얘기하고 있다. 그러니까, 인간이 살면서 짓는 업에 따라, 지옥·축생·아귀·천상·인간 등의 세계로 다시 태어난다는 것이고, 수명의 길고 짧음, 병(病)·사고(事故)·우환(憂患)·권세 등의 유무(有無)와 정도(程度), 재산(財産)의 많고 적음 등이 살아가는 동안에 결정된다는 것이다. 나는 개인적으로 이 내용을 다 믿지 못하나

경전에서는 사후(死後) 심판과 그 결과로서의 지옥을 많이 강조하는 것을 보면 업에 따른 과보 결정권을 가지고 있는 존재가 따로 있다고 판단된다.

여하튼, 이런 사유의 맥락에서 경전은 '몸을 닦고, 계율을 지키며, 마음을 닦고, 지혜를 닦으라.'고 말하며, 이것을 줄여서 '계정혜(戒定慧) 수행'이라고 한다. 곧, 마음을 닦는 방편으로 선정(禪定 = 瞑想)에 들고, 몸을 닦는 방편으로 부처가 주신 계율(戒律)을 지키고, 관찰과 성찰을 통해서 지혜를 얻어 기억함으로써 현생을 근심 걱정 없이 살며, 죽어서도 다시 생명을 부여받지 않는 열반을 얻는 것을 최고·최후의 목표로 삼아야 한다는 것이다. 이것이 부처님 가르침의 핵심이라 해도 틀리지 않는다.

이런 배경이 있기에 부처의 가르침을 믿고 따르는 사람들은 '선업(善業)을 쌓아야 한다.'고 수없이 강조한다. 그래서 사원(寺院)의 불탑(佛塔)이나 불상(佛像) 앞에 나아가 헌물(獻物)·헌금(獻金)·기도(祈禱)·염불(念佛) 등을 한다. 사후 심판이 기다리고, 그 결과에 따라 사람마다 다른 과보가 주어진다는 믿음이 있고, 이러한 가르침을 준 부처야말로 세간의 '눈이요 지혜이시며, 이치요 법이시며, 법의 주인이요 법의 장수로서, 진리의 뜻을 말씀하시고 일체의 이치를 나타내시는 능력이 있다(『중아함경』제28권 「밀환유경(蜜丸喩經)」외)'는 경전 기록상의 믿음이 있다면 그 부처님에 대한 존숭의 정을 그렇게 표현하는 것이리라 생각해 왔다.

그런데 필자는 올 여름(2019. 07~08)에 「등지인연경(燈指因緣經)」과 『중아함경』을 일독했는데 「등지인연경(燈指因緣經)」에 아래 ① ②와 같은 구체적인 내용이 기술되어 있음을 알게 되었다.

①만일 조그마한 선근(善根)을 수승한 복전(福田)에 심으면, 사람과 하늘에서 즐거움을 받을 것이며, 후에는 열반을 얻을 것이다. 그러므로 지혜 있는 이는 부지런한 마음으로 선한 업을 닦아서 모아야 한다. 복전이란 것은 곧 부처님이시니, 부처님의 몸매는 광명이 나서 밝은 금덩이 같으시며, 공덕과 지혜로써 스스로 장엄하여, 원만하고 만족한 눈을 얻어서 능히 중생들의 모든 근기를 관찰하시되, 세간이 어두우면 등불이 되시고, 중생이 어리석으면 친한 벗이 되시니, 모든 선업을 갖추어 훌륭한 명성이 널리 들렸다. 모니 세존께서는 대중의 귀의할 바이니, 그러므로 사람과 하늘들은 지극한 마음으로 복을 닦으면 누구나 좋은 과보를 받으리라. -「등지인연경(燈指因緣經)」 첫 부분에서

②부처님의 형상에 조금의 복업이라도 심으면 이러한(등지처럼) 과보를 받으며 내지 열반을 얻으니, 불상도 그러한데 하물며 여래의 법신이겠는가. 능히 불법의 말과 같이 수행하면 이러한 공덕은 한량이 없을 것이다. 만일 천상 인간에 태어나서 모든 쾌락을 받고자 하면 마땅히 지극한 마음으로 법을 들어야 한다. 욕을 한 인연으로는 매우 괴로운 과보를 받을 것이니, 마땅히 여러 가지 괴로움을 두려워하여 욕설과 모든 착하지 않은 업을 멀리해야 한다. -「등지인연경(燈指因緣經)」 끝부분에서

위 ① ②를 통해서 보면, 선업을 쌓아야 하는 이유가 즐거움과 열반, 그리고 천상과 인간세계에 태어남 등 세 가지에 있다는 사실을 확인할 수 있는데, 이는 필자의 상식적 판단이 틀리지 않았음을 확인해 주는 증거이다. 그러나 선업(善業)에서 善(선) 곧 착함이 무엇이고, 선업이 구체적으로 무엇인지는 명확하게 기술되어 있지는 않다. 그저 착하지 않은 업이 악업이고, 선업이 나와 부처와의 관계에서 간접 설명되고 있다는 정도이다. 그렇지만 다른 숱한 경들을 읽다 보면 이 '善(선)'과

'正(정)'이라는 두 개의 수식어가 많이 사용되고 있음을 알 수 있고, 그 구체적인 의미를 설명하지는 않으나 인간의 상식적 판단에서 얘기되는 선(善)과 악(惡)이고 정(正)임을 알 수 있다. 다만, 여기에 한 가지 더 추가되는 요소가 있다면 그것은 불교의 종지와 관련해서 가르침에 해당하는 탐욕·성냄·어리석음과 불·법·승에 대한 욕설 비방 폭행 등 화합을 깨는 일체의 말과 행동 등이 포함된다는 사실이다. 이에 대한 자세한 내용은 『썩은 지식의 부자와 작은 실천』이라는 나의 불경 탐구서 속 「부처님이 좋아하는 정(正)·선(善)이란 말의 의미」라는 글을 참고하기 바란다.

# 5

## '무상정등정각(無上正等正覺)'을 이루기 위한 5가지 수행법
### -「입정부정인경(入定不定印經)」을 읽고

불교의 어떠한 경전을 읽든지 간에, 경전마다 자주 혹은 뜸하지만 중요하게 사용되고 있는 용어들에 대한 이해가 전제되지 못하면 그 내용을 온전히 파악하기가 쉽지 않다. 그래서 많은 경전을 탐독하며 그 용어들에 대한 이해가 쌓여 있어야만 경전 읽기가 비로소 자유로워진다. 최근에 읽은 「입정부정인경(入定不定印經)」도 예외는 아니다.

이 경은, '무상정등정각(無上正等正覺=阿耨多羅三藐三菩提)'에 이르는 길과 그것의 중요성을 설명하고 있는데, 정작 그 키워드에 대한 어떠한 설명도 없다. 이뿐만 아니라, 우리에게 설명을 요구하는 낯선 용어들도 적지 않다. 예컨대, 필추(苾芻)=비구·성문(聲聞)·보살·마하살·박가범=세존=부처님=여래·예류과(預流果)·일래과(一來果)·불환과(不還果)·아라한과·독각과(獨覺果)·적정결택(寂靜決擇)삼마지·건행(健行)삼마지·심심부동해조(甚深不動海潮)삼마지·관정(灌頂)다라니·무변제불색신(無邊諸佛色身)다라니·입정부정인(入定不定印) 법문·대승법·보리 등이 그것이다. 물론, 필자야 여러 경전을 읽으면서 나름대로 개념 정리가 되어있기에 큰 문제가 되지는 않으나 이 경에서만큼은, 경이 온전한 것이라면, 최소한 무상정등정각(無上正等正覺), 성문승, 대승법 등이 3개의 키워드에 대해서는 어떠한 형태로든 분명한 설명이 전제되었어야 한다고 생각한다. 하지만 그렇지 않다.

여하튼, 이 「입정부정인경(入定不定印經)」은, 묘길상보살(妙吉祥菩薩)

의 무상정등정각에 대한 질문에 따른 부처님의 대답 중심으로 짜여 있는데, 그 핵심 내용인즉 무상정등정각을 이루기 위한 수행자들이 선택하는 5가지 방법 곧 그 수단에 대한 자세한 설명이다. 물론, 그 다섯 가지 수행이란 ①양거행(羊車行) ②상거행(象車行) ③일월신력행(日月神力行) ④성문신력행(聲聞神力行) ⑤여래신력행(如來神力行)이란 용어들로 표현되고 있지만, 이런 일련의 용어 자체도 사실상 합리적이지는 못하다.

따라서 이 경전의 핵심 내용을 파악·이해하기 위해서는, 이 다섯 가지 수행의 의미를 먼저 이해해야 하고, 이 경전의 최고 키워드인 '무상정등정각(無上正等正覺)'이 무엇인지를 분명하게 인지(認知)해야만 한다.

문제의 경에서 말하는 다섯 가지 행이란, 무상정등정각(無上正等正覺)의 세계로 나아가기 위한 수단 방법 다섯 가지를 말하는데, 이해하기 쉽게 말하자면, ①양이 끄는 수레 ②코끼리가 끄는 수레 ③일월 신력(神力)이 끄는 수레 ④성문 신력이 끄는 수레 ⑤여래 신력이 끄는 수레 등이다. 수행자 입장에서 어떤 수레를 올라타야 소위, 온갖 번뇌와 욕구로 질척거리는 티끌세계를 무사히 건너서 무욕·청정하면서도 지혜의 바다에 이를 수 있을까를 설명하고 있다 해도 틀리지 않는다. 그렇다면, 양·코끼리·일월·성문·여래 등의 용어가 일정한 논점 곧 기준에 의해서 분류된 합리적인 것이어야 하며, 동시에 이들에게 부여되어 내포하고 있는 각각의 의미가 대단히 중요하다.

그러나 경전의 해당 내용을 면밀하게 읽어보면, 이 다섯 가지 수단에는 힘과 능력의 차이에 따른 급수가 정해져 있는 것처럼 보이지만 너무나 일방적인 분류이어서 객관성을 담보하지는 못하고 있다고 생각된다. 양·코끼리·일월신력·성문신력·여래신력 등 이 다섯 가지에 일관성이 결여(缺如)되었기 때문이다.

해당 경에서 말하기를, 양과 코끼리는 성문승(聲聞乘)에 전적으로 의지하는 저급 차원의 수행이라 한다면, 일월·성문·여래 신력에 의지하는 수행은 대승법(大乘法)에 의지하는 수행이라는 것이다. [나는 이 대목에서 네 번째 '성문신력'이라는 용어 대신에 '연각승'이라는 용어가 더 적절하다고 생각한다. 왜냐하면, 대승불교에서는 삼승법(三乘法)이라고 하여, ①성문승(聲聞乘 : 안으로 지혜가 있으며, 부처님 세존을 따라 법을 듣고 믿으며, 부지런히 정진하여 삼계에서 빨리 뛰어나오려고 열반을 구하는 사람 : 초급 단계의 수행자 : 출가 사문) ②연각승(緣覺乘 : 부처님 세존을 따라 법을 듣고 믿으며, 부지런히 정진하여 자연의 지혜를 구하며 혼자 있기를 좋아하고 고요한 데를 즐기며, 모든 법의 인연을 깊이 아는 사람 : 중급 단계의 수행자 : 벽지불) ③보살승(菩薩乘 : 부처님 세존을 따라 법을 듣고 믿으며 부지런히 정진하여 일체지(一切智)와 불지(佛智)와 자연지(自然智)와 무사지(無師智)와 여래의 지견과 두려움 없음을 구하며, 한량없는 중생들을 가엾게 생각하여 안락하게 하며, 천상·인간을 이익 되게 하려고 모든 이를 제도하여 해탈시키려고 하는 사람 : 상급 단계의 수행자 : 보살 또는 마하살) 등으로 구분하여 여래가 되는 과정의 위계(位階)를 구분해 놓았기 때문이다.]

여하튼, '성문승'과 '대승법' 중에서 무엇에 의지하느냐에 따라 다섯 가지 수행법이 파생된다면 이 두 개의 용어가 가지는 함의(含意)는 대단히 중요한데, 역시 이 둘을 구분하는 기준이나 개념 정리가 전혀 되어 있지 않다는 사실이다. 그만큼, 경의 내용과 체제가 불완전하다는 뜻이다.

경전의 내용을 근거로 설명이 가능한 범위 내에서 말하자면, 결과적으로 경전의 내용을 요약·정리하는 일에 지나지 않지만, 문제의 다섯 가지 행에 대한 의미는 이러하다.

**양거행(羊車行)·상거행(象車行)**은 무상정등정각을 반드시 얻지는 못하며, 무상정등정각을 구하더라도 위 없는 지혜의 길에서 물러날 수도 있다. 반면, 일월신력행(日月神力行)·성문신력행(聲聞神力行)·여래신력행(如來神力行)은 무상정등정각을 반드시 얻으며, 위 없는 지혜의 길에서 퇴전(退轉)하지 않는다고 전제되어 있다.

양거행(羊車行)이란, 성문(聲聞)과 함께 머무르며, 받들어 섬기고, 가까이하여 익히고, 담론하되, 만일 동산의 숲속이나 절 안과 같은 경행처에서 성문승의 가르침을 독송하고 생각하여 그 뜻을 해석하거나, 다시 다른 사람으로 하여금 성문승의 가르침을 독송하고 생각하게 하고 그 뜻을 해석하게 하면, 이 성문승의 가르침을 받아 지녀 선근(善根)을 심었기 때문에 아주 작고 하열(下劣)한 지혜를 얻게 되어 위 없는 지혜의 길에서 물러나게 된다. 비록, 먼저 보리심의 혜근과 혜안을 닦고 익혔더라도 성문승의 가르침을 받아 지님으로써 선근을 심었기 때문에 그로 인해 선근이 둔해져 곧 위 없는 지혜의 길에서 물러나게 된다는 것이다.

상거행(象車行)이란, 성문과 함께 머무르며, 받들어 섬기고, 가까이하며 담론하여서 함께 수용하되, 만일 동산의 숲속이나 절 안과 같은 경행처에서 성문승의 가르침을 독송하고 생각하여 그 이치를 해석하거나, 다시 다른 사람으로 하여금 성문승의 가르침을 독송하고 생각하여 그 이치를 해석하게 하면, 이 성문승의 가르침을 받아 지님으로써 선근을 심었기 때문에 아주 작고 하열한 지혜를 얻게 되어 위 없는 지혜의 길에서 물러나게 된다. 비록, 먼저 보리심의 혜근과 혜안을 닦아 익혔더라도 성문승의 가르침을 받아 지님으로써 선근을 심었기 때문에 그로 인해서 근기가 둔해져서 곧 위 없는 지혜의 길에서 물러나게 된다는 것이다. [이런 설명대로라면, '양거행과 상거행이 다를 바 무엇이 있겠는가?'라고 의심해 볼 만하다. 말 그대로, '양'과 '코끼리'의 차이이고, 그것은 힘의 차이이며, 동시에 부처님의 가르침에 대한 이해도의 차이일 것이다.]

일월신력행(日月神力行)이란, 성문과 함께 머물러, 받들어 섬기거나 가까이하여 익히고, 담론하지 않으며, 또한 그들의 옷과 음식을 받거나 쓰지 않으며, 동산의 숲속이나 절 안과 같은 경행처에서 성문승의 가르침이나 나아가 한 게송이라도 독송하거나 생각하지 않으며, 또한 다른 사람으로 하여금 성문승의 가르침을 독송하거나 염송하지 않게 하고, 항상 오직 대승법만을 독송하고 대승법만을 연설한다. [바로 이 대목에서 '대승법(大乘法)'이 무엇인지 직접적인 설명이 있어야만 한다. 그런데 없다.]

성문신력행(聲聞神力行)이란, 성문과 함께 머물거나, 받들어 섬기거나 가까이하여 익히고, 담론하지 않으며, 또한 그들과 함께 옷과 음식을 받거나 쓰지 않으며, 동산의 숲속이나 절 안과 같은 경행처에서 성문승의 가르침이나 나아가 한 게송이라도 독송하거나 생각하지 않으며, 또한 다른 사람으로 하여금 성문승의 가르침을 독송하거나 생각하지 않게 하며, 항상 오직 대승법만을 독송하고 연설한다. 대승법을 깊이 믿어 독송하고, 대승법을 섭수하는 이에 대하여 공경하는 마음을 일으킨다. 직접 받들고 귀의하여 함께 머물고, 받들어 섬기며 가까이하여 익히고 담론하여, 항상 대승을 구하고 받아 지녀 독송한다.

또, 공경하는 마음으로 갖가지의 향화(香華)·도향(塗香)·말향(末香)·등명(燈明)·화만(華鬘)을 공양하고 항상 오직 대승경전만을 독송하고 환희로운 마음으로 사람들을 위하여 연설한다. 아직까지 배우지 못한 보살에 대하여 공경하는 마음을 일으켜 웃음을 머금고 먼저 말한다. 거칠거나 어지럽게 말하지 않는다. 말하는 내용이 부드러워, 사람으로 하여금 기꺼이 듣게 한다. 설사, 목숨을 잃을 만한 인연을 만나더라도 또한 대승의 마음을 버리지 아니한다. 만일, 어떤 보살이 대승법에 나아가서 대승법을 독송하고 대승법을 거두어들이면, 항상 이 사람에 대하여 나보다 낫다는 마음을 일으켜서 공양한다.

또, 다른 사람과 서로 다투거나 경쟁하지 않는다. 아직까지 대승경전을 듣지 못한 이에 대하여 항상 기꺼이 구하려는 마음을 일으키게 해준다. 법을 말하는 이에 대하여 공경심을 일으키고 큰 스승이라는 생각을 낸다. 아직까지 배우지 못한 보살에 대해서도 공경심을 일으킨다. 다른 사람의 허물에 대하여 만일 사실이거나 사실이 아니거나 꾸짖지 않아야 한다. 또한, 다른 사람의 과실을 들추어내기를 좋아하지 않아야 하며, 항상 자(慈)·비(悲)·희(喜)·사(捨)를 기꺼이 수행해야 한다. [여전히 '대승법'이 무엇인지 직접적인 설명은 없으나 '성문승'과는 차별이 있음에 틀림이 없고, 그 대승법에 의지해 수행하는 사람들을 공경해야 하며, 그 방법을 설명하고 있다.]

여래신력행(如來神力行)이란, 성문과 함께 머물거나 받들어 섬기거나 가까이하여 익히고, 담론하지 않고, 또한 그들의 의복과 음식을 받거나 쓰지 않으며, 동산의 숲속이나 절 안과 같은 경행처에서 성문승의 가르침이나 나아가 한 게송이라도 독송하거나 생각하지 아니하며, 또한 다른 사람으로 하여금 성문승의 가르침을 독송하거나 생각하지 않게 한다. 오직 항상 대승법만을 독송하고, 대승법만을 연설하며, 몸[身]과 말[語]과 마음[心]에 대하여 항상 청정하게 하며, 계와 선법[戒善法]에 항상 안주하며, 또한 다른 사람으로 하여금 몸과 말과 마음을 청정하게 하여 계법(戒法)에 편안히 머물게 한다. 만일, 어떤 보살이 대승에 나아가 독송하고 섭수하면 항상 이 사람에 대하여 존경하고 귀의하여 받들어 섬기고 가까이하여 익히고 담론한다.

모든 의복과 음식을 함께 받고 쓰되, 보살과 함께 머물고 같은 경행처에서 항상 대승법을 구하고 섭취하며 받들어 지닌다. 갖가지 향화·도향·말향·등명·화만을 공경하는 마음으로 공양하고, 오로지 항상 대승경전만을 독송하고 환희하는 마음으로 대승법을 연설한다. 아직까지 배우지 못한 보살에 대하여 교만심을 일으키지 않고, 나머지 보살들에 대해서도 편안하게 하여 웃음을 머금고 먼저 말한다. 거칠거나 어지럽게 말하지 않으며, 부드럽게 말해서 사람으로 하여금 기꺼이 듣게 하고, 다른 사람에 대해서도 또한 그렇다. 설혹, 목숨을 잃을 인연을 만나더라도 또한 대승의 마음을 버리지 않는다. 만일, 어떤 보살이 대승에 나아가 독송하고 섭수한다면, 나보다 낫다는 마음으로 환희하고 직접 받든다.

또한, 다른 사람에게도 공경하고 공양하게 하며, 또한 다른 사람과 서로 다투지도 않는다. 아직까지 대승경전을 듣지 못한 이에 대하여서는 항상 기꺼이 배우기를 바란다. 법을 말하는 이에게는 공경심을 일으키고, 큰 스승이라는 생각을 낸다. 아직까지 배우지 못한 보살에 대하여 교만심을 내지 않는다. 다른 사람의 허물에 대하여 사실이거나 사실이 아니거나 꾸짖고 책망하지 않으며, 또한 다른 사람의 과실을 들추어 내기를 좋아하지 않는다. 스스로 행하고 나서 다시 다른 사람으로 하여금 이와 같이 닦아 배우게 한다. 특히, 보살업을 잃은 자·보살도를 잃은 자·보살행을 잃은 자·보살인(菩薩因)을 잃은 자·보살의 선교(善巧)을 잃은 자·보살의 일[菩薩事]을 잃은 자·보살가행력(菩薩加行力)을 잃은 자·보살행의지처(菩薩行依止處)를 잃은 자·4무량심(慈悲喜捨)을 잃은 자·평등행(平等行)을 잃은 자·삼보(三寶)를 믿지 않는 자·선법욕(善法欲)을 잃은 자·집착에 얽히고 묶여서 갇혀 있는 자·병든 자·부처님에 대하여 선근을 심는 것을 잃은 자·의지할 곳 없는 자·무명에 가려진 자·하천(下賤)한 곳에 태어난 자·보리심을 잃은 자·법족(法足)을 잃은 자·복지(福智)의 자량(資糧)을 잃은 자·대승의 믿음을 잃은 자·계호(戒護)를 잃은 자·법수법(法隨法)을 잃은 자·화인(和忍)을 잃은 자·지관(止觀)을 잃은 자·보살의 정진(精進)을 잃은 자·보시 조순(調順) 지족(知足)을 잃은 자·염(念) 지혜 지(持) 행을 잃은 자·피안(彼岸)에 나아가는 길을 잃은 자·불가(佛家)에 태어나지 못한 자·선우(善友)를 잃은 자·유정을 이익 되게 하는 마음을 잃은 자·법에 의지함을 잃은 자·지혜[智]에 의지함을 잃은 자·의(義)에 의지함을 잃은 자·요의경(了義經)에 의지하는 것을 잃은 자·4정근(正勤)을 잃은 자·실어(實語) 법어(法語) 이익어(利益語) 조복어(調伏語)를 잃은 자·빈천한 자들의 제반 문제를 해결해 주어야 한다는 것이다.

참으로, 이상적인, 아니, 환상적인 얘기라 할 만큼 요구사항이 점진적으로 많아지고, 갖추어야 할 능력이 또한 커져야 하며, 그 능력을 오로지 타인(중생=유정)을 위해서 써야 한다는 사실을 우리는 어렵지 않게 지각할 수 있다. 이처럼 '중생(衆生)을 구제해야 한다'는 목적의식을 갖고 수행함으로써, 능력을 갖추어야 만이 비로소 여래가 된다는 논리가 깔려있다. 물론, 이 경에서는 중생 구제를 위한 마음과 목표를 '대선근(大善根)'이라는 용어로 표현했으나 그것의 요체는 역시 대자대비(大慈大悲)에 입각한 보시(普施)·제도(濟度)에 있고, 수행의 결과로 생기는 실천적인 큰 능력을 '용맹하고 빠른 힘'이라는 말로써 표현하고 있지만 결국은 '일체지(一切智)'가 되지 않을까 싶다.

이러한 내용으로 경전의 절반 정도가 할애되어 앞에서 기술되었고, 나머지 절반 정도가 이 다섯 가지 수행 순으로 중요도가 달라지는데 그에 따른 보리심 성취와 그 수행자들에 대한 믿음·존경·보시 등도 차등적으로 이루어져야 한다는 내용으로 채워져 있다.

이렇게 짜인 경의 전문을 다 읽고 나면, 다섯 가지 수행과 불법(佛法) 수행 정도와 깊이를 나타내주는 위계(位階)인 5과(果)를 사실상 연계시켜 놓은 것으로 보인다. 곧, 양거행(羊車行)은 예류과(預流果)를 얻고, 상거행(象車行)은 일래과(一來果)를 얻으며, 일월신력행(日月神力行)은 불환과(不還果)를 얻고, 성문신력행(聲聞神力行)은 아라한과(阿羅漢果)를 얻으며, 여래신력행(如來神力行)은 독각과(獨覺果)를 얻는 것처럼 말이다. 직접적인 설명은 없으나 경의 상반부에서 다섯 가지 수행을, 하반부에서 5과를 구분 기술한 것으로 보면 그 연계성이 추론되기 때문이다. 문제는, 다섯 가지 수행으로써 무상정등정각(無上正等正覺)을 이루면 그 결과로서 '보리심'이 주어지는 것처럼 기술되어 있는데 무상정등정각과 보리심에 관해서조차도 설명이 전혀 없다는 사실이다. 그러니까, 무엇이 최고로 평등하고 최고로 올바른 깨달음인지에 대해서는 언급이 없다는 뜻이다. 지금껏, 어떤 경전이나 수행자들로부터 직접적인 설명을 보거나 듣지 못했으나 내가 읽어온 적지 아니한 경전을 통해서 종합·유추해 보자면 이러하다. 곧, 근심 걱정[근심+걱정=번뇌]을 일으키는 요인과 그것을 소멸시키는 방법과 그 방법에 따라 실행에 옮기는 실천적인 수행과 제반 현상이나 관계에 대한 이해를 가능하게 하는 지혜 등에 대한 부처의 깨달음으로, 계(戒)·정(定)·혜(慧)라는 세 글자로 요약된다고 본다. 이렇게 설명을 해도 무언가 빠진 듯하다.

여하튼, 필자는 문제의 '無上正等正覺'인 '阿耨多羅三藐三菩提'를 '번뇌를 소멸시키는 가장 바르고 평등한 깨달음'이라고 번역했으나 그 내용을 풀면, ①생사(生死)의 굴레로부터 온전히 벗어나 다른 어떠한 곳에서도 다시 태어나지 않고 ②현실 생활 속에서 발생하는 제반 문제들에 대해서 조금도 걸림 없이 해결할 수 있는, 지혜를 갖추고 ③무념무상(無念無想)의 상태에서 누리는 무욕(無慾)의 청정함과 마음의 평화이며, ④대자대비(大慈大悲) 심을 내어 자신을 희생하여 보시함으로 중생을 구제함을 두루 다 포함한다고 말할 수 있을 것 같다.

# 6

## '제일의제(第一義諦)'란 무엇인가?

많은 경문에서는 부처님의 법[말씀]을 크게 ①세제(世諦)와 ②제일의제(第一義諦) 둘로 나누어 설명하는데(대지도론·광홍명집·대반열반경 등) 세제는 속제(俗諦), 세속제(世俗諦)라고도 하고, 제일의제는 보살이 수행하는 열 가지 도리(세제(世諦)·제일의제(第一義諦)·상제(相諦)·차별제(差別諦)·관제(觀諦)·사제(事諦)·생제(生諦)·진무생지제(盡無生智諦)·인도지제(人道智諦)·집여래지제(集如來智諦) 등) 가운데 하나로서 진제(眞諦), 제일의공(第一義空), 승의제(勝義諦), 최승의제(最勝義諦) 등으로도 불린다(광홍명집, 대반열반경, 대비로자나성불신변가지경, 해심밀경 등).

그렇다면, 부처님 말씀을 속제와 제일의제로 나누는 기준이랄까, 양자를 구분 짓는 분기점은 무엇인가? 이에 대하여 경문에서 직접 설명하지는 않으나 일반적으로 세제는 세간적인 진리 곧 세속의 이치를 말하고, 진제는 세속을 초탈한 진리를 말한다고 한다(대비로자나성불신변가지경·대지도론)고 한다. 이해하기 쉽게 예를 들어 말하자면, 여래(如來), 법신(法身), 공(空) 등이 제일의제라고 한다면, 중생의 생로병사 과정에서 생기는 번뇌로부터 해탈시키기 위한 가르침 일체는 다 세제가 된다. 그러니까, 4념처·4정근·4여의족·5근·5력·7각지·8성도 등을 포함한 계율이 다 세제라는 뜻이다.

경문마다 경쟁적으로 제일의제를 설명하고 있긴 하지만 집필자의 수준에 따라서 그 내용이 다르게 나타나 있다. 그래서 더 어렵게 느껴지는 것도 사실이다. 예컨대, 「대반열반경」에서는, "온갖 법이 모두 헛된 가짜이거든, 그것이 없어진 데를 참이라 하나니 이것을 실상(實相)이라 하고, 법계(法界)라 하고, 필경지(畢竟智)라 하고, 제일의제(第一義諦)라 하고, 제일의공(第一義空)이라 이름하느니라." 했고, 「마하반야바라밀경」에서는 "제일의제의 모습이란 지음이 없고, 함이 없고, 생함이 없고, 모습이 없고, 설함이 없는 것이니, 이것을 제일의제라고 이름하고 또한 성품이 공(空)하다고 이름하고 모든 부처님의 도[佛道]라고도 부르느니라."라고 했다. 그런가 하면, 「청정비니방광경(淸淨毘尼方廣經)」에서는 더 구체적으로 이렇게 설명하고 있다.

생(生)에 머무는 것도 아니요, 멸(滅)에 머무는 것도 아니며, 옳다는 상(處相)이 있는 것도 아니요, 옳다는 상이 없는 것도 아니며, 상(相)이 있는 것도 아니요 상이 없는 것도 아니며, 상도 아니요 허공도 아니며, 색상(色相)을 상(相)이라고 할 수도 없고, 상이 아니라고 할 수도 없으며, 다 하여서 가히 다함도 아니요 다 하여서 능히 다함이 없는 것도 아니니, 이와 같은 것을 제일의제라고 한다. 의(義)라는 것은 마음이 아니요 마음의 상속(相續)이 아니며, 말이나 글귀가 아니며 이(此)것도 없고 저(彼)것도 없고 또한 중간도 없나니, 이와 같은 것을 제일의제라고 한다. 의라는 것은 가히 얻을 수 없고, 문자(文字)의 행(行)이 없나니 이를 제일의제라고 한다.

나는 대반열반경과 마하반야바라밀경과 청정비니방광경 등 세 경문에 기술된 '제일의제' 관련 핵심을 옮겨 놓았으나 여러분은 속 시원히 이해했는지 모르겠다. 이들 외의 경문에서도 거의 이런 식으로 제일의제를 설명하고 있다. 하나둘만 더 예를 들어 보이겠다. 「심밀해탈경」에서는 제일의제의 모습[相]으로 일곱 가지가 있다고 하면서 부처님이 문수사리에게 직접 설명한 내용이다. 곧, ①비롯함이 없는 행상(行相)인 제일의제[행상의 제일의제] ②모습의 제일의제이니, 이른바 아공(我空)과 법공(法空)[모습의 제일의제] ③유식(唯識)의 제일의제이니 함이 있는 행상은 오직 식뿐임을 아는 것[유식의 제일의제] ④집착의 제일의제이니 이른바 내(부처님)가 말한 괴로운 진리[집착의 제일의제] ⑤삿된 행의 제일의제이니 이른바 내가 말한 모이는 진리[삿된 행의 제일의제] ⑥청정의 제일의제이니 이른바 내가 말한 멸하는 진리[청정의 제일의제] ⑦바르게 수행하는 제일의제이니 이른바 내가 말한 도의 진리[바른 수행의 제일의제] 등이라며, 이 일곱 가지 제일의제 상은 차별 없이 평등하다는 것이다.

그런가 하면, 「입능가경」에서는 '무(無)'가 제일의제이고, 정지(正智)·진여(眞如)가 제일의제의 모양이며, 한마디로 말해, 부처님의 여래장(如來藏)이며 그것은 불생(不生)·불멸(不滅)한다고 한다. 「불설부증불감경」에서는 "제일의제란 이는 곧 중생계(衆生界)이다. 중생계란 이는 곧 여래장(如來藏)이다. 여래장이란 이는 곧 법신(法身)이다."라고 했으며, "법신의 뜻이란 떠나지 않고 벗어나지 않고 끊이지 않고 다르지 않음이 항하(恒河)의 모래 수에 지나는 불가사의한 불법이며 여래의 공덕과 지혜인 것이다."라고 했다. 경문들이 이러할진대 논(論)은 더욱 난해하기 짝이 없기에 아예 소개하지 않겠다.

여기서 우리가 분명하게 짚고 넘어갈 것이 있다면, 제일의제(第一義諦)란 글자 그대로 가장 깊은 뜻의 진리로, 우주 만물을 존재하게 하는 근원이자 바탕으로서 부처님이 인식한 '공(空)'이며, 그 공과 동일시한 여래의 '법신(法身)', 곧 부처님의 모든 말씀이 나오는 근본으로서 바탕이라는 점이다. 굳이, 금강경을 논하는 자리에서 이 제일의제를 얘기함은 불법(佛法)과 법계(法界)와 법신(法身) 등의 단어가 이 금강경에서 언급되어 있기 때문이다.

# 7
## 불탑(佛塔)이나 불상(佛像)을 조성하는 일을 왜 중요시하는가?

필자는 미얀마 전역을 여행하면서 전국적으로 산재해 있는 불교사원과 불탑과 불상들을 바라보면서 많은 생각을 했다. 그 내용은 필자의 미얀마 심층여행기 『꽃잎이 너무 붉어 나는 슬프다』가 잘 말해줄 것이라 믿는다. 그 가운데 가장 유치하고 가장 기본적인 물음인 '누가, 무엇 때문에, 이토록 많은 사원을 짓고, 불탑을 쌓고, 부처 형상물을 만들어 놓는 일에 앞장섰는가?'이었다. 이 문제와 관련 답(答)도 경전 안에 있을 것이다. 그러나 여행을 마칠 때까지 경전 안의 직접적인 내용을 확인하지 못했었다. 경전깨나 읽었다고 한 본인이었지만 기억나지 않았기 때문이다.

그리고 불탑 안에는 무엇 때문에 이미 돌아가신 부처님의 머리카락이나 치아 등의 사리 내지는 골회(骨灰)를, 그리고 부처님의 가르침이 담긴 경전을 불탑 안에 안치시켜 놓는 일을 그토록 중요시한 것일까? 이 점 또한 나에게는 큰 의문이었다. 물론, 상식적으로 생각하면 부처님의 가르침인 경전 기록 내용을 신뢰하고, 그런 가르침을 준 부처님을 존숭(尊崇)하기 때문일 것이고, 그런 마음을 내는 이들에 의해서 갖가지 불사(佛事)가 이루어진다는 것이 사실이다. 근자에 읽은 『대비경』제2권 「사리품」에 다음과 같은 내용이 기술되어 있는데 이런 내용도 부처님을 존숭하게 하고, 또한 즐거운 마음으로 불사(佛事)를 감당하게 하는 직접적인 이유가 될 것이다.

아난아, 직접 나를 공양한 이나, 티끌 같은 나의 사리에 공양한 이나, 나를 위해 형상과 탑
묘를 만들어 세워서 공양하는 이나, 염불을 하고 한 송이의 꽃을 공중에 뿌려 공양한 자들은
그만두고라도 만약 다시 어떤 사람이 자기 방에서 염불을 위해 한 송이의 꽃을 공중에 뿌린다
고 한다면 아난아, 이런 사람은 반드시 열반을 얻으며, 제일 열반을 얻으며, 열반의 경계를 다
함을 얻으며, 가장 뛰어난 열반을 얻으며, 묘한 열반을 얻으며, 청정한 열반을 얻으며, 편히
머무는 열반을 얻는다고 나는 말하는 것이다. 이런 인연으로 해서 모든 복전 중에서도 부처님
께서는 최고이며 부처님께서는 왕인 것이다. 어째서인가? 부처님께 베푼 복전은 세간의 과보
로 다할 수 없는 것이기 때문이다. 이런 인연으로 해서 부처님의 복전이 최상이고 제일인 것
이다.

이 『대비경』말고도 또 있다. 한동안 생각나지 않았으나 안거(安居)와
관련해 생각하니 『대방광원각수다라요의경』의 기록이 떠오른다.

만약 부처님이 살아 계시거든 바르게 생각할 것이요, 부처님이 돌아가신 뒤면 형상을 모
셔 놓고 마음을 기울이고 눈으로 상상하되 여래가 살아 계시던 때처럼 해야 하며, 온갖 번기
와 꽃을 달고 삼칠일 동안 시방 부처님 명호 앞에 머리 조아려 애절하게 참회하면 좋은 경계
를 만나 마음이 가볍고 편안해지리니 삼칠일 지난 뒤에도 한결같이 마음을 가다듬어야 할 것
이니라.

이 『대방광원각수다라요의경』 말고도 또 있다. 오래전에 읽었기에 잊
혔다가 다시금 읽게 되면서 확인된 『심희유경(甚希有經)』 속의 내용이
다.

부처님의 형상과 탑을 조성하고 얻는 공덕은 불가사의하며, 비유할 수 없다. 너는 반드시
이러한 법문을 공경히 받들어야 한다.

경전 곳곳에 이런 내용이 있기에 부처님을 믿는 사람들이 사원이나 불탑과 불상을 조성하는 일을 하는 데에 앞장섰을 것이다. 특히, '열반' 할 수 있다는 점과 부처님이 직접 베푸신다는 '세간의 과보'가 주어진다는데 어찌 주저하겠는가. 이처럼 부처님에 대한 ①존경심이 있고 ② 열반할 수 있다는 기대를 하게 되며 ③세간의 과보 곧 불가사의한 복을 받으며, ④마음까지 편안해진다는 희망에 대한 믿음이 불사(佛事) 의욕을 부추겼으리라 본다.

# 금강경을 읽고서야 비로소 유추할 수 있는
# '위 없는 깨달음'에 대하여
### -'아뇩다라삼먁삼보리'의 핵심 내용

"아뇩다라삼먁삼보리는 우주의 본체, 시공을 초월한 마음의 실상을 보는 견성, 깨달음과는 크게 다른 붓다의 지혜, 깨달음을 말한다. 붓다의 깨달음은 우주의 이법, 우주의 본체 실상, 아니 우주의 온 법계와 완전 계합 하나가 되어 얻어지는 큰 반야지인 것이다. 지혜와 자비 복덕 항사의 신통이 나오는 그런 위 없는 지혜이다. 물론, 이것은 백천삼매 대적정삼매를 수용해야 얻어질 수 있는 것이다."

위 인용문은 영산불교 현지사에서 발행한 「금강반야바라밀경」의 머리말 가운데 있는데 2010년 음력 1월 1일에 '자재 만현'이 쓴 것으로 보인다. 도대체, 무슨 말을 하는지 알 수 없어 실로 안타깝기 그지없다. '아뇩다라삼먁삼보리'의 정의를 이렇게 내리는 것도 그렇거니와 '백천·대적정'이라는 알 수 없는 두 가지 삼매의 의미 또한 그러하다. 물론, 백천(百千) 삼매와 대적정(大寂定) 삼매라는 용어는 극히 제한적으로 경문에 쓰이긴 했으나(보살종도술천강신모태설광보경·대승유가금강성해만수실리천비천발대교왕경·대승이취육바라밀다경·신화엄경론·일체여래진실섭대승현증삼매대교왕경·입능가경) 설명이 거의 없는, 그야말로 밑도 끝도 없는 삼매 이름이다. 따라서 책임을 지고 싶어도 책임질 수 없는 말이라는 생각이 든다.

'아누다라삼먁삼보리[Anuttara-samyak-sambodhi]'를 소리 나는 대로 중국 한자로 옮겨 '阿耨多羅三藐三菩提[ā nòu duō luó sān miǎo sān pú tí'가 되었고, 그 의미를 옮겨서 '無上正等正覺'이 되었는데, 정작, 무엇이 최고로 바른 평등이고 바른 깨달음인지 그 내용에 관해서는 담아내지 못했다. 그래서 지금까지도 논란이 계속되는 것이다.

금강경에서는 이 '아뇩다라삼먁삼보리'라는 용어가 제일 많이 언급되는데 그 가운데 이런 말이 있다. 곧, "一切諸佛 及諸佛 阿耨多羅三藐三菩提法 皆從此經出"이다. 모든 부처님과 모든 부처님의 아뇩다라삼먁삼보리법이 다 이 경에서 나왔다는 말이다. 이 말을 전제하면, 분명, '아뇩다라삼먁삼보리'는 부처님이 중생과 제자를 위해 주었던 가르침 곧 불법(佛法)임을 짐작할 수 있다. 하지만 그 핵심 내용이 무엇인지는 알 수 없다.

그런데 금강경에서 이런 언급도 있다. 곧 "如是人等 即爲荷擔如來阿耨多羅三藐三菩提"이다. 이와 같은 사람들은 곧바로 여래의 아뇩다라삼먁삼보리를 감당한다는 것이다. 역시 '아뇩다라삼먁삼보리'의 핵심 내용이 무엇인지는 알 수 없으나 쉽게 짚어질 수 없는, 다시 말해, 믿고 실천하기가 어려운 내용일 것이라고 미루어 짐작할 수는 있다. 그렇다면, 믿어 실천하기 어려운 것은 무엇일까?

그것은 두 가지가 있다고 본다. 하나는, 사람은 육근(六根)에 의지하여 살아가는데 그것에 머물지 말고 의지하지도 말라고 한 점이다. 그리고 그 둘은, 살고자 하는 개개인의 욕구는 본능인데 그것을 포기하고 더는 다음 생명을 받지 않겠다는, 다시 말해, 윤회·환생을 끊어서 영원한 적멸에 듦이다. 이런 필자의 판단을 인정한다면 결국에는, 인연에 의해서 존재하는 유위법(有爲法)의 존재 가운데 하나인 인간이 무위(無

爲)의 법을 인지하고 받아들임이다. 인지한다는 것은 무위법을 깨닫는 다는 뜻이고, 받아들인다는 것은 인지한 무위의 세계로 편입해 들어감 이다. 편입해 들어간다는 것은 환생·윤회의 덫을 끊고 영원불멸의 적막 속으로 편입되어 더는 생멸이 없는 공(空)의 세계로 들어감이다.

공의 세계로 들어가는데 무슨 법(法:가르침의 진리)이 필요하며, 무 슨 상(相:관념 견해)이 필요하겠는가? 그러하니, 금강경에서 상(相)과 법(法)이 한사코 부정되는 것이다. 이제 여러분은 금강경에서 부처님의 깨달음은 실하지도 않고 허하지도 않으며, 불법(佛法)은 불법이 아니라 면서도 불법이라고 모순된 말을 계속하는 이유를 알겠지요?

후기

後記

이제 금강경의 속이 훤히 들여다보인다. 경전 집필자가 무엇을 말하고자 했는지도 헤아려 안다. 아니, 그가 인지한 부처님 가르침의 내용을 얼마나 종합적으로 알고 있는지도 가늠된다. 나는 이제 금강경에 반하는 얘기를 좀 할까 한다.

첫째, '궁극적으로 나는 없다'가 아니라 '살아있는 동안 나는 있다'라고 여기는 것이 옳으며, 여러모로 이롭다. 다만, 한 번, 한 차례만 머물다가 사라질 뿐이다. 머무는 시간이 짧다고 해서, 그 끝이 허망하다고 해서, 끝내 죽어 없어진다고 해서 내가 없는 것은 아니다. 더욱이, 윤회·환생을 믿는다면 나의 '식신(識神)'은 과거를 기억하지 못하지만 계속 살아간다. 그런데 어찌 나는 없다고 말하는가? 비록, 거시적 안목에서 보면, 인간 존재가, 인간의 삶이 물거품 같고, 허깨비 같고, 그림자같으나 그런 내가 있을 뿐이다. 따라서 끝내 사라질지라도 살아서 움직일 때는 그 과정에 충실해야 하고, 그 결과에 만족하고 받아들여야 한다. 과거 부처님도 그렇게 살다가 물질계로 돌아가셨다.

둘째, 부처님은 돌아가셨으나 생전에 그의 가르침이 후대의 사람들에 의해서 확대·심화 되어 왔고, '법신여래(法身如來)'라는 말까지 만들어내어 영원히 살아계신 것처럼 말들을 하는데 法身은 가르침을 편다고 믿는 허상(虛像)일 뿐이고, 如來 역시 실체가 없는 허상일 따름이다. 이러함에도 불구하고, 빛으로 온다느니, 인간에게 여전히 가르침을 편다느니, 우주의 주인이라느니 하면서 환상적인 말을 하는 수행자들도 있다. 물론, 인간의 환각(幻覺)으로 지어서 환상(幻像)으로는 그 법신과 그 여래를 대면할 수도 있다. 이는 고도의 정신집중을 넘어서서 집착이 병(病)으로 묵어 익어야만 가능하나 매우 드문 일이다.

셋째, 착한 일을 행하거나 악한 일을 행하거나 간에 그에 상응하는 결과가 뒤따라온다고 믿는 '인과응보(因果應報)'에 관한 문제인데, 사람마다 다르게 행한 선악을 심판하고 최종 판단하여 상벌을 주듯이 일하는 주체가 있다고 말하나 사실은 이를 입증하기 어렵다. 하나님? 부처님? 사후세계를 관장한다고 믿는 십왕(十王)? 다 지어낸 이야기이다. 금강경의 화법을 빌리면 이들 모두가 다 허상이다. 따라서 머물거나 의지하거나 집착해서는 안 되는 대상일 따름이다.

그러나 자신이 아닌 타자를 위해서 좋은 일을 하면 내 마음이 편안해지고 즐거워지는 것을 보면 착한 일도 자기 자신을 위해서 하는 것이 되지만 우선, 내 마음이 편안해지고 즐거워지면 하는 일도 잘 풀리게 마련이다. 스스로 판단을 잘 내리기도 하고, 타자의 도움을 쉬이 받기도 하기에 그러하다. 이와 반대로 타자에게 나쁜 일을 행한 사람은 스스로 불편하게 되고 괴로워하기도 하며, 나쁜 일이 더 나쁜 일을 부르기도 한다. 그렇게 되면 자칫, 오만불손해져 실수가 뒤따르고, 자신의 나쁜 성질이나 기질로 오판할 개연성이 그만큼 높아지며, 이웃 사람들의 도움은커녕 외면받게 된다. 이런 의미에서 선과 악이 내게 영향을 미치어 그 결과를 가져다준다고는 말할 수 있다.

  넷째, 욕(欲)과 무욕(無欲)의 관계이다. 불교 경문에서는 대개 무욕(無欲)을 많이 강조한다. 그 욕심·욕망으로부터 온갖 번뇌가 나오기 때문이다. 그러나 무욕을 지향하되 욕구나 의욕을 내야 하는 것이 있다. 그것은 대자대비로 널리 도탑게 베풀어야 하고[布施], 부처님이 주신 계율을 지켜야 하고[持戒], 타자를 위해 참고 견뎌야 한다[忍辱]. 이뿐만 아니라, 수행 목표를 이루고자 게으름을 피우지 말고 노력해야 하고[精進], 명상을 통해서 자신을 포함한 제 현상을 관찰·관조해야 하며[禪定], 일체의 편견·고정관념·형상·견해 등을 버린 깨끗한 백지상태에서 있는 그대로 보고 듣고 냄새 맡고 맛보며 느낌으로써 제 현상을 낳는 인과관계(因果關係)를 동시에 생각하면서 그 안의 질서를 인지해 나가도록 노력해야 한다[智慧]. 이들 여섯 가지가 바로 다름 아닌, 이 언덕에서 저 언덕으로 건너가게 하는 도구로서 '나룻배'이자 안전하다고 판단된 정해진 '길'이다. 이른바, '육바라밀(六波羅蜜)'이다.

  이처럼 여섯 가지 일에는 강한 욕구를 갖고 내야 하며, 그 외에 자신의 온갖 욕구는 억누르거나 없애도록 노력해야 한다. 그러나 세상 사람[凡夫=俗人]들은 이와 반대로 살고 있다고 해도 틀리지 않는다. 삶이란 생명의 욕구를 충족시키는 제반 활동이며, 생명의 욕구란 생명 현상을 유지(維持)·고양(高揚)하기 위한 에너지 확보(確保)·취득(取得)에 있다. 그리고 생명 현상이란 복잡한 유기적 구조체인 몸이 갖는 기능 수행으로 眼·耳·鼻·舌·身·意의 제반 활동이다. 이런 맥락에서 본다면, 세상 사람들의 삶이 진실이고 수행자의 삶이 거짓일 수 있다. 다만, 전체를 보느냐, 부분을 보느냐의 차이일 뿐이고, 자기 자신을 타자를 위해서 희생하느냐 안 하느냐와 그 정도 차이가 있을 따름이다. 따라서 진정한 성스러움과 진실은 세속적인 중생의 삶에 있고, 속됨과 거짓은 그 속됨과 거짓을 떠나 있다는 수행자에 있을 수도 있다.

다섯째, 사람의 몸은 더러운 것들을 담고 있는 '단순한' 가죽 주머니가 아니라 복잡한 유기적인 구조체로서 작은 우주로 여겨야 한다. 지구가 그저 티끌이 모여서 이루어진 단순한 덩어리가 아니라 그 안에도 구조가 있고 기능이 있으며, 이 또한 일정한 질서 위에서 움직이는, 한시적으로 머무는 생명체인 것처럼 말이다. 이처럼 사람의 감각기관으로 지각되는 일체의 현상들은 모두가 인간 존재처럼 아름다운 '꽃'임을 알아야 한다. 그들이 겉으로 드러나 있을 때 가장 소중하고 아름다운 대상이며, 시간이다. 따라서 언제나 내 몸과 마음부터 깨끗하게 잘 다듬고 관리하며 살아가야 한다. 그래야 만이 타자를 위해 가르침을 펼 수도 있고, 필요한 도움을 줄 수도 있다. 오직 신(神)만을 생각하며 가부좌를 틀고 명상해도 마침내 그 몸이 쇠해져서 스스로 생명을 지킬 수 없게 되면 오히려 타인의 도움을 받는 처지가 되고 만다. 이는 결코, 지혜롭지 못하다. 비록, 사람의 몸이 죽으면 탄소·수소·산소·질소·인·황 등의 원소로 우주 속으로 돌아가겠지만 그렇다고, 그 우주에 해당하는 허공을 신처럼 받들어 모실 필요는 없다. 이 같은 사실을 알고, 열심히 살다가 문득 죽어서 물질계로 가볍게 돌아가는 것이 중요한 한 수(手)이며 지혜이다.

지옥·축생·아귀·인간·하늘·아수라 등의 세계로 윤회하며 환생한다든가, 불경 가운데 엄연히 '식신(識神)'이라는 단어가 있는 데에도 불구하고 없는 '영혼체(靈魂體)'라는 말도 안 되는 말을 만들어 쓰며, 윤회 환생하니 고승의 도움을 받아 천도제(薦度齊)를 지내야 한다느니, 다음 세상에서는 극락왕생(極樂往生)하라느니 따위의 말들은 다 허상(虛像)이요, 허법(虛法)이다. 금강경에서 말하는 것처럼, 오직 허공(虛空)의 핵(核)인 적멸(寂滅)만이 최후까지 존재하는 진실이고, 모든 인간은 죽어서 그 적멸에 들어감으로써 비로소 절대 평등해진다.

여섯째, 금강경을 읽으나 아니 읽으나 여전히 유효한, 지난 2020년 01월 23일 아침, 나의 선방(禪房)에서 문득 지각된 내용 아홉 가지를 이곳에 붙여서 필자의 솔직한 의중을 밝혀 놓는다.

① 우리는 '지구(地球)'라고 하는, 커다란 생명체의 등에 업히고, 품에 안기어 살아간다. 따라서 나를 낳아 길러준 '어머니'와 같은 지구 존재를 받아들이고 대해야 한다.

② 지구가 만물(萬物)을 품을 수 있는 것은, 자체의 구조와 기능 곧 그 능력이 전제되나 태양과 달과의 관계에서 직접적인 영향을 받으며 만물이 살 수 있는 조건을 제공해 주기 때문이다.

③ 태양을 중심으로 지구가 공전(公轉)하면서, 그리고 기울어진 자전축을 중심으로 스스로가 자전(自轉)하면서 주야(晝夜)와 사계절을 부리어 놓는데 —이것이 바로 하늘의 기운과 땅 기운의 상호 작용이지만— 지구상의 모든 생명체의 생체리듬이 이와 지구 환경적 여건에 맞추어져 있다는 사실이다. 따라서 크게는 자연질서를 거스르지 않는 삶을 살아야 하고, 작게는 지구 환경적 여건에 적응하며 사는 것이 무엇보다 중요하다.

④ 우리가 산다는 것은 저마다 욕구를 충족시키기 위한 제반 활동에 지나지 않으며, 그것이 다른 사람 다른 생명에게 피해를 주어서는 안 된다는 점이다. 결국, '상생(相生)' 곧, 생

태계의 '균형(均衡)'만이 내 생명을 오래 보장받는 길임을 알아야 한다.

⑤인간사회에서는 사람과 사람 사이의 '관계(關係)'가 나의 감정·생각 등에 영향을 미치고, 때에 따라서는 나의 행복과 불행의 인자(因子)가 되기도 한다. 따라서 서로에게 좋은 '관계'가 형성되도록 내가 먼저, 그리고 더 많이, 노력할 필요가 있다.

⑥좋은 관계를 위한 노력의 핵심은, 상대방에 관한 관심·이해·배려, 베풂 등으로 이어지는 자기희생적인 삶이다. 이것이 예수의 이타적 사랑이고, 부처의 자비에 근거한 보시(普施)이다.

⑦내가 가는 곳이 어디인지를, 바꿔 말해, 내 삶의 궁극적인 목적이 무엇인지를 늘 생각하고, 매 순간순간의 일상에 정성을 다하는 태도와 실천적인 노력이 중요하다.

⑧사람을 포함한 모든 생명은 살기 위해서 죽을 수는 있어도 죽기 위해서 살지는 않는다. 이것이 생명의 본질이다. 따라서 죽음을 두려워하거나 자기 생명을 해치거나 끊어서도 안 된다.

⑨인류가 지구상에 우점종(優占種)이 되어서 땅·물·대기를 오염시키는 주범이 되었는데 이것이 곧 인류의 생명을 위협하는, 살인적 무기가 된다. 따라서 소비가 미덕이 아니고, 경기부양이 살길이 아니라 우리의 욕구를 억제하고 통제하는 일이 미덕이고 살길임을 알아야 한다.

일곱째, 금강경도 이제는 너무 낡은 이야기에 지나지 않는다. 읽어도 무슨 말인지 이해되지 않는다는, 많은 사람은 이시환의 우리말 번역 금강경을 읽으면 비로소 고개를 끄덕일 수 있으리라고 본다. 옴!

# 금강의 문을 열고
## 들어오심을 환영합니다
금강경 우리말 번역과 해설

**초판인쇄** 2024년 09월 03일 **초판발행** 2024년 09월 05일

지은이  **이시환**
펴낸이  **이혜숙**   펴낸곳  **신세림출판사**
등록일  **1991년 12월 24일 제2-1298호**

**04559 서울특별시 중구 퇴계로49길 14,**
    **충무로엘크루메트로시티2차 1동 720호**
전화  **02-2264-1972**   팩스  **02-2264-1973**
E-mail : shinselim72@hanmail.net
      shinselim@naver.com

정가  **25,000원**

ISBN  978-89-5800-276-5, 03230